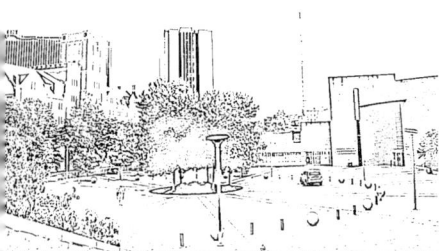

ZHISHI YANJIN SHIYU XAI DE
DAXUE JICENG XUESHU ZUZHI BIANQIAN

NAL
宁波学术文库

CB23.201502

知识演进视域下的
大学基层学术组织变迁

伍 醒 著

ZHEJIANG UNIVERSITY PRESS
浙江大学出版社

前　　言

　　大学基层学术组织是大学进行学术活动的基本单元。当前,我国高等教育发展正在面临由大转强、建设高等教育强国的机遇与挑战,大学组织也面临着一系列的改革与重建任务。由于大学组织具有重在基础、底部厚重的特征,基层学术组织是大学各项学术制度和学术活动的汇聚点,进行大学基层学术组织改革对于发展我国高等教育十分重要,开展针对大学基层学术组织变迁历程的研究有着重要的理论价值和现实意义。

　　全书的总体思路是,以知识转型的相关理论为依据,搭建分析大学知识演进的学理框架,并以此为视角,梳理大学基层学术组织变迁的历史过程,分析大学知识演进与大学基层学术组织历史变迁之间的逻辑关系,揭示大学基层学术组织变迁历史性和逻辑性相统一的发展规律。本书认为,大学知识演进整体表现为知识观念、知识制度、知识体系、知识组织等四个要素的演进,这四个要素的相互影响、互相作用贯穿大学知识演进的全过程。本书根据大学知识演进的历史特征,将大学基层学术组织变迁的过程分为四个历史阶段:中世纪大学由行会组织转向学术组织阶段,16—18世纪大学基层学术组织形成阶段,19世纪大学基层学术组织成型阶段,20世纪大学基层学术组织多样化发展阶段;在每个历史阶段,逐一分析大学知识观念、知识制度、知识体系等要素变革与大学基层学术组织变迁之间的关系,考察大学知识演进的逻辑与大学基层学术组织变迁的历史是否相统一。研究发现,大学基层学术组织变迁在总体趋势上与大学知识演进的逻辑具有历史一致性,但在局部也会出现步调不一的情况。两者之间的关系是,大学知识演进是大学基层学术组织变迁的内在依据,大学知识观念的变革、学术职能和知识活动方式的演进以及知识体系专门化和综合化的矛盾运动是推动大学基层学术组织变迁的重要原因；大学基层学术组织变迁同样会对大学知识演进产生影响，当大学基层学术组织制度落后于知识演进的逻辑要求，大学知识演进步伐就会遭受挫折，陷入危机，当大学基层学术组织制度顺应知识演进的逻辑要求，大学知识演进就会顺利实现，保持活力。

　　书中对我国研究型大学基层学术组织改革与发展的总目标、主要任务和变革路径提出了行动建议。认为，切实改变我国研究型大学长期存在的行政化管理模式和科层制的组织结构，还原基层学术组织的知识属性，不断激发组织的知识创新活力，是改革与发展的总目标；有效应对知识生产专门化与知识应用综合化的矛盾要求，创造出多样化的跨学科组织形态和弹性灵活的组织结构，是理性推进改革的重要保证；平衡学科组织与跨学科组织建设关系，建制稳定与动态弹性的基层学术组织建设关系，以及教学、科研与服务等多元职能关系，是改革发展的主要任务。希望本书的出版能够为我国现代大学制度建设的理论与实践提供有益的参考。

目　　录

第一章　绪　论

　　历经近千年的发展变迁,大学已经演变成极其复杂的组织,伯顿·克拉克指出:"即使高等教育系统曾经比较简单,它也不会回到以前的样子了。我们如今所看到的是一个盘根错节、异乎寻常的体系。"①在这样的组织体系中,"稍窄一些的群类,即一般称之为讲座(chair)、研究所(institute)和学系(department)的群类,是基本的建筑块科或操作单位"②。大学基层学术组织是大学实现学术职能的基本单元。如同大学组织的演变一样,大学基层学术组织也发生了深刻的变化。在功能上,从最初单一的人才培养发展出教学、科研、服务等多样化的职能;在形态上也从最初的院系、讲座、研究所等形式,发展成教研室、研究所、创新团队、平台、中心、基地、学系、学科等名目繁多杂然并存的现状。这种变化的原因是什么? 似乎很多因素都对大学组织变迁施展着自己特有的影响,但知识的发展和进步是其中根本性的因素。因为,无论大学组织的功能形态如何变迁,学术性一直是大学组织的本质属性、首要特征。但知识演进与大学基层学术组织功能与形态变迁之间的具体关系却是一个值得探索的问题。本研究从历史研究的角度,探究中世纪大学创立以来,知识演进与大学基层学术组织变迁之间的关系问题。

---

　　①　伯顿·克拉克:《高等教育系统——学术组织的跨国研究》,王承绪等译,杭州大学出版社 1994 年版,第 313 页。
　　②　伯顿·克拉克:《高等教育系统——学术组织的跨国研究》,王承绪等译,杭州大学出版社 1994 年版,第 313 页。

第一节　问题的提出

问题总是因实践而起。党的十八届三中全会做出全面深化改革的决定,高等教育领域的综合改革也正在部署和实施之中。高等教育综合改革能否成功实施,改革的路径选择十分关键。当前,我国高等教育创新能力不足,广受诟病。导致这一问题的因素是多方面的,但是高校内部作为大学学术心脏地带的基层学术组织,其知识创新能力不足的弊病应予以高度重视。大学作为学术组织,重在基础、底部厚重是大学区别于其他社会组织的显著特征,大学组织结构的特点决定了大学的发展动力来自基层。作为高等教育系统结构中最基本的组成单元,以及大学教学、科研、服务等各项职能的直接承担者,大学基层学术组织的知识生产能力,不仅直接决定着一所大学的层次与水平,也从源头上影响着区域和国家高等教育的质量与水平。推动高等教育领域的综合改革,需要着眼于大学基层学术组织制度的变革,重视发挥大学基层学术组织在推进改革中的重要作用。因此,推进大学基层学术组织的改革与重建是实施高等教育综合改革不可回避的话题。

值得关注的是,近年来,许多高校在大学基层学术组织制度改革上已经做出了积极探索与实践。既有的改革举措主要有如下几方面的特点:一是加强科研与教学的融合,从组织上消解学科研究综合和专业教学分化的矛盾。较多的做法是按学科点设置研究所,替代以前的教研室,推动教学与科研相结合、本科生教育与研究生培养相结合。二是努力推动高校管理重心下移,立足于促进内涵式发展、提高质量、激发活力,把权力从学校高层下移到基层学术组织,降低管理重心,基层学术组织对学术资源进行整合分配的权力有所加强。三是加强学科间的横向沟通,建立跨学科、综合性的研究组织,加强基地、平台建设,组织扁平化的学术组织体系,提升基层学术组织开展重大科技创新的能力。四是加强产学研一体化,把基层学术组织建设成集研究、应用、开发与产业化于一体的组织,将产学研合作机制组织化、制度化,提高基层学术组织的协同创新能力。

大学基层学术组织为何要进行这样的改革?大学在学术活动中所面临的结构性矛盾是导致基层学术组织变革的诱因。第一,教学与科研的矛盾。教学和科学研究是大学的两大基本职能,虽然早在19世纪初期,洪堡在创办柏林大学时就将教学与科研相统一的原则运用于大学的办学中,但如何调和两者在工作性质和要求及其内在逻辑基础上的差异一直是大学组织发展所面临的难题。教学工作可以视为知识传播活动,科学研究可以视为知识创造活动。从对组织结构要求来看,创造知识与传播知识的内在要求不同,传播知识要求在现有的知识体系框架之内,按照现有的学科体系组织教学活动,创造知识则需要突破现有学科体系框架,因而科研活动的组织形式必须灵活多样。"研究自由在组织上的分裂程度要高于教学自由,教学活动可以按照层级分明的科层结构来组织,科研活动的组织形式则必须灵活多样。"①这就要求基层学术组织在结构上做出调整,更好地适应教学、科研发展的双重要求。第二,学科分化与学科综合的矛盾。大学基层学术组织的发展与知识体系的变革密切相关。自19世纪近代科学诞生以后,科学知识发展体现出了分化与综合两种趋势。知识纵深化发展带来学科分化,知识横向联系又带来了学科的交叉和融合。知识发展的这两种趋势要求学术组织一方面体系化和稳定化,另一方面又要突破单一学科视野的局限,具有较大的开放性和灵活性。这种复杂的要求需要基层学术组织从形式与运作等多个方面做出积极的响应。第三,行政权力和学术权力的矛盾。现代大学的内部权力结构主要由学术权力和行政权力组成。学术权力的存在确保大学教学、科研的基本属性,而行政权力的作用则是使大学各部门相互联系形成不可分割的整体。然而这两种权力的来源、主体以及运行机制都截然不同,如何在组织和制度层面做出合理调整,保证两种权力在基层学术组织层面合理行使和有效配合,为学术活动营造宽松的环境,最大限度地激发基层学术组织进行知识生产与创新的活力,这是基层学术组织能够成为有效制度安排的关键。

从更为宏观的角度看,大学发展还面临着内部分散封闭与外部协同创新的矛盾。知识经济的发展加深了高等教育与经济社会的联系,高等教育作为科技和人才的重要结合点,理应在创新驱动发展中勇担重任。随着高校"2011计划"的实施,注重协同创新,主动推动科技和经济紧密结合,已经成为高等教育自身发展的努力方向。协同创新本质上是知识管理模式的创新,其通过构建开放式的组织网络,加快知识在不同创新主体之间流动,实现打破组织壁垒、促进创新要素整合的目的。长期以来,由于基层学术组织制度建设的滞后,大学内部组织相对封闭、分散的状态未能得到根本改变,大学也因此而不能很好地对接产业发展的重大需求。实施协同创新对于变

①　周清明:《浅析现代大学制度的基层学术组织重构》,《高等教育研究》2009年第4期。

革大学基层学术组织制度,改变"分散、封闭、低效"的状态提出了要求。

通过上述分析,我们不难看出,大学基层学术组织的改革涉及高校内部管理体制、人才培养模式、人事制度、科学研究体制等在内的一系列综合改革,是深入推进高等教育综合改革的基础和根本。面对结构性的矛盾,大学组织需要进行结构性的变革。大学基层学术组织改革能否取得实质性的突破成为我国高等教育能否实现新跨越的关键。

事实上,大学组织自从诞生之日起,就一直经历着组织结构的变化与调整。探究现实不能忘记历史,在我国大学基层学术组织面临变革和重建的阶段,有必要从历史的角度深入考察大学基层学术组织本质内涵和变迁逻辑,正如,欧洲大学史专家瑞士伯尔尼大学教授瓦尔特·吕埃格(Walter Ruegg)所言:"如果没有对大学的发展和悠久传统的深入认识,是不可能获得解决大学问题的真正有效的方法的。"①

为此,本研究以大学基层学术组织为对象,以大学知识演进为分析视角,通过对大学基层学术组织变迁的历史梳理,分析知识演进与大学基层学术组织变迁之间的关系,从而试图揭示出大学基层学术组织变迁的内在原因,为推动当下大学基层学术组织改革提供借鉴。

第二节　研究的意义

对大学组织的研究,无外乎三个切入点,高层:对院校组织结构的研究;中层:对大学内部二级组织的研究;基层:对教学、科研基层单位的研究。而伯顿·克拉克认为:"那些用全面综合的形式阐述目的或概括高等教育特点的人,是典型地、重复地从错误端点出发的人。他们从系统的顶端开始,而高等教育中最佳的端点是基层。"②既然,"高等教育中最佳的端点是基层",所以,要管理好大学,要使大学获得持续性发展,"首先要研究基层"。③ 伯

---

① 希尔德·德·里德-西蒙斯:《欧洲大学史》第 1 卷,张斌贤等译,河北大学出版社 2007 年版,第 10 页。

② 伯顿·克拉克:《高等教育系统——学术组织的跨国研究》,王承绪等译,杭州大学出版社 1994 年版,第 25 页。

③ 迈克尔·夏托克:《高等教育的结构和管理》,王义端译,华东师范大学出版社 1987 年版,第 4 页。

顿·克拉克更是明确地指出:"从最近来看,一个特殊的任务是对系或工作层次的研究,在这个层次上学科、专业的结构和文化与院校及广大高教部门会聚在一起。"①

本研究虽然探讨大学基层学术组织变革问题,但并不仅仅局限于探讨当前大学基层学术组织变革的具体举措,而是寻求知识和大学基层学术组织之间的历史联系。回顾历史,是为了加强对当下反思的深度。哈罗德·珀金斯曾认为,高等教育变革与发展的主题唯有在历史分析方法中才能得以解释与呈现,"谁都在谈大学,但是大学作为学者进行教学、科研和从事社会服务的场所,我们只有在不同时代、不同地点的具体环境里才能弄懂大学这些任务究竟是什么"②。沃勒斯坦更提出:"所有社会科学都应该用过去时态来写……因为所有科学都必须是历史的、在某一特定时间点上的所有现实都是在先前时间点上发生事情的逻辑结果。"③法国著名社会学家、教育社会学的创始人爱弥尔·涂尔干倡导"在历史的框架内来研究教育制度",他坚信"无论在什么时代,教育器官都密切联系着社会体中的其他制度、习俗和信仰,以及重大的思想运动",而教育器官自主演进,"使它具备了生命","趋向特定的方向",因此要想真正理解任何一个教育主题,"都必须把它放到机构发展的背景当中,放到一个演进的过程当中"。④ 上述经典作家的这些论述都表明历史研究在高等教育研究中的重要作用。由于现代大学制度起源于中世纪的欧洲,英法德美等主要西方国家的大学几乎容纳了大学基层学术组织从初创到发展变迁的完整形态,为便于分析,本研究主要围绕英法德美等国大学基层学术组织变迁的过程进行。

之所以从知识演进的视角来进行研究,因为大学本质上是知识的组织,"知识是包含在高等教育系统的各种活动之中的共同要素;科研创造它;学术工作保存、提炼和完善它;教学和服务传播它。自高等教育产生以来,处理各门高深知识就是高等教育的共同领域"⑤。大学基层学术组织作为创

① 伯顿·克拉克:《高等教育系统——学术组织的跨国研究》,王承绪等译,杭州大学出版社 1994 年版,第 13 页。
② 伯顿·克拉克:《高等教育新论——多学科的研究》,王承绪等译,浙江教育出版社 2001 年版,第 24 页。
③ 伊曼纽斯·沃勒斯坦:《书写历史》,陈启能、倪为国译,上海三联书店 2004 年版,第 41 页。
④ 爱弥尔·涂尔干:《教育思想的演进》,李康译,上海人民出版社 2003 年版,第 3 页。
⑤ 伯顿·克拉克:《高等教育新论》,王承绪等译,浙江教育出版社 1998 年版,第 126 页。

造、保存、传播知识的最基本组织形式，与特定历史时期的知识形态有着密切的联系。从知识演进的视角去反思大学基层学术组织变迁的过程，这样的努力有助于从学理上解释大学基层学术组织变迁的内在原因，加深我们对大学基层学术组织演进过程的理解，丰富大学基层学术组织的理论内涵。

　　最后，开展本研究，同样有着明显的现实意义，可以加深我们对大学基层学术组织改革现象的理性反思，从而有助于推动当下大学基层学术组织变革现实问题的解决。作为后发国家，我国的社会变革在全面提速。建设世界一流大学、建设高等教育强国等战略中透露出强烈的赶超情结，推动着大学组织快速发展变革。在这种快节奏变革的环境下，恰恰缺乏了对改革自身的理性反思。这样的改革是必需的吗？改革的成果会成为下一步改革将否定的对象吗？真实的情况是，我们的多数改革不过是在解决旧问题的基础上制造了新的问题。从世界范围内来看，大学组织变革是极其缓慢的过程，大学基层学术组织也不例外。我们认为，大学作为一种与生俱来的国际性学术组织，其很多制度安排实际上是可以国际通用的，注重对西方国家大学基层学术组织的历史研究，注重对大学基层学术组织自身发展演变的规律探讨，就现在而言对于避免或减少改革中的失误有着重要意义。

第三节　相关研究综述

一、国外的相关研究

　　尽管伯顿·克拉克教授在 20 世纪 80 年代出版的《高等教育系统——学术组织的跨国研究》一书中就提出高等教育研究应多从基层入手，但国外学者直接以"基层学术组织"（academic units）为对象的研究文献并不多见，他们似乎并不热衷于对基层学术组织这样的抽象概念进行探讨，而是常常关注"学系""讲座""研究所""研究中心"等具体形态的组织，相关的研究散见于文献之中。综合起来看，现有文献在三个方面的研究对大学基层学术组织有所涉及：一是在研究大学组织理论时，关于大学学术组织属性与特征的讨论；二是关于大学组织结构的研究；三是从基础改造的视角来探讨重建大学学术系统。

　　（一）关于大学学术组织属性与特征的讨论

　　国外关于大学组织理论的研究起步较晚，系统化研究可以追溯到 20 世纪 50 年代之后。如罗伯特·伯恩鲍姆所说,20 世纪前半期,少有学者对学术机构的结构和管理问题感兴趣,而从 20 世纪 50 年代以后,关于大学组织与管理的出版物增加了很多。① 这是由于,二次大战以后,以美国大学为代表,西方高等教育获得快速发展,大学所承担的社会功能增加,激发了学者们对大学自身组织研究的兴趣;另一方面,由于西方高等教育进入大众化甚至普及化的阶段后,大学规模扩大,组织结构也日渐复杂,如何管理好这样一个庞大的组织,只是依靠经验和惯性已经跟不上形势发展的需要了,许多人都发现对大学的组织与管理进行研究是一项非常有意义的课题。可以说,西方高等教育大发展的实践推动大学组织理论研究的深化,关于大学组织的理论研究逐渐成为学术界关注的热点,涌现了很多的理论成果,例如,官僚型组织理论、学会型组织理论、双元型学术组织理论,以及有组织的无政府状态学术组织理论等,这些理论为我们认识大学基层学术组织的基本属性和结构特征提供了指导。

官僚型组织理论来源于马克斯·韦伯(Marks Weber)的官僚制理论,强调大学组织的科层化特征,他们认为既然整个社会是一个大型的官僚组织,那么作为社会组织一部分的大学也应该是一个官僚型的组织。其代表人物斯罗普特(Stroup)就认为:"大学作为科层组织,就像所有大型组织一样,是根据层次化原则将其办公室组织起来的,即低一级的办公室必须接受高一级办公室的控制与监督。"②基于科学管理的目的,他们大学组织内部需要建立起等级层次严密的组织结构,并按照理性制度规则运行,因为科层化的组织是最能够实现科学管理的组织。

与官僚型理论不同的是,更多的组织理论认为大学组织并不能完全按照科层制组织来建构。例如帕森斯(Parsons)就认为,大学是一种非常不同的社会组织类型,一种具有明显的松散性和分权特征的组织,在许多方面,是与科层组织相对立的。③ 于是就有了学会型组织理论、双元型学术组织理论,以及有组织的无政府状态组织理论等多样化的理论描述。

学会型组织理论反对将大学看作等级制的官僚组织,强调大学是一个学术人员和管理人员共治的共同体,组织的决策应该是学术人员和管理人

---

① 罗伯特·伯恩鲍姆:《大学运行模式——大学组织与领导的控制系统》,别敦荣译,中国海洋大学出版社 2003 年版,第 1 页。

② Stroup, H. H. Bureaucracy in Higher Education. New York: The Free Press, 1966:74.

③ 季诚均:《大学组织属性和结构研究》,2004 年华东师范大学博士学位论文,第 4 页。

员一致意见做出的,而不是通过行政命令,正如学会型组织理论的代表者米勒特(Millet)所言:"在董事会、行政领导、教授、学生以及校友之间的权力关系,并非是等级权力关系,而是共同体关系。虽然大学内部各类人员对许多问题有着各种不同的看法,但他们有一个非常重要的共同兴趣,即努力实现高等学校事业本身的目标获得健康发展。"①

双元型理论是对官僚型组织理论和学会型组织理论的调和,它在反对大学组织科层化的基础上,认为大学组织不同于一般的社会组织类型,有着官僚型和学会型两种组织的双重特征。双元型理论的代表人物是约翰·科森(John Corson),他于 1960 年在《学院和大学的治理》(*Governance of College and University*)一书中对大学和学院的组织特点进行阐述,他说:"高等教育机构的管理体现出了一种独一无二的双重性。"②他所说的双重性体现在大学的组织结构有两种不同的管理规则和不同的参与人员,一种是用来处理学术事务的,另一种是用来处理行政事件的。

科恩(Cohen)和马奇(March)则在 20 世纪 70 年代,提出了大学有组织无政府状态的组织理论,他们认为学院和大学组织存在着不同于其他组织的特征,那就是"有组织的无序状态"。所谓"有组织"是指大学作为正式组织,有着一定的组织形式,其内部也存在着等级、分工、权力、职责等要素;所谓"无序状态"是指,大学组织与人员在价值目标、活动方式和工作技术等方面处于多样化和离散的状态,具体表现为"目标的或然性,技术的不明确性,参与人员的流动性"③。科恩和马奇说:"美国大学和学院……不知道自己在做什么,它的目标是模糊不明确的,它的技术是熟悉但又不被理解,它的参与人要么是组织内的人,要么是组织外的。"④

卡尔·威克(Karl E. Weick)进一步将大学内部组织的存在状态描绘成

---

① Millet,J. D. The Academic Community:An Issue on Organization. New York:McGraw-Hill Book Co.,1962:234-235.

② Corson,J.J. Governance of College and University. New York:McGraw-Hill Book Co.,1960:43.

③ 罗伯特·伯恩鲍姆:《大学运行模式——大学组织与领导的控制系统》,别敦荣译,中国海洋大学出版社 2003 年版,第 148 页。

④ Cohen,M. D. & March,J. G. Leadership and Ambiguity:The American College and President. New York:McGraw-Hill Book Co.,1974:3.

为"松散联合系统"(loosely coupled system)。① 他认为,由于教师具有专业自主权,他们能够自主地决定自己的工作目标,独立性很强,因此在大学组织内树立统一的学术任务目标是比较困难的,而组织目标的不明确性正是大学组织区别于其他社会组织的一个显著特征;另外学术组织内部机构之间虽然有联系,但是彼此的影响比较弱,组织人员流动性很大,很难明确个人的责任,因此组织间的联系通常是松散的。松散联合的理论并不完全否认组织作为一个秩序整体的存在,例如大学内部的人员流动,正常的教学秩序等,这些都是需要遵循一定的基本程序,但是秩序背后是无秩序的存在,却更能反映出大学组织活动的本质。松散联合的理论为我们更加深刻地把握大学组织的特性,提供了有价值的视角。

综合上述理论观点,我们对大学基层学术组织的属性与结构有了基本认识。大学作为社会组织,具有科层化方面的特征,大学基层学术组织处于大学组织的底层;大学作为学术组织,是学者的共同体,学术组织之间松散联系和无序状态的特点使得大学不是一个完全意义的科层组织。尽管有人把大学归结为官僚组织或是其他的社会组织,但我们认为学术是大学组织的根本属性,相对于学术属性而言,所有其他属性都是从属的、次要的,大学区别于其他社会组织的首要特征就在于大学首先是学术组织,因此不能简单地将大学基层学术组织理解为大学组织的底部,"基层"与"中层"以及"高层"之间也不能是简单的从属关系。事实上,科层化与学术组织的矛盾凸显出大学组织的特殊性,大学是以知识为基础的组织,生产和传播知识是大学组织的使命,知识活动的特殊要求赋予了大学组织松散分权的特征。这就告诉我们,分析大学基层学术组织特征离不开对大学学术属性的分析,离不开对大学知识活动特殊性的分析。

(二)关于大学组织结构的研究

大学组织理论的发展为开展大学组织结构研究提供了理论依据和研究线路。最早把组织结构理论运用于大学组织的研究始于 20 世纪 60 年代。约翰·科森在《学院和大学治理》中按照双元型理论,认为大学组织内部存在着双层结构,一种是校长、院长、系主任这样的直线等级结构,这种结构类似于科层组织的结构;另一种是各种教师团体,包括各个系的单个教师到全

---

① Weick, K. E. Education Orgnization as Loosely Coupled Systems. Administrative Science Quarterly, 1973(21):3.

校范围的委员会或全体教师大会,这是一种松散和分权特征明显的结构,运用科层机制进行协调和控制是很难发挥作用的。随后,学者们依据各自不同的理论立场对大学组织结构进行了研究。

伯顿·克拉克在《高等教育系统——学术组织的跨国研究》中,以高深知识为基础,分析了大学组织具有"底部厚重、松散结合、有组织的无序状态"的特征,从而强调基层单位在大学组织系统中的重要作用。伯顿·克拉克明确指出高等教育系统的基本要素是学科,大学的基本组织单位是建立在学科基础上的,集工作、信念和权力各形态于一体的综合机构。他提出了按学科分教学单位的看法,还分析了大学的纵向机构和横向机构设置问题,指出随着大学面临的日益复杂的环境,大学的组织结构将日益复杂化,只有用多维的单位划分和组成方法才适应变化的形势要求。伯顿·克拉克的观点为我们了解和认识大学基层学术组织的组织特性、内部结构、运行机制等方面提供了理论基础,是本研究重要的理论来源。

著名的管理思想家亨利·明茨伯格(Henry Mintzberg)在《五种组织结构》中研究分析了组织结构设计要素,概括出组织结构的五种基本形态:简单结构、机械结构、职能结构、事业部结构、矩阵结构。现代大学组织结构日益复杂化,后三种结构广泛存在于现代大学之中,甚至还出现了不同结构的组合,因此组织结构理论对我们分析大学基层学术组织的结构关系有着很强的指导意义。

伯顿·克拉克的学生约翰·范德格拉夫等人在《学术权力——七国高等教育管理体制比较》中对大学的管理层次进行了研究。他们根据高等教育内部的权力关系,把每一个国家的高等教育系统分为六个层次,其中大学和独立设置的学院包含三级结构,即大学(学院)——学部——讲座/研究所/系,并对20世纪五六十年代联邦德国、意大利、法国、瑞典、英国、美国、日本等七国高等教育第一级组织(大学基层学术组织)进行了专门分析,从比较的视野为我们展示了西方发达国家大学基层学术组织的发展状况。

(三)关于重构大学学术系统的探讨

进入20世纪中后期,高等教育发展的外部环境发生了显著变化,西方的学者关注到外部环境变化对大学组织演变的影响,相关的研究有埃兹科维茨等《大学与全球知识经济》、刘易斯·布兰《知识产业化:美日两国大学与产业界之间的纽带》、博克的《走出象牙塔:现代大学的社会责任》、克拉克·克尔的《高等教育不能回避历史:21世纪的问题》、迈克尔·夏托克的

《高等教育的结构和管理》等。外部环境的变化带动了大学组织的结构与功能都进入转型发展阶段,西方大学正在积极地寻找着自身组织转型的方向,这引发了学者们关于重构大学学术系统的探讨。华勒斯坦从社会科学重建的角度,认为建立开放的学科组织结构是十分重要的,他希望能够适当地突破大学现有的系科结构,但又不颠覆原来的结构框架来推动不同学科间的合作、交流以及知识的交汇和渗透。因此,他建议:现在需要的一件事情不是去改变学科的边界,而是将现有的学科界限置于不顾,去扩大学术的组织。[①] 伯顿·克拉克则从建立创业型大学的视角,认为大学基层学术组织需要在发挥传统院系组织学术功能的基础上,进一步构建"拓展的发展外围",主要"由促进合同研究、合同教育和咨询的外扩行政单位构成","这些单位穿过老的大学边界,比传统的系更加容易与外部的机构特别是工业公司发生联系"。[②] 伯顿·克拉克所言的"拓展的发展外围"实际上要增加传统大学学术组织的开放性与适应性,以实现知识产业化发展的趋势。

重构大学学术系统的内容之一就是加强基础改造,变革大学基层学术组织。大学组织变迁的历史也证明,每一次大学基层学术组织的变革都是为了能够进一步激发大学学术活动的活力。正因如此,对大学基层学术组织的研究受到了学术界的关注。对于传统大学基层学术组织,伯顿·克拉克有着比较深入的研究。他在《高等教育系统》一书中对学系制度(academic department)与讲座制(chair system)进行了比较研究,他认为学系制是学科知识日益复杂化和日益分化的产物。"随着学术机构和系统的发展,讲座对膨胀的学科来说已经成为越来越不合适的单位。"[③] 相比较讲座组织来说,学系制的两大优点:第一,学系制更加适应学科知识分化发展和高等教育系统组织结构的日益复杂化;第二,学系制削弱了讲座教授的个人统治权力,更加有利于优秀青年教师的遴选。因此,学系制比讲座制更能适应大学发展的需要,历史发展的轨迹也证明了这点,在 20 世纪 70 年代之后,学系制不仅在美国大学取得成功,欧洲很多大学的讲座制也纷纷向学系制转型。

---

① 华勒斯坦等:《开放社会科学——重建社会科学报告书》,刘锋译,生活·读书·新知三联书店 1997 年版,第 53 页。

② 伯顿·克拉克:《建立创业型大学:组织上转型的途径》,王承绪译,人民教育出版社2003 年版,第 169 页。

③ 伯顿·克拉克:《高等教育系统——学术组织的跨国研究》,王承绪等译,杭州大学出版社 1994 年版,第 49—52 页。

无论是讲座还是学系都是基于学科的学术组织,随着跨学科研究逐步成为推动知识进步的重要源泉,大学的基层学术组织设置需要能够适应跨学科研究快速发展的需求,拉图卡(Lattuca)就认为大学院系组织形式及其管理机制是影响高校跨学科研究活动的一个主要障碍。[①] 为此,大学需要突破学科组织的制约,创造出适应知识发展的新的基层学术组织形态。盖格(Geiger)在 1990 年对大学跨学科学术活动进行了研究,他认识到美国大学传统的学系组织在进行跨学科学术活动中的局限性,认为在强调学系组织作为承担教学任务的基本单元的同时,还需要根据研究问题建立"有组织的研究单位"(Organized Research Units,ORUs),来提高大学开展复杂问题研究的能力。[②]

在众多跨学科组织中,研究中心成为美国大学重要的科研单位,研究中心的出现改变了过去长期以来大学研究活动主要集中在院系、研究所等传统学术组织中进行的局面,它的出现标志着大学基层学术组织在科研拨款、组织机构设计、人员构成、运行方式等方面发生了重大变革。因此,研究中心引起了研究者的兴趣。波兹曼(Bozeman)认为,研究中心的特点是一般按照问题设置,以研究为首要任务而存在,通常有外部或者联邦的资金支持,经常与来自产业界以及其他大学的合作。[③] 学者们高度评价了研究中心在推动研究型大学学术能力提升上的作用。盖格认为,研究中心是二战后大学研究系统中的"决定性因子",在"大科学"中占据了领导性角色。[④] 斯塔夫勒与塔什(Stahler & Tash)通过访问学者们的看法、所在中心的规模、经费构成比例等,对研究型大学中研究中心的作用进行了实证研究,结果显示研究中心在研究型大学的科研中扮演着极其重要的角色。[⑤]

[①]　Lattuca,L. R. Creating Interdisciplinarity:Interdisciplinary Research and Teaching among College and University Faculty. Nashville:Vanderbilt University Press,2001.

[②]　Geiger,R. L. Organized Research Units——Their Role in the Development of University Research. The Journal of Higher Education,1990(1):1-19.

[③]　Bozeman,B. & Boardman, C. The NSF Engineering Research Centers and the University-Industry Research Revolution:A Brief History Featuring an Interview with Erich Bloch. Journal of Technology Transfer,2004(29):365-375.

[④]　Geiger,R. L. Organized Research Units——Their Role in the Development of University Research. The Journal of Higher Education,1990(1):1-19.

[⑤]　Stapler,G. J. & Tash,W. R. Centers and Institutes in the Research University:Issues,Problems,and Prospects. The Journal of Higher Education,1994(5):50-54.

不过,由于对于如何重建大学学术系统,目前尚没有统一的思路和有效的方案,这很大程度上限制对于跨学科组织、有组织研究单位等新型大学基层学术组织开展进一步研究,以至于一些新型基层学术组织的内涵和外延尚未定论,概念界定也是非常模糊的,研究中心就是比较典型的一个例子。因此,从总体上看,国外对大学基层学术组织的研究虽有所涉及,但还是不够深入。

二、国内有关大学基层学术组织的文献

国内有关大学基层学术组织的研究总体上可以分成两个阶段:学院制改革之前和学院制改革之后。

学院制改革之前,我国高校组织结构大体停留在模仿苏联模式上面,教研室是大学基层学术组织的主要形式,有关研究集中在对教研室性质、任务和运行的关注之上。例如,在朱九思先生的《高等学校管理》、潘懋元先生的《高等教育学》(上)、佘立先生在《大学管理概论》和王润先生的《高等学校管理》等著述中,我们都可以找到关于教研室的论述。

学院制改革之后,高校学术组织结构和功能引起了研究者的关注,关于基层学术组织的研究也逐步得到重视。2002年,陈何芳在其硕士论文《中国大学基层学术组织改革》中对中国大学的基层学术组织的历史演变、组织特性和组织职能进行了系统研究。这是笔者视野范围内,最早对大学基层学术组织进行专门研究的成果。2007年,教育部人事司委托北京航空航天大学开展"国内著名大学基层学术组织现状与改革"研究,对我国研究型大学的基层学术组织的历史演变、逻辑基础和类型模式等进行了系统研究,并对"985"工程二期科技创新平台及哲学社会科学基地、科研创新团队以及国家实验室等新型学术组织进行了研究。另外,一些大学的校长或学校有关部门的行政管理人员多次撰文,阐述本校基层学术组织的现状和改革设想,如兰州大学的前校长李发伸、东北大学校长赫冀成等,文章虽属工作实践的总结,但对我们了解我国大学基层学术组织改革的近期动向很有帮助。

就现有的文献来看,研究立足于当下高校基层学术组织改革的实践,探讨了大学基层学术组织生成逻辑、组织形态、功能作用、权力结构、存在问题以及改革建议等多方面内容。

大学基层学术组织的生成逻辑和组织形态是讨论比较集中的问题。袁广林论述了专业化是大学基层组织建立的基本逻辑,同时指出学科的开放和综合促进了跨学科组织的建立①；郑晓齐和王绽蕊在研究基层学术组织的逻辑基础时指出应该以基于知识论的学科逻辑作为基本的逻辑基础，以问题逻辑作为重要的逻辑基础。此外，郑晓齐和王绽蕊还指出，基层学术组织是大学这一组织履行其学术职能的核心，是大学各项学术管理制度的最终落脚点。他们认为，大学既要有面向学科、比较稳定的基层学术组织，也要有面向问题、动态的基层学术组织；既要有单一学科基层学术组织，也要有跨学科基层学术组织。② 叶非凡则根据对学科发展专门化与综合化"二元特征"的分析，提出了基层学术组织的二维结构模型。③

胡成功依据伯顿·克拉克在《高等教育系统》一书中的有关论述，对大学基层学术组织的作用进行分析：一是基础作用，基层学术组织是大学进行学术生产活动的基本工作群体；二是团队作用，基层学术组织是一个学术共同体，开展富有成效的创造性的协作劳动；三是变革作用，基层组织是推动大学组织变革的主要力量；四是边缘作用，基层学术组织处于学校大系统与外界交流的地带，可以推动大学组织与外界的互动。④

为全面了解大学基层学术组织的实际状况，胡成功在 2003 年对全国530 所高校的基层学术组织进行了问卷调查。调查结果表明，结构单一、体制趋同、职能偏狭、运行不畅、缺乏自主权、缺乏活力是高校基层学术组织普遍存在的问题。⑤ 郑晓齐等人进行了更为理性的反思，认为大学基层学术组织存在的突出的问题是：组织类型单一、陈旧，难以适应教学科研发展的需要；校院行政权力过大，对基层学术组织干预过多；基层学术组织学术管理行政化问题比较普遍，教学科研人员的学术自主权难以得到保障；基层学术组织缺乏活力，创新能力不足；不利于学科之间的交叉和融合。⑥ 徐文娜探讨了大学基层学术组织内部的权力结构问题，认为纵向结构中的学术权力

---

① 袁广林：《论我国研究型大学基层学术组织的改革——基于知识分化与综合化的思考》，《扬州大学学报》（高教研究版）2006 年第 2 期。

② 郑晓齐、王绽蕊：《研究型大学基层学术组织改革与发展》，清华大学出版社 2009 年版，第 109 页。

③ 叶飞帆：《大学基层学术组织的二维模型及其应用》，《中国高教研究》2010 年第 2 期。

④ 胡成功：《高校基层学术组织存在的问题原因及改革对策》，《高等教育研究》2007 年第 8 期。

⑤ 胡成功：《高等学校基层学术组织的现状与问题》，《高等教育研究》2003 年第 6 期。

⑥ 郑晓齐、王绽蕊：《研究型大学基层学术组织改革与发展》，清华大学出版社 2009 年版，第 88—93 页。

要向基层学术组织适度集中,另一方面要通过基层学术组织内部的分权实现权力的制衡。①

面对大学基层学术组织多样化的发展趋势,教育部原部长周济曾进行了总结:第一种模式是院系管教学、所室管科研。在院系内部,建立了一些专业性比较强的研究机构,提高了高校的科技创新能力。这是比较传统的模式,也是现在我国大学中比较通用的模式,很多时候系、所是两个机构、一套人马,这种模式优点是组织层级清晰,便于人员组织与管理,缺点是过于专门化,限制了院系和研究所组织大团队、承担大科研项目的能力。第二种模式是创新平台模式,主要是在院系之外建立科技创新平台,用以整合不同院系的人力资源和创新资源,提升大学的科技创新能力,如国家实验室、国家工程技术中心、科技创新平台和哲学社会科学研究基地等。这种模式的优点是以矩阵式、网络化的组织结构消解了院系组织过于专门化的缺陷,教师既属于纵向的院系结构,又属于横向的创新平台、基地,从而有利于整合资源,形成有竞争力的科技创新团队。第三种模式是产学研结合模式,高校、研究机构和企业共同建立创新平台和研究基地,把产学研合作从零散的、小型的、短期和项目式的合作,转向系统的、有规模的、中长期的和机构性的合作。②

在研究视角上,研究文献也体现出以下的特点:

第一,从大学内部组织的角度来研究基层学术组织。有学者把基层学术组织理解为大学内部的学术机构。如院系制研究、跨学科组织等都与基层学术组织的研究有关。刘少雪在比较分析世界 30 所著名大学学院设置后,认为要提高学科设置的学科层次,按学科大类或者学科群设置学院。③在学院制实施后,季诚均认为,高校的基础学术组织主要为学系和研究所,包括三种类型:一是对应学科点组织学系;二是对应本科教育所设专业和研究生教育所设学科组建研究所;三是学系、研究所并存模式。④另外,跨学科组织也是大学基层学术组织发展的一种趋势,相关研究也很多,例如张炜等

---

① 徐文娜:《大学基层学术组织的学术权力结构研究》,《东北大学学报》(社会科学版)2009 年第 2 期。

② 周济:《加快建设世界一流大学的几点思考》,《中国教育报》2004 年 9 月 7 日。

③ 刘少雪等:《创新学科布局——规范院校设置》,《清华大学教育研究》2005 年第 5 期。

④ 季诚均:《大学属性与结构的组织学分析》,人民教育出版社 2006 年版。

人提出了跨学科大学混合系统结构学术组织的模型,在学系一级区分层次和功能,设置学科定向系,即按学科分系;功能定向系,即按实用功能为核心设系;系统设计系(实验室),即在自然科学、技术科学、人文社会科学体系之上的特定系统。①

第二,从大学组织层次的角度来研究基层学术组织。有学者从科层组织的特征出发,认为基层学术组织作用的发挥与高层学术组织的设置和运行有很大关系,着手研究大学学术组织的分层,以及层次之间的结构关系。例如,袁广林认为"基层学术组织是相对于高层或者院系这一中层而言的直接从事生产的学术组织"②。胡成功等人认为应减少大学组织的中间层次,推动大学组织向扁平化、多样化、弹性化方向发展。③ 季诚均将高校学术组织划分为高层学术组织、中层学术组织和基层学术组织三种类型,根据对大学组织学术、行政、产业三重属性的分析,认为大学应该建立起"扁平化、矩阵化、分散化、柔性化"的组织结构。④ 杨明论述了基层学术组织与中层、高层学术组织的关系,提出了扩大中层学术组织的学科覆盖面,减少中层组织;厘清政治权力、行政权力、学术权力三者关系,改善和加强基层学术组织学术权力的建议。⑤ 大学组织扁平化和弹性化的发展趋势与科层制组织产生了冲突。如何调适两者之间的矛盾?阎光才教授从组织文化的角度分析了学术文化和科层制文化共存的"混合文化"对大学内部组织变革的影响。他认为,在现代大学组织结构变革的过程中,一个明智的选择不是瓦解现有的系科结构,而是在原有系科的基础上寻求建立沟通协商机制;另外,由于高等教育资源的稀缺性,他强调要发挥行政力量在基层组织设置中的作用,以使得资源得到有效利用。⑥

第三,从大学学科组织的角度来研究基层学术组织。学科是大学区别于其他社会机构的特有要素,也是大学发挥教学、科研、社会服务等基本职

① 张炜、邹晓东、陈劲:《基于跨学科的新型大学组织模式构造》,《科学学研究》2002 年第 4 期。

② 袁广林:《论我国研究型大学基层学术组织的改革——基于知识分化与综合化的思考》,《扬州大学学报》(高教研究版)2006 年第 2 期。

③ 胡成功、刘洁:《大学学术组织结构发展趋势简论》,《高教发展与评估》2008 年第 1 期。

④ 季诚均:《大学属性与结构的组织学分析》,人民教育出版社 2006 年版。

⑤ 杨明:《论中国高校基层学术组织创新的问题和对策》,《浙江大学学报》2010 年第 4 期。

⑥ 阎光才:《识读大学——组织文化的视角》,教育科学出版社 2002 年版。

能的基础单元。因此,不少学者直接把基层学术组织理解为大学学科组织。例如,宣勇把建立学科制作为大学基层学术组织创新的主要形式,通过建立学科制,加强基层学术组织的知识创新能力。① 阎凤桥认为学科仍然是大学运行的基础,建立在学科基础上的学系或研究所是大学的主要组织建制,与跨学科研究相对应的研究中心只能算是学系建制的一种补充。② 为了解基层学术组织的变革,北师大刘宝存教授对 20 世纪 60 年代后法德英美日等国家大学学科组织形式与结构的变化进行了系统分析。③ 2001 年,由浙江大学、四川大学牵头的教育部"直属院校院系学科的结构研究与改革实践"咨询研究项目课题组,对国内外高校的学术组织和学术组织结构进行了深入研究,其中有很多涉及欧美大学两类典型学术组织的研究,即欧洲的研究所或讲座制和美国学系制或系科制,提出用"概念创新、组织创新、知识创新"推动大学学术组织创新的观点。课题组对加强高校基层学术组织建设提出了一些具体建议,如:把以人为本、重在基层作为学校管理目标的基本理念;赋予基层学术单位及其学科带头人充分的学术权力,包括学科规划、学科用人、学科经费、学科资产、学科日常运作和管理等方面的合法权利;在体制上发扬民主,减少上级部门对基层学术部门的行政干预;改革教师归学系所有的管理旧格局,灵活基层学术单位的人员聘用;等等。④ 这些建议对于现在大学基层学术组织建设仍用很强的借鉴意义。

第四,从构建现代大学制度的视角来研究基层学术组织。"底部沉重"的组织特征使大学管理的重心落于基层,因此各种大学制度的缺陷也会在基层汇聚。就此,有学者从现代大学制度建设问题的角度去探讨基层学术组织变革的问题。周清明认为,基层学术组织是现代大学制度建设的重心,根据现代大学制度建设的要求,基层学术组织应遵行教学与科研兼顾、学科分化与学科综合相统一、学术权力与行政权力协调以及资源配置责权对等的原则。⑤ 郑晓齐等从"有效大学制度"这个核心概念出发,认为有效的大学基层学术组织应具备如下特征:形式多样,即多样化的组织形式以适应大学

---

① 宣勇、张金福:《学科制:现代大学基层学术组织制度的创新》,《教育研究》2007 年第 2 期。

② 阎凤桥:《论知识与大学组织的历史性和社会性》,《教育学报》2008 年第 6 期。

③ 刘宝存:《国外大学学科组织的历史演进》,《天津市教科院学报》2006 年第 1 期。

④ 胡建雄等:《学科组织创新——高等院校学科结构的改革研究》,浙江大学出版社 2001 年版,第 45 页。

⑤ 周清明:《浅析现代大学制度的基层学术组织重构》,《高等教育研究》2009 年第 4 期。

多样化的组织目标;自我治理,即教学科研人员应该成为基层学术组织的治理主体;学术至上,即学术追求成为组织永恒的价值取向。①

以上主要从"问题"与"视角"两个层面对现有研究成果进行了综述。可以看出,大学基层学术组织变迁与重构问题已经引起了国内学者们的关注,但对一些基本问题的研究还需要进一步深化,如对大学基层学术组织的生成逻辑问题认识还存在分歧,对大学基层学术组织形态的归纳也没有形成统一的标准,在大学基层学术组织内涵认识上也未能概括出一个能为大家共同信服的理论概念,对大学基层学术组织与大学内部学术机构、学科组织、跨学科组织之间的关系还需要深入地研究。上述各种观点之所以众说纷纭,一是大学基层学术组织本身具有复杂性,世界各国大学基层学术组织名称不一、规模不等。形式多样、机制灵活,称谓也是多种多样,如"有组织的研究单位"(organized research units)②、"有组织的教学单位"③、"科研—教学—学习连结体"④等,对大学基层学术组织的内涵和外延进行理论概况确实比较难以找到合适的维度。二是研究者在研究大学基层学术组织的问题时,就采用什么样的基本立场、观点、途径和方法还未能达成有效共识。现有的研究大多采用组织学中的观点和理论,因而形成了大学内部组织、组织层次和学科组织等主要的研究视角。我们认为,在大学"基层学术组织"的概念中包含了"基层""学术""组织"三个关键词,其中"学术"一词最为核心,也最为关键,它规定了大学基层学术组织的根本属性,表明了大学基层学术组织与其他类型组织不同的本质内涵。因此,单单运用从组织的观点去研究基层学术组织,研究的视角显然过于单一,也就难以揭示大学基层学

---

① 郑晓齐、王绽蕊:《研究型大学基层学术组织改革与发展》,清华大学出版社 2009 年版,第 102—103 页。

② 美国高等教育专家博德斯顿将美国研究型大学学系之外的研究组织统称为有组织的研究单位,参见郑晓齐、王绽蕊:《研究型大学基层学术组织改革与发展》,清华大学出版社 2009 年版,第 38 页。

③ 主要指大学提供的学术和学位项目(academic and degree program),主要职能是提供学位项目和跨学科的学习项目等,通称为有组织的教学单位,如本科生项目、研究生项目等。他们虽然在师资和生源上与学系、研究所有交叉,但大多有自己的行政负责人以及独立的管理、行政体系和人员,和其他基层学术组织有清晰的边界。参见郑晓齐、王绽蕊:《研究型大学基层学术组织改革与发展》,清华大学出版社 2009 年版,第 46 页。

④ 伯顿·克拉克教授在《探究的场所——现代大学的科研和研究生教育》中,认为当大学被理解为探究的场所时,科研和教学活动就不只被看作是互相渗透的,而且具有实质上的兼容性,因而提出大学基层学术组织应该为科研—教学—学习的连结体。

术组织变迁的内在原因。三是多数研究者都是以解决现实问题为研究大学基层学术组织的立足点,重在探讨大学基层学术组织变革与重构的路径,从而造成了分散研究多、系统梳理少,实践建构多、理论反思少,现实关注多、历史探源少的局面,导致研究缺乏足够的理论深度。基于上述分析,本研究试图在如下两个方面能够有所突破:一是重点关注大学基层学术组织变迁的历史过程,通过对大学基层学术组织历史形态的系统梳理,加深对大学基层学术组织内涵的理解;二是运用知识社会学的观点来解释大学基层学术组织变迁的内在原因,通过历史与逻辑相统一的方法来展现知识发展与大学基层学术组织发展之间的曲折关系,加深对当下大学基层学术组织改革成效的反思。

三、关于知识视角的综述

从知识的视角来研究大学组织的成果并不少见,例如,美国威斯康星大学科学史教授戴维·林德伯格(Lindberg, D. C.)在探讨西方科学的起源时就指出,12 世纪经院哲学的兴起点燃了人们重新认识古典文化的兴趣,对古典学术再认识的需要导致了一场学习热潮,而大学就是希腊和阿拉伯学术"制度上的庇护所";[①]伯顿·克拉克对高等教育系统进行的经典研究也是以高深知识为逻辑起点的;其他经典的研究还有华勒斯坦(Immanuel Wallerstein)的《学科·知识·权力》和《开放社会科学——重建社会科学报告书》,涂尔干(Emile Durkheim)的《教育思想的研究》以及吉登斯(Anthony Giddens)的《知识新生产》等,这类研究有的是直接研究知识生产与传播中制度变迁与大学制度发展的关系,如教育制度、学校制度、学科专业制度等,也有些是在研究整个社会的政治、经济、文化制度变迁中部分涉及大学制度问题。总体而言,西方现有研究主要建立在知识社会学的理论基础上,他们重视对知识社会属性的研究,探讨知识与大学的双向建构关系。

在我国,一些学者已经开始关注知识与大学发展的关系。例如,毛亚庆认为关于大学发展的研究有必要从知识发展的视角切入,并通过知识转型、知识范式转换的逻辑来观照大学组织发展的规律。[②]阎凤桥探讨了知识与

---

① 戴维·林德伯格:《西方科学的起源》,王珺译,中国对外翻译公司 2001 年版,第220 页。

② 参考毛亚庆、王树涛:《论知识范式的转型与大学发展》,《教育研究》2008 年第 7 期;毛亚庆、吴合文:《论我国大学竞争的知识逻辑》,《高等教育研究》2007 年第 12 期;毛亚庆:《高等教育发展的知识解读》,《教育研究》2006 年第 7 期等三篇论文。

大学组织的历史性和社会性的问题,他认为知识系统和大学组织都具有社会性和历史性的特征,并且两者之间存在着一定的对应关系。知识的历史性,表现为专业化和综合化两种相反且相关的发展趋势,大学组织的历史性表现为学系—学院和跨学科组织的建立和制度化;知识的社会性,表现为同一历史时期的知识发展受到社会形态的影响。大学组织的社会性表现为学科组织形式和运行机制上的差异很大程度是由社会制度和文化所决定的。①

朴雪涛分别从知识制度和知识观的角度探讨了知识对大学发展的影响。他将知识制度定义为知识活动主体之间形成的关于知识生产的规则系统,知识内在制度和外在制度之间的张力构成了大学发展的动力机制。② 另外,他还分析后现代知识观对现代大学制度的解构,为探讨现代大学的制度变革提供了一个新的视角。③ 朱新梅从知识与权力的角度,以大学的历史发展为线索,探讨各个阶段中大学与政府、权力和知识之间的关系,政府对大学的治理等问题。④ 该研究对知识生产与大学知识职能的探讨以及对不同历史阶段中我国大学与知识生产状况的分析,为本研究提供了思路。黄宇红从知识演变的视角来研究美国现代大学确立的问题,他把知识发展概括为"知识观"和"知识组织和制度"的发展,并以此来观照 19 世纪 20 年代至 20 世纪 30 年代美国从学院向大学转变的历史过程。⑤ 冯典在博士论文《大学模式变迁研究:知识生产的视角》中探讨了知识与大学模式变迁的互动关系,他把大学自中世纪以来的发展划分为原型大学模式、初步分化的大学模式、国别特色的大学模式和新兴大学模式四种,并揭示了大学模式与知识生产之间的互动关系。但是缺乏对大学知识生产内涵的深入解读,只是把知识生产理解为复制性知识生产和原创性知识生产,分别对应大学的人才培养和科学研究。

上述研究成果使我们认识到大学与知识之间确实存在历史联系,大学和知识之间的相互建构关系确实是个值得深入探讨的话题。但是现有研究成果至少在如下几个方面需要我们在今后的研究中加以推进:第一,如何界

① 阎凤桥:《论知识与大学组织的历史性和社会性》,《教育学报》2008 年第 6 期。

② 朴雪涛、马嘉:《知识制度视野的大学发展样态》,《沈阳师范大学学报》(社会科学版)2003 年第 6 期。

③ 朴雪涛:《后现代知识观与现代大学制度的变革》,《复旦教育论坛》2006 年第 6 期。

④ 朱新梅:《知识与权力高等教育政治学新论》,教育科学出版社 2007 年版,第 26 页。

⑤ 黄宇红:《知识演化进程中的美国大学》,北京师范大学出版社 2008 年版,第 7 页。

定知识的定义和设定知识所涵盖的范围？我们知道,知识是一个内涵庞杂的概念,在日常生活中,人们通常是在比较模糊的状态下使用这个词,很少去思考"什么是知识"这样的问题,以至于在学术研究中,多数学者也没有对知识概念和知识演进逻辑进行专门的理论概括和历史抽象,这对于深入认识大学与知识的互动关系,不能不说是一个遗憾。第二,如何从整体上陈述知识演进的逻辑？从上述研究成果来看,有学者重点探讨了知识的历史性和社会性特征对大学发展的影响,有学者则分别论述了知识制度、知识观念和知识组织变革与大学组织发展的关系,他们只是从某一方面来探讨大学与知识的历史联系,缺乏对知识发展演变过程整体性陈述。第三,未能将知识与大学知识在概念上进行区分。知识发展的历史也表明,并不是所有的知识都能有资格进入大学,只有进入了大学课程,并在大学取得相应的学术建制,建立了持续的人才培养制度和规范的学术研究制度的知识才是大学知识。因此,构建出知识演进的整体性分析框架,以及对大学知识演进的过程进行有针对性的陈述,正是本研究希望深化和推进之处。

第四节　大学基层学术组织的概念界定

为明确本研究所指大学基层学术组织的内涵,以下对"大学""学术""组织""基层"等四个关键词进行逐一分析。

第一,大学。虽然多数学者都将古埃及、印度、中国等文明古国视为高等教育的发源地,把埃及的寺庙,印度婆罗门教和佛教机构,抑或我国的右学、太学或书院,雅典的学园、吕克昂等视为最早的大学,认为大学至少存在了三千年;然而本研究所讨论的大学滥觞于欧洲中世纪,是进行分科教学、经常实施考试、授予文凭和学位的永久性教育学习机构,为现代意义的大学。另外,纵观千年大学发展史,大学的类型多种多样,包括了各级各类、各式各样的高等学校。为了便于分析,本研究所论及的大学主要选取西方国家学术声望高的一流大学为研究对象,即以高深知识为原材料,开展高水平知识发现、传播、应用等学术活动的大学。因为高水平大学通常是不同历史时期和不同国家地区高等教育发展水平的代表,高水平大学的制度安排通常会成为其他大学效仿的榜样和参照,因而研究分析高水平大学基层学术组织的演变可以有助于我们透视和把握全部大学学术组织基层结构的变迁轨迹。需要说明的是,高水平大学与文中提到的研究型大学在外延上有重合也有差异,因各国学术体系和传统不同,一些国家的研究型大学就是高水平大学,典型的如德国和美国;而一些国家学术声望高的大学因较少承担研究任务,称之为研究型大学就比较勉强,典型的如法国。当然,高水平大学在我国就是指研究型大学。

第二,学术。学术是与知识相联系的概念。学术与知识的联系可以从两个方面来体现,即作为知识活动结果的学术和作为知识活动过程的学术。作为知识活动的结果,学术是"专门有系统的学问"①,与一般知识相比,学术具有自身的特点:一是学术是理性的,是经过理性思考,并具有一定系统性的理论知识;二是学术是高深的知识,而非一般常识性知识,是人类在不同阶段对客观世界认识所达到的最高程度。当一种知识尚处于认识与探索阶段,具有高深性,属于学术的范畴。细分下去,"学"与"术"的知识属性也各有不同,学主要指文、理等基础性的学问,术主要指工、商、法、医等应用性的学问。作为知识活动过程,学术是人们探索和发展知识的活动。根据博耶(Boyer)的划分,学术活动可以分为"探究的学术、整合的学术、传播的学术和应用的学术"。据此,本研究将大学的学术活动划分为三种类型:一是知识发现,主要是对未知世界规律性的探究,属于基础研究的范畴;二是知识传播,把知识教授给未来的学者和在学者同辈之间进行交流;三是知识应用,主要是对已有知识加以整理、保存以便于传播,并进行实际应用,使之转化为现实生产力。

第三,组织。组织是人们在共同目标条件下形成的有序集合。在社会发展过程中,组织这一社会基本构成单元不断得到发展,人们对组织的认识也在逐步深化,从上世纪初产生到现在的百年历史中,组织理论发展大致经历了古典组织理论、行为组织理论和现代组织理论等过程。古典组织理论主要是对正式组织的研究,强调的是组织中的职位,但是忽视对组织中人的研究。针对这一不足,行为组织理论注重研究人的心理和行为等因素对组织绩效的影响,提出了"非正式组织",所谓非正式组织是由个人相互接触、相互影响而形成的,缺乏稳定的组织形态,成员之间的关系主要依靠共同的兴趣、爱好和情感来维持的组织。现代组织理论注意到外界环境对组织的影响,把组织看作是一个开放的系统,研究组织内各子系统之间、子系统与外部环境之间复杂的互动关系。组织研究理论体系的日渐完善,对我们把握组织本质和活动规律具有重要的指导意义。本研究所称组织是在大学履行学术职能的组织,它们首先必须是学术性的,即以处理高深学问为主要职

---

① 辞海编辑委员会:《辞海》,上海辞书出版社1979年版,第1296页。

能,无论这种方式是知识发现、知识传播、知识应用还是兼而有之;其次,它们还必须具有组织化的形态和特征,即由多位成员组成,具有独立的名称、共同的目标、相对稳定的结构和承担一定的学术职能;另外现代大学中广泛存在的研究中心、研究计划、研究组、项目组等非稳定形态的学术单元,其中多数虽然不是实体组织,但具有"组织化"的主要特征,因此也被列为本研究的研究对象。

第四,基层。所谓基层一般指纵向结构中的最底层组织,但前面已经论述过,由于大学首先是学术组织,学术组织之间松散联系和无序状态的特点提醒我们大学"基层"与"中层"以及"高层"组织之间不能是简单的从属关系,因而我们也不能简单地将大学基层学术组织理解为大学组织的底部。事实上,虽然大学组织在纵向上的三层次结构由来已久,但是关于大学学术系统中是否存在严格意义上的纵向组织结构仍有很多争论。本书对"基层"的理解是以伯顿·克拉克关于大学内部学术组织划分为依据的。伯顿·克拉克根据学术系统的操作对象——知识将大学内部学术组织分为两大群类,知识领域比较狭窄的一类为讲座、研究所和学系的群类,知识领域比较宽泛的一类为学部、专业学院和普通学院的群类;并且认为,"讲座、研究所和学系的群类,是基本的建筑块料或操作单位"[1],"学术系统的基层操作单位,即学术界的基本工作群体"[2]。在伯顿·克拉克看来,基层学术组织是知识领域分化后,以不可再分的知识领域为操作材料的学术组织,这样的学术组织是学术活动的基本工作群体。因此,本研究把"基层"理解为大学中直接从事学术活动的基本单位。

通过上述概念的分析,本研究将大学基层学术组织定义为大学学术系统中以最基本分支知识领域为工作材料,直接从事知识发现、传播和应用等学术活动的基本单位,既包括了讲座、研究所、学系等具有稳定形态的基层学术组织,又包括了研究组、研究单元、研究计划、研究实验室、项目组等形式多样、结构灵活的非稳定形态的基层学术组织。在不同时代、不同国家,大学基层学术的形态和结构模式各有不同,本研究就是对大学基层学术组织的历史演变加以梳理。

① 伯顿·克拉克:《高等教育系统——学术组织的跨国研究》,王承绪等译,杭州大学出版社1994年版,第42页。
② 伯顿·克拉克:《高等教育系统——学术组织的跨国研究》,王承绪等译,杭州大学出版社1994年版,第37页。

第五节　知识演进的理论建构

史静寰教授曾对经典的研究高等教育变迁的框架模式进行总结。她分析认为,研究高等教育变迁,要在运用"研究过去的整体论"方法基础上,从影响高等教育发展基本要素入手,构建能够说明高等教育变迁所具有普遍性特征分析的框架。由此,她提出了"四要素环绕互动型"的解释框架,将"知识"与"国家""社会""市场"等三大要素并列,一同作为影响高等教育发展的基本要素。① 受此启发,知识也应在大学基层学术组织发展变迁的历史过程中发挥了重要作用。作为大学学术活动的基本单元,大学基层学术组织形态与结构的变迁,应是大学基层学术组织知识实践活动与时俱进的历史表征。本研究即从知识演进的视角来展开对大学基层学术组织变迁逻辑的理论分析。

为了从学理上分析知识演进与大学基层学术组织历史变迁的关系,需要构建出知识演进的整体性分析框架,以及对大学知识演进的过程进行有针对性的陈述。

一、范式理论与知识型学说

知识是我们日常生活中最为熟悉的概念,但是要对知识下个定义却并不是一件简单的事情,因为定义知识绕不开知识的起源、标准、性质甚至发展等认识论的问题。从西方哲学发展的历史来看,20 世纪之前,关于知识的理性思考大体有经验主义、理性主义两大哲学流派。理性主义认为知识来源于人类的理性思考,经验主义认为知识是人类感觉经验对外部世界各种联系反映的结果。经验主义和理性主义的知识概念在西方哲学史上存在和对峙了较长的时间,但到了 19 世纪末和 20 世纪初,出现了实用主义的知识概念。实用主义将知识视为行动的工具,衡量知识的标准既不是主观的理性形式,也不是客观的感觉经验,而是能够产生令人满意的行为结果。理性主义与经验主义之间的对立属于认识论范畴的分歧,他们主要关注知识的真理性问题,即认识主体如何反映认识客体并获得可靠、确定的知识,而忽视了知识自身的历史性和社会性问题,即知识形态的发展也是历史的和社会的过程,知识形态会随着社会关系的发展而发生转变。

---

① 史静寰:《构建解释高等教育变迁的整体框架》,《清华大学教育研究》2006 年第 3 期。

20 世纪后,随着科学哲学和知识社会学理论的发展,哲学家们开始关注科学发展的一般逻辑以及与社会各要素之间的关系,知识社会学家曼海姆、舍勒,科学哲学家波普尔、库恩,以及后现代思想家福柯、利奥塔等都从不同的角度反思经验主义、理性主义知识概念,说明这些概念的贡献与局限,力图将对知识的认识从纯粹认识论的视角转换到历史的、社会的视角。这其中,库恩的知识范式转换理论和福柯的知识型学说为我们建构大学知识演进的分析框架提供了很好的思想启迪。

(一)库恩的范式理论

20 世纪 60 年代,美国哲学家托马斯·库恩(Thomas S. Kunn)在《科学革命的结构》(The Structure of Scientific Revolution)中提出了"范式"(paradigm)理论,将该词应用于科学研究,来解释科学发展的过程。"范式"理论提出后引发了众多学者的关注。英国学者玛格丽特·玛斯特曼(Margaret Masterman)女士在 1965 年国际科学哲学研讨会上提交了一篇名为《范式的性质》(The Nature of a Paradigm)的论文,文中对库恩的"范式"定义进行了系统研究,她认为库恩在《科学革命的结构》中对范式至少给出了 21 种不同的说法或定义。玛格丽特将这 21 种不同的定义分为至少三种不同的类型:一是"形而上学范式"(metaphysical paradigm)或"元范式"(meta-paradigm),泛指科学家所共同接受的信念、信心、观察方式等,是在本体论、方法论指导下的科学思维活动的方法。如形而上学的思辨、判别理论的标准等;二是"社会学范式"(sociological paradigm),是指被科学家所普遍承认的科学成就,或被科学共同体共同遵守的惯例和规约,在理论形成之前,它能把共同体团结为一个整体,它在科学研究中的作用就仿佛法律中的判例一样,有着重要的示范作用;三是"人工范式"(artifact paradigm)或"建构范式"(construct paradigm),是指科学理论体系,更具体而可用的工具、仪器设备、教科书或经典著作等。[①]

在笔者看来,库恩"范式"学说的贡献主要体现在两个方面:第一,库恩认为科学发展是一个历史演进的过程,并且科学演进的历史不是一种渐进的累积过程,而是一种结构性、"范式转换"的过程。他说:"从旧范式产生出来的新范式,远不是一个累积过程,即远不是一个可以经由对旧范式的修改

---

① Lakatos, I., Musgrave, A. Criticism and the Growth of Knowledge. Chicago: The University of Chicago Press, 1970:59-89.

或扩展所能达到的过程。宁可说,它是一个在新的基础上重建该研究领域的过程,这种重建改变了研究领域中某些最基本的理论概括,也改变了该领域中许多范式的方法和应用。"①科学范式的转换改变了这一领域研究的基本理论、方法与模式,甚至改变了这一领域的专业设置及教学和研究方式。第二,库恩突破了把科学局限在认识论的范围内的限制,把"范式"与"科学共同体"联系起来,范式的内容不仅包括了科学家个体从事科学研究的工作,而且包括了科学团体从事科学活动的一切内容。这样科学就不仅是科学家个体的观察和实验,科学开始进入科学家集体,进入科学家组织。

尽管库恩的范式概念主要运用于自然科学研究领域,特别是对自然科学史的研究领域,但是范式转换的思想具有更为广泛的意义。石中英就认为"在整个人类的知识领域也存在着这种范式现象……整个人类的知识观念、知识行为和知识制度也深受某种范式的制约"②。

(二)福柯的知识型学说

在库恩提出"范式"理论之后,法国哲学家米歇尔·福柯(Michel Foucault)注意到知识进化过程中的"不连续性"问题。在福柯看来,所谓知识进化的"不连续性"是指知识的发展并不仅仅体现在理论内容上的变化(修正理论中的错误,不断发现真理),或是理论形式上的变化(更新某种范式),而是全新的话语体系和知识形式。③ 福柯在《知识考古学》(*The Archaeology of Knowledge*)中通过对医学、精神病等领域某些知识进化不连续性问题的研究,从知识与话语实践以及知识与社会权力关系入手,提出了"知识型"(Episteme)的学说,将知识的进化与社会的权力和话语实践联系在一起。

那么福柯的"知识型"究竟是何意呢? 在福柯这里,"知识型"并不是某一具体的知识类型而是一定时期的知识总体或基本构成原则,"知识型可以看作类似于世界观一类的东西。它是整个科学史的一部分,对于所有的知识领域都是共同的……知识型是那一时期的人都无法逃脱的思想结构"④。可见,福柯所提出的"知识型"概念超越了各种不同学科和思想形式之间的界限,

① 托马斯·库恩:《科学革命的结构》,金开伦、胡新和译,北京大学出版社 2003 年版,第 78 页。
② 石中英:《知识转型与教育改革》,教育科学出版社 2001 年版,第 23 页。
③ 参见石中英对福柯知识不连续性问题的阐述,石中英:《知识转型与教育改革》,教育科学出版社 2001 年版,第 43 页。
④ 石中英:《知识转型与教育改革》,教育科学出版社 2001 年版,第 23 页。

构成了各种不同学科和思想类型的背景,是一定历史时期知识形态的结构特征,是对一个时代知识最一般的描述。只有符合特定历史时期知识型要求的知识才能够成为知识,而知识则成为特定历史时期社会知识型的表征。

相比较库恩的"范式"理论,知识型可以被阐述为"知识范式",但是"知识型"在构成要素上比"范式"所包含的要素——信念、价值、技术、范例——更为广泛。可以说,知识型概念是对范式概念的一个扩展。[①] 知识型的概念使福柯对知识问题的考察从纯粹认识论的视角转换到历史的、社会学的视角,在 20 世纪后半叶的知识界产生巨大影响。无论是库恩的"范式"理论或是福柯的"知识型"学说,这些理论概念的提出都在提醒我们,人类的知识进化不仅是知识数量上的增加,更主要的是知识形态的变化。类似于库恩将科学知识进化看成是科学范式的转变,人类知识进化也可以说是知识型的转换,没有知识型的转换,就没有人类知识的进化。不同的历史时期有着不同的知识型,研究知识型的变化可以为我们认识人类知识的演进提供重要的理论指导。

二、知识转型与大学知识演进

虽然库恩和福柯的理论对于考察知识演进的逻辑十分重要,但是他们的学说还不是直接地从历史角度来分析一般意义上的知识转型问题。库恩虽然建立起来一个分析科学革命的框架,但是库恩的分析只是局限于科学知识特别是自然科学的范式转换,并没有讨论更广泛意义上的人类知识范式转换问题。福柯的知识型的学说在时间和空间上都有明显的局限,在时间上,知识型的分析只是局限于现代社会;在空间上,知识型也只是针对某些领域知识的分析(在《知识考古学》中是针对医学和精神病领域),未能就人类知识转型的整个历史过程提出自己的看法。

为了尝试对人类知识转型的历史进行描述,我国学者石中英借用福柯知识型的概念,并超越了福柯的局限,用"总体性话语或总体性陈述"对知识转型的历史过程进行了解释。石中英认为知识型是一定历史时期知识生产、辩护、传播和应用的框架,人类知识进化的过程不能简单理解为知识数量的增加,而是要考虑知识形态结构性的变革,人类知识进化总体上呈现出知识型演进的特征。他说:"人类的知识进化可以说是人类知识型的转

---

① 石中英:《知识转型与教育改革》,教育科学出版社 2001 年版,第 23 页。

换。"①知识转型是如何发生的呢？石中英认为,知识转型时期到来有一些明显的征候,如新的知识概念或知识标准,新的发现知识和证明知识的方法和程序,新的表述知识和传播知识的方式,新的知识分类标准、知识分子角色的转变、原有的知识信念遭到怀疑等。石中英进一步对知识型转型的内容进行了概括,他说:"知识转型不仅包括了知识观念的转变,而且包括了知识制度、知识组织、知识信念以及知识分子角色等各个方面的转变。"②"知识转型一开始可能出现在个别知识领域和知识理论的个别领域,后来就会慢慢扩张到整个知识领域和知识理论的所有领域。"③据此,石中英认为人类社会经历四大知识型和三次重大的知识转型:一是原始知识型向古代知识型转型;二是古代知识型向现代知识型转型;三是现在正在经历着的现代知识型向后现代知识型转型。四大知识型的特征如表 1-1 所示。

表 1-1　知识型的特征④

	知识与认识者	知识与认识对象	知识的陈述	知识与社会
原始知识型（神话知识型）	"巫"享有认识的特权,但知识并非是认识者的产物,认识者只不过是起了"转述"的作用	知识并非是认识者对认识对象的认识,而是神秘力量的启示	神话和仪式是主要的知识陈述方式	为原始社会提供解释世界的模式以及形成社会的动力
古代知识型（形而上学知识型）	知识分子为形而上学家或神学家,享有知识特权。知识是理智或信仰的产物	世界本体或神所派生。真正的知识是有关实在本体或神的知识。圣经是唯一可靠的知识来源	范畴与命题是主要的知识陈述形式,具有客观性、终极性或神圣性	为社会提供解释世界的模式
现代知识型（科学知识型）	科学家是知识分子,观察、实验和推理是获取知识的主要途径	世界是客观的。知识是对客观世界本质的揭示。真正的知识是反映客观事物本质的知识	通过特殊的概念、范畴、符号和命题加以陈述,观察命题和数学语言是其基本形式,知识具有客观性和确定性	知识是中立的、价值无涉的

---

① 石中英:《知识转型与教育改革》,教育科学出版社 2001 年版,第 26 页。
② 石中英:《知识转型与教育改革》,教育科学出版社 2001 年版,第 26 页。
③ 石中英:《知识转型与教育改革》,教育科学出版社 2001 年版,第 26 页。
④ 石中英:《知识转型与教育改革》,教育科学出版社 2001 年版,第 83—84 页。

续表

	知识与认识者	知识与认识对象	知识的陈述	知识与社会
后现代知识型（文化知识型）	认识者的感觉和理性都是文化的产物，认识者的知识陈述与知识信念密不可分	知识并非是对客观事物本质的揭示	知识的陈述具有文化性、相对性和多样性。概念、符号与范畴都是一定文化的产物	知识是社会建构，没有价值中立和文化无涉的知识，也没有普遍有效的知识

知识转型思想为本研究阐述大学知识演进的逻辑奠定了理论基础。

第一，大学作为重要的知识组织直接参与了人类知识转型。从人类社会经历的三次重大知识转型看，大学知识演进经历了两次重要的知识转型，即从古代知识型向现代知识型转型、从现代知识型向后现代知识型转型，涉及人类社会的三大知识型。这两次转型对大学知识演进产生了重要影响，本研究以知识转型理论描述为基础，将大学基层学术组织发展变迁的过程划分为四个历史阶段：第一阶段，中世纪大学阶段，从12世纪大学组织产生到中世纪末的15世纪。这段时期大学知识演进总体上遵循古代知识型的特征，大学基层学术组织的基本特征还没有完全形成。第二阶段，近代早期大学阶段，从16世纪到18世纪。这一时期的大学知识演进总体上处于古代知识型向现代知识型转型的过渡阶段。之所以将这一阶段单独划出，主要是考虑到欧洲近代文艺复兴对大学的知识演进具有重要影响，文艺复兴时期的大学学术活动已经逐步摆脱了古代知识型的制约；但是古典人文知识的复兴却又在一定程度上影响了自然科学知识进入大学，使得大学的知识活动并没有展现出现代知识型的特征。而且，正是在这一时期，大学基层学术组织开始成型。因此，我们认为有必要在古代知识型向现代知识型转型的过渡期中单独划出一个近代早期阶段，这样的分期更加符合大学基层学术组织发展的历史实际。第三阶段，近代大学阶段，即19世纪的大学。这段时期大学知识演进体现出了现代知识型的特征，并且由于科学革命和学科分化的加快，大学基层学术组织制度逐步成型，主要标志在于：学科成为大学基层学术组织的基本单位；形成了德国讲座—研究所制和英美学系制两大基本组织形态。由于民族国家的兴起，大学基层学术组织体现出明显的国别特征。第四阶段，现代大学阶段，即20世纪的大学。20世纪以后，特别是从20世纪五六十年代至今，大学的知识演进表现出了后现代知识型的特征，在后现代知识型的影响下大学基层学术组织进一步发展，在结构、功能和形态上出现了多样化的发展趋势。

第二,知识演进不仅仅是知识体系的增长,而是知识型的转化,主要包括知识观念、知识制度、知识体系和知识组织等四个要素。本研究所论及的知识演进主要指大学知识演进,作为整体知识演进的组成部分,大学知识演进同样包括了知识观念、知识制度、知识组织和知识体系等要素的演进。

一是知识观念是关于认识论问题的探讨,涉及知识的性质、价值、标准等问题,对大学来说,潜含着特定历史时期大学对"什么是知识"问题的回答,包括什么样的知识在大学是有价值的,以及以知识为材料开展怎样的学术活动是有价值的等两大基本问题。对大学基层学术组织来说,知识观念属于共同体的"元范式",泛指共同体成员所共同接受的信念、方式等。

二是知识制度是参与知识活动的主体基于知识活动而形成的各种规则的总称。大学本身就是建构知识制度和实践知识制度的主体,是知识活动高度制度化的产物,因此大学的产生和发展与知识制度化的历史具有一致性。本研究无意去探讨大学制度与知识制度发展的相关性,而是探讨大学进行知识生产、传播、应用等学术活动的规则,以及这些规则的变化对于大学基层学术组织的影响。

三是知识体系则是指进入大学的知识。大学的主体活动是以知识为中介的,大学知识肯定要受到一定知识型的制约,但并非所有符合知识型要求的知识都可以进入大学学术活动场域,大学关于知识价值认识与社会认识的差异会使得进入大学学术场域的知识具有选择性,另外大学对于知识制度安排的特殊要求也会使得大学知识体系的形态表征具有特殊性,例如学科化的知识形态就是 19 世纪后期大学知识体系的显著特征。对于大学基层学术组织来说,知识体系是它们的工作材料,也是组织存在的载体。

四是知识组织是指专门从事知识活动的社会机构,是知识制度化的重要场所。大学是重要的知识组织,但是知识组织的外延要大于大学组织。本研究主要关注大学组织内部的知识组织,大学基层学术组织是大学开展学术活动的基本单元。

上述四要素的演进伴随着知识转型体现出知识整体演进的特征,同时四要素之间也是相互影响着的,其基本关系见图 1-1。

在知识转型四要素中,大学基层学术组织属于知识组织要素,与知识观念、体系和制度要素相互影响、共同作用,因此,本研究在考察大学基层学术组织变迁与大学知识演进的历史关系时,将具体考察大学知识观念的演进、知识体系专门化和综合化发展和学术活动的历史性特征等三个方面内容。

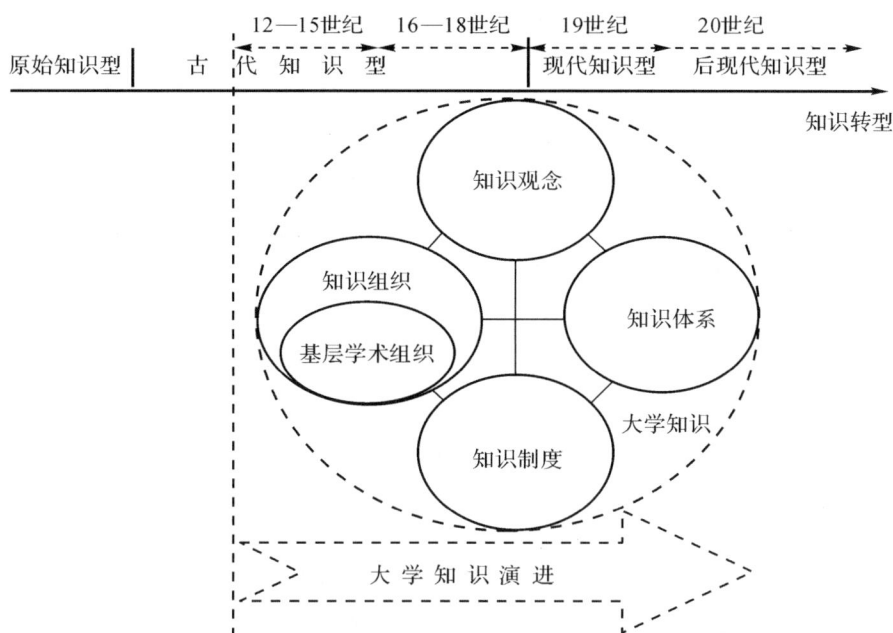

图 1-1　知识转型与大学知识演进关系

　　大学知识演进的逻辑深刻地影响着大学基层学术组织变迁的历史过程,使得不同历史时期大学基层学术组织目标、功能、形态以及内部管理体制表现出不同的特征。本研究即着眼于大学知识演进的逻辑,试图构建一个分析大学基层学术组织变迁的理论框架,从逻辑和历史相统一的角度揭示出大学基层学术组织变迁内在规律。

第六节　本书的研究任务、方法与结构

　　本书的总体思路是,以知识社会学关于知识转型的理论为指导,建构大学知识演进的基本逻辑,并以此为基础,梳理大学基层学术组织变迁的历史过程,分析大学知识演进与大学基层学术组织演进之间的逻辑关系,进而揭示大学基层学术组织变迁历史性和逻辑性相统一的基本规律。

一、研究任务

　　具体而言,本书的研究任务包括如下几方面:

　　第一,尝试着比较完整地展现大学基层学术组织发展的历史过程。在

笔者的视野中,专题研究大学基层学术组织的成果大都关注大学基层学术组织的发展现状和存在问题,提对策建议的多,反思演变历史过程的少,特别是对中世纪和近代早期大学基层学术组织的专题研究成果还不多见。

第二,在知识演进的理论视域下,集中关注大学知识演进的问题(也即大学知识转型问题),并且从库恩"知识范式"和福柯的"知识型"理论中抽象出知识观念、知识制度、知识体系、知识组织四要素,构建出大学知识演进的分析框架,作为分析不同历史时期大学基层学术组织演进的理论支撑,力图比较完整地陈述知识与大学基层学术组织发展之间的互动关系。

第三,对大学基层学术组织历史变迁的过程进行历史分期,这既是本研究的难点也是关键点。本研究按照知识型的理论阐述,将大学基层学术组织发展变迁的过程划分为四个历史阶段,并且认为大学基层学术组织草创于13—15世纪、形成于16世纪、成型于19世纪、在20世纪进入多样化发展时期。这样的分期方法不多见。

第四,从双向互动的角度来概括大学知识演进与基层学术组织变迁的关系,不仅阐释了知识观念、知识制度、知识体系演进对于推动大学基层学术组织的作用,而且也展现了大学基层学术组织变迁对大学知识演进的影响,并以此为据,对我国研究型大学基层学术组织改变与发展的总目标、主要任务和路径提出了行动建议。

二、研究方法

历史与逻辑相统一的方法是本书运用的基本研究方法。

历史与逻辑相统一是20世纪以来历史学发展的一个重要特征,其基本要义是提倡在历史研究过程中有意识地应用其他相关学科的理论和方法,以弥补历史学研究过分依赖史料考证的缺憾。按照美国著名社会学教授华勒斯坦的观点,运用历史与逻辑相统一的研究方法可以"填平注重研究个别性的史学和注重研究普遍规律的社会科学之间的鸿沟"[①],因为其他学科的研究成果可以为历史研究提供史学家所不具备的研究工具、分析概念,从而可以进一步揭示"那些处于历史制度、事件和观念'下面'或'背后'的维向(如经济变迁、人口增长、社会不平等和社会流动、群体态度和行为、社会抗

---

① 华勒斯坦等:《开放社会科学——重建社会科学报告书》,刘锋译,生活·读书·新知三联书店1997年版,第44页。

议,以及选举模式)"①。因此,历史与逻辑统一方法的含义是,在反对解释历史的随意性和主观性的前提下,历史学研究要注意运用其他毗邻学科的观点和法则,用一些概念、范畴和模式来说明历史,从而对历史变动的深层原因和规律做出解释。

本书主要研究大学基层学术组织的历史变迁过程,但研究的基本立场并不只是要解决大学基层学术组织历史变迁"实际怎样"的问题,而是立足于"实际怎样"的描述基础上,对"为什么这样"进行探讨和解释。为此,本书选择历史与逻辑统一的方法作为研究的基本方法。所谓历史的方法,就是回顾大学基层学术组织变迁的历史过程,对不同阶段大学基层学术组织的形态特征进行描述;所谓逻辑的方法,就是运用抽象出的知识演进四要素分析框架来审视大学基层学术组织发展的历史事实,进一步总结、凝练大学基层学术组织发展的基本规律。

此外,书中还运用了文献法、历史分期法和比较研究法等具体的研究方法。

第一,文献法。文献法是通过对文献进行查阅、分析、整理从而找出事物本质属性的一种研究方法。充分占有现已公开发表的著作、论文、调研报告等文献资料是研究工作的第一环节。笔者对现有的文献进行了尽可能的搜集,结合国内外对大学组织属性与组织结构的研究成果,根据现实情况进行分析,并按归纳与演绎等逻辑思辨方法对文献进行分析,在此基础上形成自己的观点。

第二,历史分期法。历史分期法主要通过对历史阶段的划分,揭示不同历史时期或阶段之间的质的差别,以便从中发现其发展特点及规律。从诸多历史分期的理论来看,一般都是按照一定的标准来划分历史过程,并且往往先提出一个抽象的分期模式,然后再应用于具体历史。本书根据知识转型理论,将大学基层学术组织发展变迁的过程划分为四个历史阶段,对每一阶段大学基层学术组织的结构特征进行具体分析。

第三,比较研究法。有比较才会有鉴别。大学基层学术组织在长期的发展过程中,历经变化,表现出历时性的特征;同时即使在同一历史时期,大学基层学术组织也表现出显著的国别特征,他们之间有模仿改造,也有继承突破。利用比较方法,可以清晰地看出大学基层学术组织变迁在时空上的

---

① 华勒斯坦等:《开放社会科学——重建社会科学报告书》,刘锋译,生活·读书·新知三联书店 1997 年版,第 44 页。

变化关系;另外,比较不同历史时期大学知识观念、知识体系和学术活动的特征,对于深刻理解大学基层学术组织与知识之间的复杂关系具有十分重要的意义。

三、研究结构

全书的结构安排是:

第一章,绪论,主要就选题的原因、研究的意义、国内外研究进展以及本研究的视角、内容和方法进行阐释。

第二章,12—15 世纪大学组织:行会组织转向学术组织。本章主要分析两块内容:一是以欧洲中世纪中晚期持续进行的知识复兴为背景,分析大学组织兴起的知识逻辑;二是梳理中世纪大学知识演进的逻辑,用以分析同乡会、教授团、学舍等三种主要的知识行会组织在向学术组织演变时表现出不同历史命运的内在原因。

第三章,16—18 世纪大学基层学术组织:学部制与学院制。本章主要分析在文艺复兴和宗教改革运动影响下,大学知识演进出现的新趋势,分析新知识发展与学部和学院两大组织形成的关系,并从知识演进的角度分析 17、18 世纪的大学组织危机发生的原因。

第四章,19 世纪大学基层学术组织:讲座制与学系制。本章主要分析 19 世纪大学知识学科化演进的过程,以及大学知识学科化与大学讲座组织、学系组织制度化的互动关系。

第五章,20 世纪大学基层学术组织:跨学科组织崛起。本章重点分析 20 世纪中后期,大学知识发展呈现出超越学科逻辑的特征,以及后学院科学发展与大学跨学科组织和大学基层学术组织形态与结构多样化发展之间的关系。

第六章,结语。从大学基层学术组织变迁的阶段特征和大学基层学术组织变迁与知识演进之间的逻辑关系等方面总结研究的主要结论。

第二章　12—15世纪大学组织:
行会组织转向学术组织

　　"大学兴起之时,正处于一场伟大的学术复兴期。这个复兴期不是我们通常所指的14和15世纪,而是更早一些。"[①]公元455年,汪达尔人攻陷罗马,西罗马帝国的灭亡标志着西欧历史进入了中世纪时代。从公元5世纪到公元15世纪,欧洲中世纪持续了约一千年时间。由于游牧民族的反复入侵,欧洲文明遭受了毁灭性的破坏,曾经璀璨的希腊和罗马古典文明被迫流亡小亚细亚地区,加之基督教对思想文化的禁锢,欧洲中世纪长期被描述为愚昧、停滞的"黑暗时代"。随着中世纪历史研究的深入,"黑暗说"的提法遭到质疑。20世纪中后期历史学界兴起了"复兴说",即认为中世纪既有连续性又有变化性,中世纪在其中后期存在着多次知识复兴,对人类文明发展有着重要贡献。[②]第一批欧洲大学的创立,就是中世纪留给我们今天社会的宝贵财富。本章主要以欧洲中世纪中晚期持续进行的知识复兴为背景,分析大学起源的知识逻辑,并从知识观念、知识体系和知识制度等三个维度逐一梳理中世纪大学知识演进的逻辑,以展现中世纪大学知识演进与中世纪大学各种组织形态之间的逻辑关系。

---

　　① 　哈斯金斯:《12世纪文艺复兴》,夏继果译,上海人民出版社2005年版,第10页。
　　② 　关于中世纪的评价,可参阅首都师范大学夏继果教授翻译的哈斯金斯《12世纪文艺复兴》的中文序言部分。

第一节　知识复兴与大学起源

现代大学起源于 12 世纪的欧洲已经得到学界多数人的认同。作为专门的知识机构,大学的产生需要一定的知识沉淀为基础。既然大学产生于12 世纪,那么当时的欧洲社会肯定具备了大学产生所需要的知识准备。为此,我们就来探究发生在 12 世纪欧洲的种种知识复兴迹象,从源头上理解大学起源与知识发展之间的逻辑关系。

一、12 世纪欧洲知识复兴

12 世纪的欧洲见证了阿拉伯文明的兴起、十字军东征、商业贸易的繁荣和城市的出现、古希腊文明的再发现等历史变迁。欧洲人在战争与贸易中接触到外面的世界,并在外面世界的吸引和刺激下,开始了积极且富有创造性的求知活动。12 世纪欧洲知识领域发生的复苏被美国历史学家、中世纪史权威专家哈斯金斯(Haskins)称为"12 世纪文艺复兴",用以表明 12 世纪的知识复兴所产生的历史意义丝毫不逊色于发生在 14—15 世纪的"文艺复兴"。至于年代的界限,哈斯金斯指出"不仅正好覆盖 12 世纪,而且覆盖前后紧密相连的年份","主要包括 1050 年到 1250 年的 200 年时间"。关于地理范围,则是从南到北覆盖了意、法、德、英等主要的欧洲国家。[①]

（一）复兴的起点

完整阐述 12 世纪欧洲文艺复兴的伟大意义需要回溯到公元 9 世纪的加洛林王朝。因为发生在公元 9 世纪的"加洛林文艺复兴"是西方文化断裂后的一个新的起点,是"一次真正的文艺复兴,是作为有意识的整体的西方文化的起点"[②]。

加洛林王朝之前,欧洲人的文化程度已处于前所未有的低点,"这种衰落不仅仅是指古希腊思想的消失,而是指一些最基本的拉丁语以及读写方面的知识"[③]。到了加洛林王朝的早期,"除了莱茵河沿岸各地的大修道院里

---

①　哈斯金斯:《12 世纪文艺复兴》,夏继果译,上海人民出版社 2005 年版,第 10 页。

②　克里斯托弗·道森:《宗教与西方文化的兴起》,长川某译,四川人民出版社 1989 年版,第 66 页。

③　石广盛:《欧洲中世纪大学研究》,2007 年复旦大学博士学位论文,第 15 页。

有一批修道士能够读懂古典的希腊文献之外，全欧洲很难找到能够阅读古代典籍的有文化的人了"。这种状况在加洛林王朝时期发生了改变。公元800年，加洛林王朝的国王被罗马教皇加冕为查理大帝。与此前其他蛮族国王不同的是，查理大帝是一位具有雄才大略的国王，不仅"尚武"，通过战争和武力完成了西欧的统一，而且"尚文"，注意运用思想和文化上的统一来巩固自身的统治地位。查理大帝一系列"尚文"的举措，划破了中世纪黑暗时代的帷幕，为12世纪知识领域的复苏埋下了种子。

　　查理大帝主要做了两件事：一是重视兴办学校，推广文法知识。在他统治的早期，宫廷学校获得了前所未有的重要地位，不仅迎来了当时最杰出的学者，如"文学家比萨的皮埃尔，希腊学者 Paul Warnefrid、Paul Diacre，还有爱尔兰的克莱芒"①等，而且它不再是贵族领主子嗣的专有，来自社会各阶层的年轻神职人员也有了学习的机会。公元787年，他还下令要求所有的教堂与寺院开办教会学校，训练神职人员，要求平民百姓背诵祈祷经文的教义。他甚至批评教会垄断知识的做法，他在给美因茨大主教拉尔的信中说："承蒙神之佑助，您正致力于赢取灵魂，可是朕听到一个令人震惊的消息，您对于向下辖教士教授文学颇感累赘。可是您回顾所见，众人通常都是陷于无知的黑暗之中；当您有能力让他们一同沐浴在您知识的光芒中时，您却听任他们深陷愚昧的黑暗之中……所以说，为了在我们最为关注的事情上满足我们的期望，向您的孩子们教授自由技艺吧。"②

　　查理大帝另一个重要的贡献就是强调学术活动对于信仰的作用。他要求教会加强对文献的研究和讲解，而普通民众则需要加强对语言和文法知识的学习。他说：教会"除了遵循规则的生活、奉行圣教的仪轨，也应当致力于文献的研究；而蒙神的恩惠获得教授能力，须当各尽其能，奉讲学为使命"③。这些研究和知识传播活动之所以有必要，是因为《圣经》是一部充满神秘教义的书，要理解这些充满寓意的奥秘，就必须通过学术的训练，"我们恳切您切莫忽视文献研究，不仅如此，还应当满怀对上帝的谦卑与喜悦，以诚挚与坚毅全心投入，这样才能够更方便、更确切地洞察圣经的诸般奥秘。"④

————————

　　①　涂尔干：《教育思想的演进》，李康译，上海人民出版社2003年版，第48页。
　　②　涂尔干：《教育思想的演进》，李康译，上海人民出版社2003年版，第49页。
　　③　涂尔干：《教育思想的演进》，李康译，上海人民出版社2003年版，第49页。
　　④　涂尔干：《教育思想的演进》，李康译，上海人民出版社2003年版，第52页。

虽然查理大帝是出于统治的需要而掀起了一场短暂的文化教育复兴运动,但他兴办学校和推广文法教育,使得普通平民获得了接受教育、学习知识的机会,提高了全社会的文明程度;强调学术活动对于信仰的作为,使得知识和理性的作用重新得到重视,为破除神秘主义禁锢带来了曙光,激发了西欧精神文化发展新的活力。加洛林王朝的文化复兴是短暂的,并未能完成知识复兴的重任。加洛林王朝结束后,10世纪的欧洲又重新陷入战争与动乱之中。斯堪的纳维亚人、萨拉森人、诺曼人的入侵,使欧洲再次处于"苦痛不堪、焦虑弥漫的时代"①,知识文化的发展重新陷入停滞。但是,加洛林王朝时期开启的知识复兴势头是不可阻挡的。从11世纪开始,欧洲的"思想史和教育史完全表现为一系列连绵不断的复兴"。

（二）古典知识的重新发现

12世纪兴起的东西方文化交流为欧洲重新找回失落的古典知识创造了条件。12世纪文艺复兴主要表现在两大领域:一是记载着哲学和科学源头的古典拉丁文献被重新发现;二是流落到东方的古典欧洲文化被重新输入欧洲。正如哈斯金斯所言:"像三百年后的意大利后继者一样,12世纪文艺复兴从两个重要的源泉获得生命力:部分根植于已在拉丁西方显现的知识和思想,部分依赖于新学问和文献从东方的流入。"②

这其中,希腊、阿拉伯等古典文化的输入具有重要的意义,为中世纪的大学提供了必要的知识准备。当时,阿拉伯人是古典文化输入的使者,亚里士多德、欧几里得等古典著作在中世纪流传到小亚细亚地区,被保存在阿拉伯国家的图书馆里,而"十字军"东征则将这些著作重新带回欧洲。从1125年到1151年,基督教组织翻译家对这些古典作品开始了翻译和整理工作,这就是欧洲历史上的"古典翻译运动"。

对异文化典籍的翻译,不仅让欧洲人了解了外面的世界,也让他们重新看到了在欧洲大地上"已经消失"的古代文化。古典翻译运动"填补了拉丁遗产在西方文化中造成的空白。欧几里得的数学,托勒密的天文学,希波克拉底和盖仑的医学,亚里士多德的物理学、逻辑学和伦理学,所有这一切都是这些翻译工作者的巨大贡献"③。在古典翻译运动的推动下,大量学生奔赴意大利求学新知识,这激发了欧洲社会压抑已久的求知欲,也导致了早期

---

①　涂尔干:《教育思想的演进》,李康译,上海人民出版社2003年版,第75页。

②　哈斯金斯:《12世纪文艺复兴》,夏继果译,上海人民出版社2005年版,第5页。

③　雅克·勒戈夫:《中世纪的知识分子》,张弘译,商务印书馆1996年版,第14页。

的大学出现。不仅如此，翻译运动对大学学术思想的形成也有非常重要的意义。"求新探索的好奇心和推断力"也在大学中诞生。这样，古典知识中蕴藏理性批判精神与宗教神学意识形态和行为方式相融合，为学术研究奠定了知识基础和理性思维基础。

（三）知识分子职业的出现

知识分子职业的出现是 12 世纪文艺复兴另一重要贡献。雅克·勒戈夫称"知识分子"为"以思想和传授其思想为职业的人"①。12 世纪的欧洲，城市手工业和商业已经相当发达，城市生活的繁荣为知识分子的职业化奠定了基础。"一个以写作或教学，更确切地说同时以写作和教学为职业的人，一个以教授与学者的身份进行专业活动的人，简言之，知识分子这样的人"，作为专业人员出现了，并"在实现了劳动分工的城市里安家落户"。②

不言而喻，知识分子职业的出现对大学的产生具有重大影响。正是专门以思想和传播思想为职业的知识分子的存在，使我们能够把中世纪大学与之前存在的教会学校和宫廷学校相区分，因为"这些机构往往依赖于地位相同的人之间的交流"，而知识分子的责任却是以知识探索和知识传播为目的，对学生的选择也没有门第和阶层的限制。早期大学发展历史中经常可以看到这样的情形：学生们对掌握高深知识的著名学者极为景仰，趋之若鹜。这些学者以自己丰富的才识、杰出的作品或者卓越的演说吸引了大批慕名远道而来的学生，对大学这个师生团体的形成至关重要，"以至于德-伊尔塞在 1933 年至 1935 年出版的《大学史》中，大学历史基本上被当作知识分子历史的一部分"③。

12 世纪著名的学者很多，其中最突出的就是阿伯拉尔（Abelard）（1079—1142），法国神学家和哲学家，因对共相问题的解释和创造性地运用辩证法而著称于世，曾在巴黎圣母院主教座堂学校任教。阿伯拉尔被誉为"整个中世纪最全面的一位代表性人物"，"在他身上，我们可以看到人格化了的中世纪的一切偏好：精深的辩证法造诣，基于理智的信仰，宗教的狂热和求知的激情"，④这些使他具备了超乎寻常的影响力。瑟诺博斯在《法国

---

① 雅克·勒戈夫：《中世纪的知识分子》，张弘译，商务印书馆 1996 年版，第 1 页。

② 雅克·勒戈夫：《中世纪的知识分子》，张弘译，商务印书馆 1996 年版，第 4 页。

③ 希尔德·德·里德-西蒙斯：《欧洲大学史》第 1 卷，张斌贤等译，河北大学出版社 2007 年版，第 11 页。

④ 涂尔干：《教育思想的演进》，李康译，上海人民出版社 2003 年版，第 82 页。

史》中举证,阿拉伯尔在巴黎圣热内维埃夫山上做露天讲学,因为巴黎城中没有一个大厅可以容纳下他的听众。正是由于阿拉伯尔的存在,欧洲的学生群年复一年地向巴黎城集聚,教师也成倍地增加,圣母院学校已经不够用,阿拉伯尔把授课地点移至巴黎城岛乃至塞纳河的桥上,直接导致了巴黎大学的产生。

应该看到的是,在民族国家尚未形成时期,由于每个地方的大学都向各地学生开放,而不限于周边地区,各地的学生可根据自己的志向和兴趣,因而都有相当大的流动性。在大学产生之后,文化不再被封闭在寺院,教师和越来越多的学生成为知识的拥有者,大学成为时代的知识中心,传统教会学校的知识地位逐渐被中世纪大学所代替。

关于 12 世纪知识复兴对大学兴起的作用,哈斯金斯给予了高度评价。他说:"12 世纪不仅是知识领域复苏的世纪、而且是新学术机构建立的时期,特别是高等教育机构建立的时期。"[1]"11—13 世纪的翻译运动,给西欧社会带来了新的知识潮流。通过在意大利和西班牙的阿拉伯学者的工作,人们拥有了古代法学和医学方面的全部知识。新的知识潮流打破了早期教会学校对知识的垄断,生发出知识分子的职业。许多求知如渴的青年汇集到巴黎和博洛尼亚,他们组成众多行会组织,形成了最初的大学:教师和学生的行会。"[2]

二、大学组织的产生

我们很难以今天大学组织形态为参照去想象创建伊始的中世纪大学。早期大学并没有固定的建制和机构,只是学者和学生自发联合起来从事知识传授的组织,后来这种组织按照中世纪市民生活流行的方式——行会(或称社团)组织起来,获得了较为固定的组织形态,并且经历了自发形成、认可授权和创建产生等三个阶段。

(一)自发形成的"学馆 studium"(12—13 世纪)

在 12 世纪早期,由于新知识的传入和知识分子群体出现,为新型的教育机构出现奠定了基础。一些著名学者在新知识传入欧洲的中心地区(如博洛尼亚、巴黎、萨莱诺等城市),开始集中的知识传授活动,在他们的周围

---

① 哈斯金斯:《12 世纪文艺复兴》,夏继果译,上海人民出版社 2005 年版,第 295 页。

② Haskins, C. H. The Rise of Universities. New Brunswick: Transaction Publishers, 2001:4-5.

聚集了来自欧洲各地的学生,这就产生了早期大学的最初形态"学馆(studi-um)"。"studium"来源于中世纪拉丁语,指进行教育教学的场所,因为中文中没有固定的词语与之对应,因此国内的学者有着多种的翻译,例如学舍、学校、学园、学苑等①,笔者在这里采用张斌贤老师在希尔德·德·里德-西蒙斯主编《欧洲大学史》中翻译方法,译为"学馆"。这些学校不同于那些修道院学校和主教座堂学校,"它的生源并不限于特定的地域,而是来自众多的国家和族群;它至少在一个以上的高层次(法学、神学、医学)学问领域里拥有相当一批高水平的教师队伍"②。"在12—13世纪,几乎所有的大学都被称之为 studium。"③这样的学校同当时其他类型学校的区别主要在于:一是学生来源不限定地域,二是没有固定的教学场所。

事实上,无论博洛尼亚大学、巴黎大学还是萨莱诺大学在产生之初并没有得到权威(教皇和世俗权力)的许可,这丝毫没有影响这些最早大学组织的示范引领作用,特别是博洛尼亚大学和巴黎大学组织形式成为后世各大学成立所效仿的原型,被称为"母大学"。但是,在中世纪,新生的大学组织要获得生存的机会,必须面对各方面的矛盾,通过斗争获取生存的自主权,特别是当时的"从教权"一直垄断在主教座堂学校手中,大学教师和学生从教必须要打破教会对从教资格许可证的控制。为此,大学利用了中世纪社会教、俗两界的矛盾,为自身争夺自主的生存空间。

(二)获得许可和新创建的"大学馆(studium general)"(13世纪)

获得教会或世俗权力等权威力量的许可后,早期大学产生了第二个概念形态:大学馆(studium general)。笔者之所以将"studium general"翻译为"大学馆",主要是基于对其特征的认识。第一,普遍性。studium general 是得到教会和国王等权威认可的教育机构,"studium general 是由一个具有普遍权威机构的当局如教皇、国王(较少)建立或至少在法律上确认的高等教育机构"④,由于获得权威力量的认可,studium general 在基督教世界获得了

---

①　关于"studium"的翻译方法,张磊在《欧洲中世纪大学》一书中有着详细的论述,具体参见:张磊:《欧洲中世纪大学》,商务印书馆 2010 年版,第 11—13 页。

②　张磊:《欧洲中世纪大学》,商务印书馆 2010 年版,第 14 页。

③　希尔德·德·里德-西蒙斯:《欧洲大学史》第 1 卷,张斌贤等译,河北大学出版社 2007 年版,第 39 页。

④　希尔德·德·里德-西蒙斯:《欧洲大学史》第 1 卷,张斌贤等译,河北大学出版社 2007 年版,第 38 页。

广泛的学术影响力,可以授予在全欧洲(基督教世界)通用的学位,即教师资格。第二,综合性。studium general 所涵盖的知识比较全面,覆盖了法学、神学、医学等当时的主要学术领域。第三,国际性。它的师生来自欧洲(基督教世界)各地。因此,笔者将"studium general"翻译为"大学馆",意在强调它是当时传播高深学问的主要场所,与今天的"大学"有直接的血缘关系。大约在 13 世纪中期,这种经教会和世俗权力认可的,主要传播法、神、医等知识的教育机构"studium general"流行开来,"在 13 世纪中期,这种表达方式已经变成一种普遍的现象"。①

另外,大学馆 studium general 也是相对于 studium particulare 而言的。"studium particulare"是当时欧洲存在的另一种学校,这种学校带有区域性特征,只在欧洲的局部地区具有学术影响力,可以理解为地方学校。显然,大学馆在学术上的影响力更加广泛,且传播的知识层次高深,更具有高等教育性质。根据国外学者的研究,中世纪各种重要文献中提到那些档次比较高的"大学",常常使用的概念就是"studium general"。英国著名史学家科班(Cobban)认为:"在 1200 年,只有博洛尼亚、巴黎、牛津和萨莱诺这样的中心地区才能提供高级学科的教学,所以通常也只有这几个地方的大学才被认为是'studium general'。"②

虽然博洛尼亚大学、巴黎大学等"母大学"完全是自发出现后再经过教皇和世俗权力认可的,但是教皇和世俗当局很快就把创建新大学的权力握在自己的手中,而且是根据"已有的模式衍生出一种普遍适用的合法组织形式(特别是在巴黎大学和博洛尼亚大学)"③。如,神圣罗马帝国皇帝腓特列二世于 1224 年设置那不勒斯(Naples)大学时,教皇格列高利九世于 1229 年设置图卢兹(Toulouse)大学时,他们就把自己所设立的机构称为"studium general",目的是向世人夸示,这些学校与巴黎大学和博洛尼亚大学完全是同类机构,具有广泛的学术影响力。④

---

① 希尔德·德·里德-西蒙斯:《欧洲大学史》第 1 卷,张斌贤等译,河北大学出版社 2007 年版,第 39 页。

② Cobban,A. B. The Medieval Universities:Their Development and Organization. London:Methuen & Co. Ltd. ,1975:25。

③ 希尔德·德·里德-西蒙斯:《欧洲大学史》第 1 卷,张斌贤等译,河北大学出版社 2007 年版,第 38—39 页。

④ 张磊:《欧洲中世纪大学》,商务印书馆 2010 年版,第 16 页。

（三）大学馆 studium general 与大学行会 universitas（13 世纪以后）

"大学"在中世纪拉丁文中，除去 studium general，还有一个称谓是 universitas。"尤其是在 13 世纪，文本中最常见的词汇似乎是 universitas，而不是 studium general。"①

universitas 在中世纪欧洲是一个使用很广泛的词，马尔顿（Mass Maiden）指出："在民法词汇里，所有的集合都叫 universitas，即将很多个体合成一个整体。在日尔曼法学里 universitas 指自治城市。在意大利，它指城市里的商业联盟。"②在当时，这个词主要指社团或行会（guild）。中世纪城市中存在着各种类型的行会组织，来自不同领域的人群只要拥有共同的利益和需要共同解决的问题，就会结成行会。"从 11 世纪后半期开始一直到 12 世纪，结成行会这一做法得到人们的广泛认同，并演变成为一种普遍的生活方式。"③因此，universitas 并不特指师生共同体，而是一种互助式的利益联盟团体。

大学馆"studium general"里，汇聚了一批高水平的教师与学生。为了对抗教会和城市当局，维护共同利益，师生们模仿当时同行业手工业者结成联盟的方式建立自己的组织，这样，大学馆"studium general"里就有了类似于行会的团体。渐渐地，这一术语的内涵缩小了，"universitas"用来指大学的构成人员（教师与学生）。13 世纪之后，universitas 开始逐步代替 studium general 而成为大学的专有名称。例如，内森·沙赫纳（Nathan Schachner）认为："universitas 成为后世专门指称大学（university）一词的前身，是 13 世纪之后的事。"④按照丹麦历史学家奥拉夫·彼德森的说法，"universitas"专门指称大学里的师生最早可追溯到 1215 年，但当时"universitas"只是表示大学师生组织，并没有学术组织的含义。⑤

---

①　希尔德·德·里德-西蒙斯：《欧洲大学史》第 1 卷，张斌贤等译，河北大学出版社 2007 年版，第 40 页。

②　Pedersen，O. The First University：Studium Generale and the Origins of University Education in Europe. Cambridge：Cambridge University Press，1997：101.

③　Pedersen，O. The First University：Studium Generale and the Origins of University Education in Europe. Cambridge：Cambridge University Press，1997：100-102.

④　Schachner，N. The Mediaeval Universities. Edinburgh：T. and A. Constable Ltd. University Press，1938：42.

⑤　Pedersen，O. The First University：Studium Generale and the Origins of University Education in Europe. Cambridge：Cambridge University Press，1997：144-145.

简要回顾最早大学组织兴起的历程,我们不难发现:第一,大学组织本质上是12世纪新知识活动的产物,大学组织的成型是知识活动逐步制度化,即逐步得到权威(包括教会和世俗当局)认可的过程。第二,早期大学组织包含两层含义:一是指师生学习普遍知识的场所,即"studium general";二是指大学里教师和学生组成的团体和组织,即"universitas"。

第二节　中世纪大学的组织形态

大学成为行会团体后,开始形成较为固定的组织形态。按照多数人的看法,中世纪大学形成了 nation、faculty、college 等三种行会组织形态。这些组织形态对现代大学基层学术组织的形成产生了重要影响,有的名称一直沿用至今。但是,需要强调的是,这三种组织在成立之初并没有将开展教育教学等学术活动作为主要目的,主要还是师生出于保护自身权益而成立的行会性质组织。为此,我们在分析现代大学基层学术组织源头时一定要充分认识到其中的变化和差异。

一、三种组织形态

关于中世纪大学三种组织形态名称的翻译其实非常复杂,国内译法也是多种。为能够体现组织成员及功能的变化,本书此处暂将 nation 译为同乡会,将 faculty 译为教授团,将 college 译为学舍。

（一）同乡会（nation）

同乡会（nation）是中世纪大学内部,相同出生地的师生自发组织的行会组织。由于教会赋予了大学馆(studium general)"普遍性"的特权,大学吸引了来自欧洲各地的师生。作为"异乡人",大学师生为了享有与当地市民同等的权利,就按照出生地,形成了自卫性、互助性的行会组织。

同乡会起源于12世纪末和13世纪初博洛尼亚大学的学生行会组织。根据鲁迪（Rudy）的研究,在博洛尼亚,学生们成立"universitas"的时间为12世纪初,这些行会组织在12世纪中叶前后根据种族和地域分化为四个同乡会（nations）。在1195年,又合并为两个大规模的学生"universitas",即阿尔卑斯山南的 universitas（意大利本地人）和阿尔卑斯山北的 universitas（意大利外地人）。后来,大约在1265年,阿尔卑斯山北的 universitas 分成14个

nations,阿尔卑斯山南的 universitas 分成 3 个 nations。① 博洛尼亚大学的 nation 主要由外籍学生组成,因为教师大多是博洛尼亚的市民,拥有各种市民权利,他们没有必要成立 nation 这样的自卫组织。

另外一个欧洲中心巴黎大学也成立了同乡会组织,包括法兰西(France)、毕加德(Picardie)、诺曼底(Normandy)、英格兰(England)等 4 个,有些同乡会下面还会有更小的集团,如法兰西就又分成五个小集团:巴黎、赛斯(Sens)、兰斯(Rheins)、图尔(Tours)和布尔热(Bourges)。

值得注意的是,巴黎大学同乡会的成员不仅包括学生,还包括所有的教师。如巴黎大学,在教授团(faculty)形成之前(1270 年或 1280 年前),四个同乡会(nation)包括了所有的师生。当教授会形成后,同乡会(nation)只包括人文学科的师生和其他三个高级专业(神学、法学、医学)尚未获得人文学士学位(Bachelor of Arts)的学生。这样,完整的巴黎大学就包括 7 个组织:四个同乡会(nation)和三个高级学科的教授团(faculty)(后来人文学科的教师也成立了 faculty,所以准确地说是 8 个组织)。每个组织在全体大会上都可以自由发言。1509 年,巴黎大学的大学会议就包括三个教授团(faculty)的主任(Dean)和四个同乡会(nation)的会长,会议由校长主持。

除了巴黎和博洛尼亚大学之外,其他古老大学里也存在着同乡会或类似按地域分类的学生行会组织。如,牛津大学里有"北方组"和"南方组",布拉格大学有波西米亚、波兰、拜恩、萨克森等 4 个同乡会,其他的大学,如蒙彼利埃、奥尔良、佩鲁贾、列利达、维也纳、莱比锡、苏格兰等地的大学里都可以发现相似的组织。

(二)教授团(faculty)

中世纪大学的教师们联合组成的行会组织被称为教授团(faculty)。faculty 来源于拉丁文 faculta,最初指"某一特定的学问分支"②,后来逐渐指称大学里某一专门知识领域的教师团体。根据瓦尔特·吕埃格的考证:"大约从 13 世纪中叶开始,除了表示学科或研究领域的原有含义外,意味着教授一门学科(例如文学、法学、医学或神学)的一个团体。"③

---

① Willis Rudy. The Universities of Europe. London:Associated University Presses,1984:18-19.

② 涂尔干:《教育思想的演进》,李康译,上海人民出版社 2003 年版,第 109 页。

③ 希尔德·德·里德-西蒙斯:《欧洲大学史》第 1 卷,张斌贤等译,河北大学出版社 2007 年版,第 121 页。

　　需要说明的是，一所标准的"巴黎型"大学拥有四个教授团，但是实际上各地的大学一般只有两三个教授团。导致许多大学只开设两三个学部的原因是：在 13 世纪末之前，教皇坚决反对在其他大学讲授神学，所以只有巴黎大学拥有完整的四个学部；另外在德国和丹麦等地的大学因为条件限制，无法开始医学课程，因此也无法成立医学教授团。① 其结果是，教授和学习文学的师生很多，文学教授团逐渐成为大学里举足轻重的组织。在巴黎大学，校长由文学教授团的主任兼任逐渐成为巴黎大学的传统。

　　这种教授团的组织形式在中世纪的大学是一种普遍现象，但他们对这个组织所用的名称有时同巴黎大学并不一样。比如波罗尼亚大学就没有使用 faculty 一词。他们用 college 来称呼这个组织，如法学教授团（college of jurists）、医学教授团（college of physicians）。另外，教授团出现后，faculty 一词也并没有专指教授团，它的原始含义，学问的分支一直存在。②

　　对比同乡会与教授团我们可以发现，同乡会是学生行会的组织形态，而教授团则是教师行会的组织形态。教授团与同乡会一起，构成了中世纪大学中最重要的两种组织形态。

　　（三）学舍（college）

　　中世纪大学除了同乡会和教授团外，还有一种组织形态叫学舍"Collegium"（College）。当时的 college 与我们今天所说的学院有很大的区别。这是因为，college 在中世纪大学里出现时，并不是作为教学机构出现的，它由个人或慈善机构创办，目的是为那些离乡背井且家境贫寒的大学生提供免费的住宿和膳食。③ 因此，我们把它翻译成"学舍"（学生宿舍）。

　　学舍刚开始还不能称作组织，因为中世纪大学是没有固定的校舍的，师生团体主要是为了追求知识而聚集在一起，可以在欧洲境内自由迁徙。学舍在出现之初只是一些个人或慈善机构为帮助那些背井离乡且家境贫寒的求学者提供免费的住宿和膳食的场所。但后来学舍内部也缔结章程，逐步发展成为行会性质的组织。

　　最早的 college 于 1180 年设立于巴黎，主要为 18 名贫穷的学生提供食

---

　　①　张磊：《欧洲中世纪大学》，商务印书馆 2010 年版，第 138 页。

　　②　Wieruszowski，H. The Medieval University：Masters，Students，Learning. Princeton：D. Van Nostrand Company，Inc.，1966：336.

　　③　希尔德·德·里德-西蒙斯：《欧洲大学史》第 1 卷，张斌贤等译，河北大学出版社 2007 年版，第 128 页。

宿之所（"十八学舍"）。① 这个当初只供贫苦学生住宿、放学后复习、自修以及讨论的场所，通常由学生宿舍、食堂、礼拜堂和图书馆构成，其作用在于能够对弱势群体提供保护。

二、学者行会组织

前文已经提到，在中世纪的拉丁语中大学由"studium"和"universitas"两个词来表示。"studium"表示高等教育机构，而"universitas"则意味着行会组织。行会是欧洲中世纪城市生活重要的社会组织形式。一般来说，这类组织制定章程、入会宣誓、建立等级制度，内部实行民主管理和自主管理。行会组织的这些特征在 nation、faculty、college 中都有着直接的体现。

（一）同乡会的作用

作为"学生型"大学，学生行会组织在博洛尼亚大学的内部管理中发挥了重要作用，其内在的组织结构也很复杂。张磊对意大利地区学生大学的基本特征进行了梳理和归纳，对我们认识学生行会组织构架很有指导。②

第一，大学的管理运作活动由学生行会控制；学生行会成员来自异国他乡，他们需要学生行会为自己提供种种帮助和救济。

第二，大学里的学生组织分为横向和纵向两类；横向组织不分学科专业，是按出生地组成的团体；纵向组织按学科专业组成，博洛尼亚大学只有两个学科，一个是著名的法学，另一个是文科和医学的综合学科，最突出的是法学学科的学生组织。

第三，各校同乡会的结构大致相同：每一个同乡会都有自己的标志、印章、规则和经费来源。会长（在巴黎叫 procurator，在博洛尼亚叫 consiliarius）领导着同乡会，拥有行政和财务权以及一定程度的司法权，作为校长顾问参与大学管理；在博洛尼亚类型的大学里，同乡会的作用甚至超过了教授会。

第四，同乡会存在的目的主要是为会员争取权益。如哈斯金斯就曾认为："nation 这类组织的主要作用在于提供相互帮助和自我保护，以免遭到市民和城市当局的欺负。"③

---

① 希尔德·德·里德-西蒙斯：《欧洲大学史》第 1 卷，张斌贤等译，河北大学出版社2007 年版，第 128 页。

② 参见张磊：《欧洲中世纪大学》，商务印书馆 2010 年版，第 137 页。

③ 参见张磊：《欧洲中世纪大学》，商务印书馆 2010 年版，第 47 页。

为了进一步了解同乡会的组织性质，我们找到了博洛尼亚大学日耳曼同乡会的章程规定，其中规定：建立同乡会的主要目的是促进团结，互相帮助，"宽慰病人，扶持贫困，料理丧葬，杜绝仇恨与争斗"；同乡会设两名会长（proctor），会长的职责包括"探视病人，为病人募捐或申请行会的公用基金对病人进行帮助"，调解行会成员与外部人员的纠纷争端，以及"迫使那些已经离开博洛尼亚的学生偿还欠债等"。①

从这些记载里，我们能够发现同乡会的组织目的与当时社会上其他的行会组织的目的应该并无两样，并没有突出大学研究、传播高深知识的学术特征。但是，我们应该强调的是，在学术制度未完善之前，同乡会在大学内部管理中发挥了重要作用。同乡会的会长在管理财务方面享有很大权限，并以校长顾问的形式参与学校的重大决策，校长的选举也一度取决于"proctor"的意见。②

（二）教授团的作用

在中世纪大学里，特别是在巴黎大学和其他仿效巴黎大学模式的大学里，faculty 是教师行会组织的一种重要形式，是最重要的分支机构。中世纪 faculty 一个重要特色在于根据中世纪大学的知识领域划分组织边界，共分为文学、法学、医学和神学四个教授团。教授团的存在对于发挥教授在大学学术活动和内部管理中发挥了重要作用，以至于有着"四条天堂之河"的称谓。

教授团作为中世纪大学教师的行会组织同样拥有特有的权利。例如，在巴黎型的大学里，每个教授团可自行颁发本学科的教学许可证书，决定本学科的教学规则和学生纪律，大学的重大事务都由几个教授团推荐的主任（dean）共同商议，在教授团的内部则主要是按照章程（statutes）进行自主管理的。

教授团的基本职能在于由属于同一专业领域的教师对新任教师的资格进行认可，对加入行会的成员进行规范管理。同业行会中有关师徒的等级制度也被原封不动地移植到教学活动中，并形成了该领域特有的学士（bachelor，原本就是学徒的意思）、硕士（master，文学学科的教师）、博士（doctor，法、医、神等高级学科的教师）这类等级制度。

---

① 宋文红：《欧洲中世纪大学的演进》，商务印书馆 2010 年版，第 181 页。

② 张磊：《欧洲中世纪大学》，商务印书馆 2010 年版，第 133—134 页。

（三）学舍的作用

欧洲北部和南部大学中学舍的作用并不相同。在欧洲北部大学,学舍不仅为学生提供了住宿的场所,成为住宿学生进行自我管理的组织形式,而且有的学舍承担了一定的教学任务,对大学的管理也产生了影响。例如在巴黎,学舍(college)主要为学习人文和神学的学生提供帮助,并发挥了重要作用。著名的索邦学院大约成立于 1257 年,由索邦的罗伯特建立,最初只能容纳 16 名神学学生,后来逐步增加到可容纳 30 名学士和 6 名攻读神学博士的文科硕士。① 到 13 世纪末,巴黎大学的 college 数量已经达到 10 多所。② 后来,牛津大学、剑桥大学也相继建立了学舍。当今著名的牛津大学默顿学院、巴利奥尔学院以及剑桥大学彼得豪斯学院等就是这一时期成立了学舍。在巴黎大学,学舍的管理权主要控制在学舍内部,大学虽有权任命学舍的负责人,但不能干涉学舍内部事务,除了偶尔督查学舍是否住满学生外,大学对学舍并没有多少直接的管辖权限。在牛津大学、剑桥大学,学舍管理事务则更加独立,基本与大学没有直接的管辖关系,大学只是负责学舍所属学生的课程、教学安排,学位颁发等事项。

在欧洲南部的博洛尼亚,最古老的 college 起初就由创立者授意只向少部分贫穷的学生提供食宿和经济援助,不提供教学。例如,"1267 年由阿维尼翁主教为 8 名贫穷学生建立的阿维尼翁学舍和 1326 年建成的布雷萨那学舍"③。但是博洛尼亚和意大利其他城市出现的 college 只局限于居住,不像北方大学的 college 那样在大学生活中具有重要意义。"欧洲南部的学舍从未像欧洲中西部这样的重要——当然不仅在中世纪,而且直到宗教改革和反宗教改革时期,它们没有获得任何组织的或教育上的意义。"④

三、从学者行会到学术组织

随着大学的发展,教授行会组织、专门的教学部门以及学生管理等职能部门逐渐融合一体,现代意义上的大学学术组织出现了。在此过程中,同乡

---

① 希尔德·德·里德-西蒙斯:《欧洲大学史》第 1 卷,张斌贤等译,河北大学出版社 2007 年版,第 128 页。

② 张磊:《欧洲中世纪大学》,商务印书馆 2010 年版,第 141 页。

③ 希尔德·德·里德-西蒙斯:《欧洲大学史》第 1 卷,张斌贤等译,河北大学出版社 2007 年版,第 131 页。

④ 希尔德·德·里德-西蒙斯:《欧洲大学史》第 1 卷,张斌贤等译,河北大学出版社 2007 年版,第 130 页。

会(nation)、教授团(faculty)、学舍(college)经历了不同的变迁,其中同乡会(nation)消亡了,faculty 从教授团演变为学部,college 从学舍演变为学院;并形成了以巴黎大学为代表的大陆型的学部制和以牛津、剑桥大学为代表的英式学院制等两大基本学术组织。

Nation 这一组织与 faculty 几乎同时出现,但却比 faculty 和 college 短命很多。中世纪后期大学逐渐增加,大学几乎遍布欧洲全境。当初少数几所大学里积聚着来自欧洲各地学生的"国际性"现象逐步消失,nation 也就丧失了存在的基础。"因为最初发挥过重要作用的同乡会所具有的那种在异族环境中不可缺少的'国民性'依赖心理及其存在的价值已经逐渐消亡了"[①],同乡会的教学和管理职能后来为学院所取代。

在中世纪后期,faculty 内涵得到了扩大,faculty 不仅成为教师的行会组织,还成为大学实施专业教育的基本单位,其成员包括教师和学生,faculty 便有了"学部"的含义。[②] 学部成为法国、德国等欧陆国家大学重要的学术组织,并对后来研究所和讲座等基层学术组织的出现产生了重要影响。学部成为学术组织后,成了大学的核心,大学所有的教学活动都是围绕这一组织展开的。中世纪影响最大的巴黎大学由神、法、医、基础四个学部构成。但并不是所有的大学都完全具有这样的四个学部。除了基础学部之外,只要具备神、法、医其中的一门学科,也就可以被称为大学了。例如博洛尼亚大学只有法学一个专门学科,在那里,除去法律学部之外,其余的学生归属于基础学部,其中包括了自由学科和医学学科。

在中世纪大学的组织结构和学科分类中,文学部(the faculty of arts)属于基础性学部,该学部提供的教育训练是学生进入其他学部的前期准备。学生只有在接受了文学部这个预备教育阶段的教育训练后,才有资格升到其他学部进行更加专门化的学习。

另外,进入 13 世纪,college 超出了单纯的住宿功能,在教学活动中的地位得到提高,学院制度逐渐形成。学生们对白天在大学里学习内容进行讨论非常精彩,把外面的许多学生也吸引来参与讨论活动。后来 college 慢慢

---

① 张磊:《欧洲中世纪大学》,商务印书馆 2010 年版,第 135 页。

② 此处将 faculty 译为"学部",没有采用"学院"等译法,主要是想避免与"college"一词译法的冲突。将 faculty 称为学部是日本学术界的译法,我国学者黄福涛、张磊等人也赞成采用此译法,有关内容可参见黄福涛:《外国高等教育史》,上海教育出版社 2003 年版,第 64—65 页;张磊:《欧洲中世纪大学》,商务印书馆 2010 年版,第 129、145 页。

地就演变成教学授课的场所,不仅如此,一些学校还将所有课程的教学活动放在学舍进行,形成了"全日制学舍"。① 例如,在15世纪末的巴黎大学,像这样大规模开设全日制学舍达到18所之多。学舍从主要提供住宿和发挥学校教育的辅助性和补充性功能,转变为独特的学术制度后,就演变成了学院。

学院制度的出现给中世纪大学生活带来很大的变化。过去学生们居住在城市中的不同地方,他们只去听自己选择的教师的课程。学院制度出现后,由于学院对于学生进行集中管理,改变了学生管理松散的状况,有助于保证学生安全;同时相对集中的住宿有利于对学生进行学习辅导,也便于对学生的行为进行监督与训导,于是学院受到了很多学生家长的欢迎,一时间纷纷要求将孩子入住其中。在15世纪,有的大学甚至到了全部学生都集中到学院学习的地步。②

第三节 从行会组织到学术组织演变的知识逻辑

为什么学者行会组织会发展成为学术组织?其中的原因可以从知识的逻辑中去找寻。从行会组织演变为学术组织,正是经院哲学在大学发展的结果。

一、追求形而上学知识

不同于其他技艺学科的行会或者基于身份地位形成的法人团体,中世纪大学是以追求形而上学知识为目标的组织。

(一)形而上学的知识观念

形而上学知识观产生于古希腊雅典时代,以亚里士多德、苏格拉底和柏拉图等为代表。形而上学是指对世界本源所进行的思考及其结果,是由一系列概念和范畴组成的知识体系,是理解世界本源的,抽象的、绝对的、终极的知识。因此,形而上学知识观认为,只有探究世界本源的认识成果才是最有价值的知识,获得知识的途径不是通过经验,而是凭借理性和逻辑。③

---

① 张磊:《欧洲中世纪大学》,商务印书馆2010年版,第140页。
② 张磊:《欧洲中世纪大学》,商务印书馆2010年版,第150页。
③ 石中英:《知识转型与教育改革》,教育科学出版社2001年版,第52—53页。

　　进入中世纪,形而上学知识观念在蛮族入侵中从西欧消失,取而代之的是基督教神学思想。基督教在早期中世纪处于一片文化蛮荒的状态下承担起保存传播知识的任务,"在从古典文明的衰落到 12 世纪欧洲各大学的兴起这一长达 700 多年的整个时期内……宗教得以对这些世纪的整个文化发展产生了直接的和决定性的影响"①。在基督教神学观念的影响下,"知识服务于上帝",学习知识和传播知识是为了理解圣经,更好地接近上帝;获取知识的手段并不依靠理智,而只能凭借信仰,来源于上帝的启示。

　　11 世纪以后,由于古典知识的复兴,古希腊亚里士多德、苏格拉底和柏拉图等人的著作流入西欧,形而上学的知识观念重新兴起。形而上学知识对世界本源的追逐恰好契合了基督教神学发展的需要。当时,为反对异端和异教,论证教义的合理性,基督教世界出现一种思想上的焦虑,一种对知识和理性的渴求。一些神学家通过质疑和思辨的方式,将信仰置于知识与理性的基础上,将神学带入理性思考的模式中,结果导致了宗教神学与形而上学结合和经院哲学时代的到来,而中世纪大学则成了经院哲学发展的主要场所。

　　关于什么是经院哲学存在不同的看法。简单理解,经院哲学就是对宗教信仰的理性证明,并成为这种信仰系统化的表达。安瑟伦的名言"信仰寻求理解"准确地概括了中世纪经院哲学的方法路径。经院哲学发展的历史与中世纪大学发展的历史具有高度的一致性,中世纪大学繁荣的历史也是经院哲学发展的历史。② 经院哲学深刻地影响了中世纪学者的学术追求、思维方式和学术方法,对中世纪大学的知识观念、知识体系和知识制度产生了广泛而深入的影响,它是中世纪大学发展的价值哲学,直接推动了中世纪大学知识演进的进程。

　　(二)经院式的知识活动

　　为追求形而上学知识,中世纪大学所从事的学术研究活动主要是经院式的知识活动。雅克·勒戈夫在《中世纪知识分子》中对此进行了描述。根据他的描述,我们大致可以了解,中世纪大学学术研究活动是怎样开展的。③

---

　　① 克里斯托弗·道森:《宗教与西方文化的兴起》,长川某译,四川人民出版社 1989 年版,第 40 页。

　　② 爱弥尔·涂尔干:《教育思想的演进》,李康译,上海人民出版社 2003 年版,第 109 页。

　　③ 雅克·勒戈夫:《中世纪的知识分子》,张弘译,商务印书馆 1996 年版,第 82—85 页。

第一,阅读和理解圣经是学术活动的前提和目的。圣经被奉为绝对的真理,知识因此而统一。但圣经是抽象的,需要对其理解和阐释。

第二,对经文评注是学术活动的主要内容。从经文阅读开始,然后进行深入分析,从仔细推敲字词的语法解析开始,进而达到提供意义的逻辑说明,最后以阐明思想内容的评注结束。

第三,辩论是学术活动的主要方式。评注就要讨论,需要教师和学生共同参与,从而形成辩论。辩论依据亚里士多德的三段论方法进行推理、演绎、辩论,不断地引用经典,为辩护和反驳一个观点服务。辩证有可能超出对经文理解的范围,在经文理解的过程中也会产生一系列问题,于是对经文的评注转为对真理的探索,评注由一系列疑难问题所代替,这样评注转变为研究。学者们的创造性在于,他们不仅仅是经文的注释者,而成了思想家。他们提出问题再给出自己的解答,体现了创造性。他们从研究中得出结论,形成他们思想的成果。

可见,中世纪大学的学术研究主要是对经文提出疑问,通过论证和反论证、结论和返回原始论证,严格遵循理性法规。中世纪大学的学术研究不是一个实践问题,而是纯理论的设问,旨在达到理智上的澄清之境,是一个纯粹地从知识到知识的过程。所以,中世纪大学的学术活动并不关心社会发展的实践问题,"大学公开宣称的功能是提供亚里士多德式的'沉思生活'、为理智而进行理智训练"①,大学组织也就成为一个纯粹的学习讨论经院哲学的学术组织。

二、形成了专门的知识体系

并非所有的知识都能进入大学,中世纪大学是建立在特定的知识领域之上。在形而上学知识观念的影响下,中世纪大学传播和探究知识是具有选择性的,并形成了专门的知识体系:一方面,以中世纪七艺为代表的艺科知识不断扩充和完善,逐渐形成了中世纪大学的基础学问;另一方面在艺科知识的基础上,法学、神学、医学等专业知识不断完善,逐渐发展成为结构严密的知识体系。

（一）艺科知识

艺科知识起源于古希腊和罗马时代的自由知识。古希腊的智者学派创

---

① 希尔德·德·里德-西蒙斯:《欧洲大学史》第1卷,张斌贤等译,河北大学出版社2007年版,第24页。

造了文法、修辞、辩证法等科目,到了古罗马时代,形成了罗马教育体制的自由学科传统。据公元前 1 世纪的罗马学者伏洛记载,自由学科共分为语法、逻辑、修辞、几何、代数、天文学、音乐、医学和农学九门。5 世纪初的学者马提安·卡贝拉在《语言学与墨耳库里的婚姻》一书中介绍了自由学科概况,这部著作以散文与诗体的形式写成,文中对语法、逻辑、修辞、几何、代数、天文学和音乐等七门自由学科进行了介绍。由于自由学科注重的是行塑人们精神层面的心智,而不是通过教育实现谋生的目的,基督教将之视为涵盖人类知识的全部,并将其作为教会学校进行宗教和道德训练的内容。波埃修对这七门学科进行了分类,把几何、代数、天文学和音乐组成"四艺",拉丁文原义为"四条道路",波埃修的定义是"通向智慧的四条途径";语法、修辞和逻辑组成"三科",作为哲学思辨的工具。① 两者和在一起,即所谓的"自由七艺"。

中世纪大学继承了古希腊和古罗马的知识等级制度。"柏拉图在《理想国》和亚里士多德《政治学》中都描述了一种基本的教育,它包括初步的文法、文学、音乐和算术的基本训练,并为数学、最终为哲学(它的目标是知识的最高目的——智慧)的高级研习做准备。"② 七艺成为中世纪大学课程内容的基础。一个较大的变化是,受经院哲学发展的影响,三科和四艺在大学里的发展是不均衡的。从 13 世纪 30 年代开始,对三科的研究超过了四艺,三科内部的文法和逻辑学在很大程度上取代了修辞学,修辞学变成了文法的从属物,而文法本身在很大程度上为逻辑思维所支配。③ 中世纪大学自由七艺的课程逐渐侧重于逻辑学的传授和研究,逻辑和辩证法成为学习的核心内容。这一方面体现出形而上学知识在大学里受到重视,另一方面也是为了适应开展高级学科知识学习的需要。

(二)神、法、医等专门知识

"只要知识仅仅局限于中世纪早期的文科七艺,大学就不可能产生。因为除了语法、修辞、逻辑的一些空洞的原理和算术、天文学、几何学和音乐的

---

① 赵敦华:《基督教哲学 1500 年》,人民出版社 1994 年版,第 193 页。

② 希尔德·德·里德-西蒙斯:《欧洲大学史》第 1 卷,张斌贤等译,河北大学出版社 2007 年版,第 338 页。

③ 希尔德·德·里德-西蒙斯:《欧洲大学史》第 1 卷,张斌贤等译,河北大学出版社 2007 年版,第 338 页。

一些更为空洞的概念外,没有其他任何东西可教。"①在1100年和1200年之间,新的知识开始大量传入欧洲,这些新的知识突破了教会学校自由七艺的束缚,形成特定专业领域的知识。例如,萨莱诺大学以医学教育著名,博洛尼亚大学成为法学教育的中心,而巴黎大学则以神学闻名欧洲。从一定程度上说,正是这些特定领域的专业知识的差异,形成了中世纪不同特色的大学。

与艺科知识一样,神学、法学和医学知识在进入大学的过程中,自身也发生了很大的变化。神学知识的基础是圣经,神学教育的发展主要体现为对圣经的解释。理性和信仰的关系是理解神学在中世纪大学变化脉络的重要线索。阿伯拉尔对神学的发展做出了重要贡献,他开创的质疑的方法使理性探索成为神学研究的基本方式,使得神学在走向经院主义神学过程中迈出了决定性意义的一步。之后,安瑟伦提出"信仰寻求理解"的著名论断,在信仰的证明上,他更多的是基于理性而不是权威。理性与信仰的关系最终在神学集大成者托马斯·阿奎那里得到解决,他从理论上澄清了神学和哲学的关系,把神学定义为一门科学,一门从亚里士多德观点出发的科学。这样,神学成为一门大学里独立的学科。②

法学和医学是实践性很强的知识,但在中世纪大学重学(重理论、重思辨)轻术(轻视实验、操作)的影响下,法学和医学同样转变成为经院式的知识。例如,中世纪大学的法学知识集中表现为对法律文本的注释。注释的主要方法是对查士丁尼法律全集进行逐字逐句注释。他们不仅关注文本的含义,还要理解文本的意义和立法者的意图。③ 医学知识也同样如此,意大利萨莱诺大学的医生们常常写出书面的外科治疗方法,但绝不动手去做外科手术;④而14世纪巴黎大学的医学部学生,在毕业前就必须宣誓不做任何外科手术。⑤

----

① Haskins,C. H. The Rise of Universities. New Brunswick:Transaction Publishers,2001:4.

② 希尔德·德·里德-西蒙斯:《欧洲大学史》第1卷,张斌贤等译,河北大学出版社2007年版,第445—447页。

③ 希尔德·德·里德-西蒙斯:《欧洲大学史》第1卷,张斌贤等译,河北大学出版社2007年版,第432页。

④ Rashdall, H. The Universities of Europe in the Middle Ages:Vol.1, Salerno, Bologna, Paris. Cambridge:Cambridge University Press,2010:85-86.

⑤ 宋文红:《欧洲中世纪大学的演进》,商务印书馆2010年版,第331页。

正如瓦尔特·吕埃格所言，在中世纪大学，"学院将知识传授作为一项公共事业，并对传授对象的智力标准具有一定要求的人开放。即使是医学这种实践导向的知识领域，只有当其知识建立在从古代和阿拉伯—犹太人文献，以及经验性观察中获得的自然哲学和医学的理论研究之上，才有可能发展成为一门科学的学科，并被引入到大学中。同样的情况也发生在法学院中。只有当大学建立、罗马法的接受者打开眼界、司法的原则的推导和实施，以及思维方式在教学中的地位超出了法律实践中形成的知识范畴，法学院才会具有国际吸引力"①。

我们应该肯定中世纪大学追求形而上学知识的积极意义。正是在形而上学知识观念的指导下，大学内部组织中形成了严格的经院式的知识传播和研究规则，激发了学者追逐理性、探求知识的巨大热情，大学组织也最终发展成为一个"为知识而知识"的学术组织。

三、形成了专门的学术制度

在早期中世纪大学里缺乏严格的学术制度，学习年限视情况而定，没有固定的课程，学生可以自由游学。随着形而上学知识观念的发展和知识体系逐步成型，学部和学院等大学内部组织中的知识活动逐步制度化，形成了统一的课程、统一的教学方式，以及富有特色的考试和学位制度等，这一方面规范了大学知识活动，另一方面也使得大学的学术特征日益突出。

（一）课程（经院主义课程）

大学的教学内容和计划主要通过课程的形式来体现。在 13 世纪以前，大学只是学者组成的行会，并没有统一的课程计划。自 13 世纪起，随着教皇敕令和大学章程的纷纷确定，大学所开设的课程逐渐趋于稳定。一所大学一般同时开设文法神医等四科中的一科或几科，并以传授某一学科知识而闻名。选用的教材都是一些经典著作以及对这些著作的注释，例如文科七艺中以逻辑学和辩证法为主导，主要采用亚里士多德的著作；在法律方面除了宗教法令之外，罗马民法也是学生的基础教科书；医学方面则主要学习希波克拉底和盖伦的医学著作；神学的学习内容除圣经外，还有奥古斯丁的著作及早期基督教哲学家的著作。

不过各校在教学内容的选择上也存在着一定的差异。例如在巴黎大

———————————

① 希尔德·德·里德-西蒙斯：《欧洲大学史》第 1 卷，张斌贤等译，河北大学出版社 2007 年版，第 32 页。

学,几乎全部是亚里士多德的著作;而博洛尼亚大学只选用亚里士多德的部分著作,把教学重点放在了研究西塞罗的修辞学上。它们也重视数学和天文学的教学,主要学习欧几里得和托勒密的书。博洛尼亚著名的法学学科所采用的教科书主要是《格拉蒂安教令集》,加上《教皇格雷高里九世法令汇编》《克莱门书》和《罪行录》等教会法。民法方面选用了东罗马皇帝查士丁尼编集的《法学汇纂》,以及法典和被称为《小汇编》或《汇编》的论文集。医学学科用的是康斯坦丁在11世纪编的希波克拉底和盖伦的著作集《医学论》,稍后还加上阿拉伯人的著作:阿维森纳的《医典》、阿威罗伊的《科里杰特》或《治疗学》、拉泽斯的《奥曼索尔》。神学的学生除以《圣经》为基础课程外,还有彼埃尔·朗巴德的《教父名言录》和彼埃尔·康默斯托的《经院哲学史》。① 但总体而言,在"真理统一于上帝"的观念主导下,大学教学内容趋于稳定和统一,基本上是对经文的评注诠释。

另外在教学计划安排上,中世纪大学也日渐规范。在中世纪大学的早期,学校并没有完备的教学管理制度,上课没有课程表,上课时间的长短由教授自由控制。后来随着课程内容的丰富,为了避免师生之间的教学冲突,规范的教学计划或课程表开始出现,如图卢兹大学1309年文科学部课程表(见表2-1)。

表 2-1　图卢兹大学 1309 年文科学部课程②

节次		第一年	第二年	第三年	第四年
1	冬季	分析前篇与分析后篇	论题篇 论诡辩式的反驳	同第一年	同第二年
	夏季	伦理学(前5卷)	伦理学(后5卷)	论灵魂	伦理学(重新开始)
2	冬季	波菲里的序言,范畴论,论解释,普丽森,小文法			
	夏季	吉尔柏特·波雷的论六项原则,包伊修斯的分论或论题篇前3册,学完普丽森的书			
3		在教师讲课之后,指定某些学生复习上午教师布置的作业。学生分为两组做作业,一组从冬季开始到复活节,另一组从复活节到夏季。没有列入计划表的作业,在这个时间内,可能是由学士们讲关于普丽森的著作和旧逻辑。			

---

① 雅克·勒戈夫:《中世纪的知识分子》,张弘译,商务印书馆1996年版,第70—71页。
② 宋文红:《欧洲中世纪大学的演进》,商务印书馆2010年版,第250页。

续表

		午餐		
4		时间留给学士们开会或从事教师指定的其他工作		
5	学士所做的特别演讲	论题篇 论诡辩式的反驳	分析前篇与分析后篇	同第一年	同第二年
6	学士和硕士所做的特别演讲	物理学	论产生和消灭小自然(包括感觉与可感事物、记忆与回忆、睡与醒、长寿与短命、生与死、呼与吸、青年与老年),动物运动的原因,动物运动力	论天国与人世,气象学	形而上学

(二)教学的方式、方法

教学是中世纪大学的主要职能,也是唯一的制度化的学术活动。在经院主义影响下,中世纪大学各校的教学方法基本相同,主要的教学方法包括讲授(lectio)和辩论(quaestio)两个环节,基本形成了一种通行的固定程式。

讲授是指阅读指定教材,由教师诵读教科书的原文及其注解。由于中世纪大学的教材多是经典作家的权威著作,内容晦涩难懂,故一般都有大量的注释,学生上课需要逐字逐句地记录老师诵读的内容,然后抄在羊皮纸上,授课的内容则被记录、整理为"注释集"(commentarius)。

辩论最初只是一种口头训练,后来演变为一种正式的教学方法。在教师诵读学生记录的讲授之后,中世纪大学的教学方式就是讨论问题和辩论。辩论分为问题辩论(quaestio disputata)和自由辩论(quaestio quodlibet alis)两种。问题辩论在课堂上进行,由教师提出一个论点,由两名学生或两组学生进行对辩,一方持支持的观点,另一方持反对的立场。辩论由教师主持,由教师裁定胜负。有时,一名学生也会就某一问题的正反两个方面自己提出论据,自己辩驳,这被称为独辩。自由辩论则是在公众场合进行,不局限于学术问题,任何问题都可提交讨论,参加的人包括学生、教师以及到访的学者。辩论的题目最后汇总整理为"辩论集"(quaestiones),各种辩论集汇总到一起,进一步整理成为"大全"(summa)。在"大全"之中,基本的写作方式是围绕一个题目提出一系列问题,每一个问题都有"赞成"和"反对"两方面意见,作者先列举支持这些意见的理由,然后陈述自己的观点,最后反驳其中的意见，并论证自己支持意见的理由。

（三）考试与学位

考试是中世纪大学检查学生学业成果和评定学术水平的重要手段，一般分为个别考试和公共考试两种，个别考试是为了取得教师资格，公共考试是为了获得学位。考试的资格和程序有着严格的规定。根据意大利学者古伊德·扎卡尼尼（Guido Zaccagnini）的研究，申请考试者需要满足这样几个方面的条件[①]：

（1）考试年龄：参加学位考试必须年满 25 岁。这是最低的要求，但也有不少例外。

（2）学习年限：一般规定是教会法 6 年，市民法 7～8 年。医学与教养诸学科还要学习"基本知识"即七艺，大约 3 年时间。

（3）申请考试程序：学生参加个别考试的资格，由教师向教会申请，得到主教的批准后才能进行，这反映了教会对大学的控制权；学生如果希望参加最后的学位考试，需要经过这样的程序：由考生的指导教师把学生推荐给教授会主席，并提出希望安排在什么样的日子进行考试，具体的考试日程最终由教授会主席确定和认可。

考试主要以口头的形式进行，包括宣读自己对经文的评注，回答教师委员会的提问，为自己的评注做出辩护等。

学位是一种学术等级，代表着在一个特定学术领域中的某种程度的学术水平。学士、硕士和博士学位是三种最基本的学位。关于"学士"称谓的来源目前有着多种说法：一种说法认为"学士"来源于中世纪行会中对"新手"的称呼；另一种说法认为"学士"原义是"月桂树的果实"，引申为成功的象征；还有一种说法认为"学士"是对拉丁文中"Baccalarius"的误用，意思是行会中地位较低的人或指工匠的徒弟和仆从。[②] 在欧洲中世纪大学，学士最早用来称呼那些帮助开展教学活动，但没有取得硕士学位的人，后来学士才成为大学学生的一种身份，有了这种身份的学生才可能继续申请更高一级的硕士学位和博士学位。

硕士（master）原义为"行会中的师傅"，在大学里就是指教师。博士（doctor）起源于拉丁文中的 doctoreum，也是指教师的意思。因此，早期的硕

---

① 张磊：《欧洲中世纪大学》，商务印书馆 2010 年版，第 288—289 页。

② Pedersen，O. The First University：Studium Generale and the Origins of University Education in Europe. Cambridge：Cambridge University Press，1997：262.

士和博士都是用来称呼大学教师的,并无高低之分,差别只是在于不同区域的大学对不同学科教师的习惯称谓不同。例如,在巴黎大学或以巴黎大学为原型的大学,硕士是对文、神、医等学部教师的称谓;在博洛尼亚大学,博士是法学部教师习惯的称呼。后来,这两个头衔逐渐产生了差异,在巴黎大学,通过考试合格并被教师行会接纳的文科毕业生才可以被授予硕士称号,而法、神、医等学科的毕业生通过考试后则被授予博士称号,因文科是当时大学教育中的基础学科,只有通过文科的学习才可以获得进入法学、神学、医学等学科进行学习的资格,因此,硕士和博士逐渐成为高低不同的两个等级,硕士是较低等级的学位,而博士则被看成较高等级的学位。

第四节　本章小结

　　由于基督教神学在中世纪占据统治地位,经院哲学与中世纪大学关系密切。中世纪大学无论在知识观念、知识体系还是在学术活动都体现出明显的经院主义特征。经院哲学遵循严谨的理性法则,促进了中世纪大学知识活动的制度化进程。中世纪大学建立知识分类的学科制度,对学术研究有了知识认同和身份认同;设置统一课程和教学方式,保证了学术研究的传承,而考试和学位制度保证了学术研究的质量。知识制度的完善为大学学术活动的开展设定了应遵循的规则和行为方式,其影响是深远的,不仅改变了知识活动以学者为中心的分散状态,形成了创造知识的制度化的场所,也使得大学内部组织的学术活动专业化。从这个角度来说,我们可以理解中世纪大学两个重要的组织形态:学部和学院行会色彩逐渐淡去,学术组织的特征日益凸显,并成为后来的大学基层学术组织制度的肇源。但是经院哲学对大学知识的发展也产生了消极作用,经院哲学对权威、教义的崇拜,以及对经验和实践知识的鄙视导致了中世纪大学知识内容的空洞与贫乏,教学方法的烦琐与死板,特别是中世纪社会非常重要的建筑学、军事技术、造船术、机械制造和矿业开采等方面的知识未能进入大学,为后来大学基层学术组织的知识危机埋下了伏笔。

第三章　16—18 世纪大学基层学术组织：
学部制与学院制

　　16—18 世纪是欧洲历史由中世纪向近代过渡的 300 年。这一时期的大学知识演进历程又可以再分为两个阶段：第一阶段，16—17 世纪，即文艺复兴与宗教改革时期。文艺复兴起源于 14 世纪初，直至 17 世纪初结束，其间在 16 世纪爆发了宗教改革运动。这两者前后相继，深刻地影响了欧洲社会的政治、经济、文化，也深刻地影响了大学知识演进的逻辑，大学知识出现了明显的世俗化特征，尽管基督教神学知识仍有着举足轻重的地位，但是形而上学与经院知识已经不再是大学知识的唯一规准，人文主义观念进入大学和古典人文学科在大学的发展是近代早期大学所取得的重要知识成就，也正是在这一时期，大学基层学术组织正式形成了。第二阶段，17—18 世纪，即科学革命和启蒙运动时期，这个阶段与前一个阶段相互衔接，但是大学知识演进所取得的成就却迥然不同。欧洲的 17 世纪史称科学的世纪，欧洲社会出现了近代科学的曙光，18 世纪的思想启蒙运动又挥起了理性主义与经验主义的大旗，但是大学的知识演进却未能抓住历史的机遇，一味地沉浸在经院哲学和古典人文学科的泥沼之中，大学丧失了知识生产的中心地位。17 世纪、18 世纪被称为欧洲大学的黑暗时代，大学基层学术组织也面临着知识困境，陷入了危机。本章结合欧洲近代早期 300 年所发生的知识转型，重点分析大学基层学术组织产生的知识原因以及大学基层学术组织陷入危机的知识根源。

第一节　文艺复兴与宗教改革时期大学知识成就

　　"没有文艺复兴运动就不会有宗教改革运动的产生,也不会有后来的思想与学术的发展;因为哲学与自然科学,以及史学和人文科学,无一不是在文艺复兴运动的雨露滋润下成长起来的……文化与科学在广度方面的迅速发展,学术与教育在推行的范围方面的不断扩大,都毫无疑义地归功于宗教改革运动。"①正是由于文艺复兴和宗教改革的影响,大学开启了由中世纪大学向近代大学演进的步伐,而且正是由于文艺复兴和宗教改革的影响,大学具备了真正形成基层学术组织的条件。

一、文艺复兴与宗教改革时期的欧洲大学

　　"文艺复兴"此处特指发生在 14 世纪中叶至 17 世纪初欧洲的思想文化运动,这一时期的先进知识分子借助研究古希腊、古罗马的文化艺术,实现了欧洲知识与精神领域的空前解放与创造。"文艺复兴"英文名称为 Renaissance,意思是复苏、再生或复活。最早使用"文艺复兴"一词的是意大利艺术家乔治·奥瓦萨里(1511—1574)。他在 1550 年出版的著作中谈到,艺术在希腊、罗马时期达到繁荣。其后,由于蛮族人入侵罗马和基督徒的破坏,艺术衰落,直到 13 世纪欧洲才又重新出现希腊、罗马古典文化。1860年,瑞士学者雅各布·布克哈特在《意大利文艺复兴时期的文化》一书中,使用"文艺复兴"一词。在他看来,文艺复兴不仅仅是古典文化的再生,而是人的精神生活和社会生活的深刻转型。从 19 世纪下半叶开始,"文艺复兴"一词逐渐被广泛应用。

　　文艺复兴最早发生在亚平宁半岛的佛罗伦萨,然后穿过阿尔卑斯山逐步向北扩散,大约在 16 世纪中期至 17 世纪中期席卷了中欧和北欧的国家。文艺复兴之所以最早出现在意大利,是与意大利特殊的社会历史文化条件密切相关的。相比较北部欧洲,意大利濒临地中海,与拜占庭、阿拉伯地区的文化交流有着便利的地缘优势,因此他们更多地保存了古希腊文化的手稿。此外,14 世纪末到 15 世纪初,资本主义萌芽已经开始在亚平宁半岛上的城邦共和国出现。城市生活的繁荣使得市民们厌恶中世纪以来所形成的

---

　　①　弗·鲍尔生:《德国教育史》,滕大春、滕大生译,人民教育出版社 1986 年版,第 36 页。

沉闷的、宗教色彩浓厚的生活方式,以古罗马文化继承者自诩的意大利人向往着恢复古罗马时代自由的世俗生活。这样,文艺复兴就最早从意大利开始,逐渐向北,影响到欧洲大部分地区。

文艺复兴并不仅仅是对古希腊、罗马经典文化的"复兴",而是一场深刻的思想解放运动。文艺复兴的核心思想是"人文主义"。人文主义(human-ism)的拉丁文是 humanus,意思是人的,即强调人的价值,对人的尊重,对人性的赞美,主张个性解放,主张人权,反对神权。人文主义成为文艺复兴时期人文主义者反对宗教禁锢的思想武器,人文主义者以人文主义为大旗,反对教会势力对精神世界的控制,主张个性解放和平等自由。因此,文艺复兴的重点是思想观念领域的革命。

文艺复兴当然也是知识领域重要的复兴与创新。伴随着人文主义者对人文主义精神的张扬,人文主义成为批判和反对经院哲学的有力武器,古典学科的发展动摇了经院哲学在知识领域的统治地位,也极大地推动了各个知识领域的繁荣。虽然人文主义者崇尚古希腊、罗马,把古典修辞、文学、文法、诗歌、哲学等奉为经典,但是他们很快超越了古希腊、罗马的范畴,在众多知识领域都取得了杰出的成就。在文艺复兴的影响下,欧洲文学、艺术、史学、政治学乃至自然科学等多个领域都取得了巨大的成就。文艺复兴并不仅仅是"复兴",而是含有大量的创新成分,文艺复兴通常被认为是"近代文化的开端",是人类文明发展史上伟大的转折。文艺复兴时期,人类在许多方面取得了空前的成就,在许多领域涌现出了"巨人"。对此,恩格斯曾做出这样的评价:"这是一次人类从来没有经历过的最伟大的、进步的变革,是一个需要巨人而且产生了巨人的时代。"①

文艺复兴运动前后持续近三百年,对欧洲社会产生了深刻的影响。特别是在 16 世纪,文艺复兴与后起的宗教改革交相呼应,共同构成了欧洲历史上的重要文化改造运动。文艺复兴与宗教改革对欧洲社会所产生的文化影响一直持续到今天。

宗教改革是 16 世纪欧洲诸国以德意志为中心的基督教改革运动。自 5 世纪西罗马帝国灭亡后,欧洲社会一直处于罗马天主教会的严格控制之下,教会的势力渗透到政治、经济、文化等社会各个层面,无论世俗领域还是精神层面教会都占据着无可挑战的统治地位。到 16 世纪的时候,欧洲教会已

---

① 恩格斯:《自然辩证法》,中共中央马克思、恩格斯、列宁、斯大林著作编译局译,人民出版社 1995 年版,第 445 页。

经发展成为一个巨大的利益集团,他们贪婪、腐败,成为很多人文主义者的嘲讽对象,改革宗教和教会已经成为当时社会的强烈愿望。

最早拉开宗教改革序幕的是德国威登堡大学的教授马丁·路德。1517年,教皇以修缮罗马圣彼得大教堂为名,派使者到德国销售赎罪券聚敛民财,这一行为引起了广大教徒与教民的极大愤怒。马丁·路德张贴"九十五条论纲"公开揭露教会盘剥敛财的无耻行径,宣传建立没有教阶制度和繁文缛节的宗教仪式的"廉价教会",向罗马教会的统治权威发起挑战。马丁·路德的主张得到了德国贵族和人文主义者的支持,他的宗教改革思想很快就传遍了西欧,引起强烈的社会反响。马丁·路德的行动点燃了天主教改革的导火索,此后,天主教会分裂为新教和旧教两派,新教主张马丁·路德的思想,并主要在德国北部和斯堪的纳维亚地区的国家中传播,与东西方天主教(旧教)相对。1555年《奥格斯堡合约》签订,合约规定德意志境内基督教新教路德宗与天主教共存,各邦诸侯不得因宗教原因互相战争,各邦诸侯可自己选择信奉天主教或者路德新教,即"教随国定"的原则。《奥格斯堡合约》的颁布和"教随国定"原则的确定,标志着路德新教第一次取得了合法地位,这是宗教改革运动的重要成果,也标志着受罗马教廷大一统的欧洲基督教世界开始分崩离析了。

宗教改革表面上是天主教内部的改革运动,实际上是人文主义精神传播的结果。宗教改革中涌现出来的大大小小的新教教派的基点是个人主义,它们对大一统的教皇统治具有强大的消解作用,宗教改革不仅动摇了教会的正统地位,同时也对经院哲学进行了深刻批判,进一步彰显了世俗精神与人本理念。宗教改革与文艺复兴时期的人文主义运动一起构成了欧洲历史上的文化改造运动,对大学的发展产生了深刻影响,随着教会势力对大学影响的减弱,大学逐步摆脱了教会经院哲学的控制,开启了近代化转型的进程。

这种变化首先表现在大学与教会和民族国家的关系上。在中世纪,教会对中世纪大学的影响非常大。中世纪教会控制大学主要通过两种方式:第一,通过直接创办大学或者颁发特许状控制大学;第二,规定教义作为大学的教学内容。随着文艺复兴运动开展,许多人文主义者对教会控制大学的做法进行激烈的批判,对经院主义神学进行无情的嘲讽。宗教改革是西方统一的基督教世界发生分裂的标志。宗教改革打破了罗马教廷对大学的绝对统治,教育权力逐步由教会向国家转移,国家与大学的关系逐步密切。国家政权或世俗王权通过改组或创办新的大学等手段,开始在某种程度上获得了对大学的支配权,大学逐步脱离了教会的控制,成为为地方政治或国家利益服务的机构。

随之而来的是大学的民族意识逐渐觉醒,大学本土化的特征显现。宗教改革以后,欧洲民族国家逐步形成,世俗政权利用宗教改革加强对民族国家的政治、经济和文化的控制,大学成为世俗政权强化自身统治权威的重要手段。15 世纪早期成立的布拉格大学是第一所民族大学。布拉格大学建立之后,大量由世俗王权建立的大学出现了,这些大学的建立者往往规定学生必须在本地区接受教育,在大学教学中的通用语言拉丁语也逐渐被民族语言所代替。受此影响,曾经来自德国、苏格兰以及法国本土的学生逐渐在本地新建的大学中接受教育,自中世纪以来的大学国际性特征逐渐消失,而以民族化取而代之。

总之,在 16 世纪之后,中世纪大学时期的国际性特点被逐渐摈弃,宗教色彩开始弱化,取而代之的是大学的区域化、民族化、世俗化。

二、人文主义知识观念与古典人文知识进入大学

作为一场影响深远的文化改造运动,文艺复兴和宗教改革不仅开启欧洲大学世俗化和民族化的进程,更为重要的是,人文主义文化和教育推动了大学知识的转型,欧洲大学逐步从形而上学知识型的控制下解放出来,人文主义知识观念和古典人文学科进入大学。文艺复兴和宗教改革时期欧洲大学所取得的知识成就,为大学基层学术组织的形成奠定了基础。

(一)人文主义知识观念进入大学

人文主义是文艺复兴和宗教改革运动的核心价值观念。在人文主义者看来,人是一切活动的价值原点,如莎士比亚在《哈姆雷特》中那句名言:"人是一件多么了不起的杰作!宇宙的精华!万物的灵长!"人被置于世界的中心地位,而教育的目的与作用则是培养和塑造理想"人性"。何谓理想"人性"?人文主义者推崇古希腊、罗马关于理想人性的描述,主要包括"教养和文化、智慧和德性、理解力和批判力"①;为了实现理想人性,人文主义者希望改造大学追求形而上的知识价值观念,知识活动的最高目的不再是为了证明"神"的伟大,而是为了实现理想"人性","学以进德",大学的知识活动应以促进人的美德增加为目的,通过人文课程的学习,实现人的修养提升以及自我全面发展。这种知识价值观念对于刚刚迈出中世纪的大学来说显然具

---

① 吴国盛:《科学与人文》,《中国社会科学》2001 年第 4 期。

有革命性的意义。

人文主义知识观念对大学产生影响的方式最初是人文主义者成为大学的教师，承担大学的教学工作，这种做法最早出现在 14 世纪末的意大利大学。根据雅克·勒戈夫的研究，从 14 世纪晚期到 15 世纪中叶，从意大利开始，然后到牛津和巴黎大学，大学逐步向人文主义开放。意大利大学没有同巴黎和牛津大学那样具有深厚的经院哲学传统，那里的古典文化保存得也比较好，另外在意大利躲避奥斯曼帝国压迫的拜占庭人也帮助了古典希腊文化的再度繁荣。在博洛尼亚大学，自 1450 年至 1455 年以后，人文学科的学习就不间断地进行着。佛罗伦萨大学自 1472 年以后开设了诗学、演说术、数学和天文学的讲座。格罗斯特的亨弗雷公爵，在 1439 年和 1443 年两次把所藏的大量希腊和拉丁的古典作家及意大利作家的著作赠送给牛津大学，传播人文主义精神。各个大学都聚集了一大批人文主义者。[①]

但是，欧洲大学对于人文主义者和人文主义知识观念的接纳却是一个漫长曲折的过程，即使是在文艺复兴发源的佛罗伦萨，在很长的一段时间内，人文主义对佛罗伦萨大学的影响极小，由于"大量的预算被用于法学和医学教育上，为数不多的艺术和文学教授是大学里薪金最低的教授……即使在该城倡导人文主义的梅迪契家族统治的鼎盛时期，人文学科的教师也很少"[②]。正如鲁迪所说："欧洲大学中那些保守的人把文艺复兴运动看作是对他们利益的威胁，认为它有损于大学教授的职责，颠覆了大学所维护的传统信仰。"[③]从时间上看，"文艺复兴运动起源于 14 世纪初，但直到 15 世纪后半期，人文主义者的学说才开始渗透到大学之中"[④]。在这个过程中，欧洲各地的大学用着不同的方式接受了人文主义知识观念。

在法国，人文主义在巴黎大学长期受排斥，"直到 15 世纪的最后一二十年，巴黎的学者们一直轻视意大利的严重影响，不屑在他们的课程表中作任何重大的改变"[⑤]。为促使大学接纳人文主义，法国人文主义者另辟蹊径。

---

① 雅克·勒戈夫：《中世纪的知识分子》，张弘译，商务印书馆 1996 年版，第 134—137 页。

② 贺国庆：《中世纪大学向现代大学的过渡》，《教育研究》2003 年第 11 期。

③ Willis Rudy. The Universities of Europe. London：Associated University Press，1984：56.

④ 贺国庆：《中世纪大学向现代大学的过渡》，《教育研究》2003 年第 11 期。

⑤ 波特：《新编剑桥世界近代史》第 1 卷，中国社会科学院世界历史研究所组译，中国社会科学出版社 1999 年版，第 83—84 页。

1530 年，国王弗兰西斯一世接受人文主义学者比代（G. Budé）的建议，在巴黎已有的大学之外创立一所主要进行人文主义研究的新的教育机构——法兰西学院（Collège de France，又译为法兰西学士院或法兰西公学）。它不事经院之学，热情欢迎新的古典主义教育和所有以人为中心的研究，与教会大学分庭抗礼，开时代先风。它设立了一系列教授讲座，如希腊文、拉丁文、法文和哲学等讲座，还开设算术、医药和东方研究等课程。

在德国，从 16 世纪初开始，维滕贝格、耶拿等大学开始传播人文主义知识，至 20 年代，德国各大学几乎都采取了人文主义的改革措施。宗教改革在德国爆发以后，作为改革的起源地，宗教改革对天主教旧大学给予了毁灭性的打击，这在一定程度了助推了人文主义在大学的传播。因为，"马丁·路德相信，阐述和宣传新教教义需要学识，依据真正原始资料以恢复原来正确的教义，也需要学识"①。这种学识当然不再是旧大学中经院式的知识，而是要"用古典拉丁语取代经院式拉丁语，用希腊语翻译的古代作家的作品取代陈腐、经过篡改的古代著作"②。另外，德国大学原本就是宗教改革的发源地，一些宗教改革家自身就是大学教授，例如维滕贝格大学的梅兰希顿（Philip Melanchthon）教授，他们既是新教改革的积极推动者也是人文主义精神的传播者，在他们的共同努力下，僵化的经院知识逐渐被学者所抛弃，越来越多的新知识的阐述者被任命为大学教授。

在英格兰，人文主义在向大学渗透时获得了世俗政权支持的历史机遇。当时，英格兰正逢一场深入的宗教和政治改革，都铎王朝的亨利八世和伊丽莎白一世不信任经院知识，相反，他们青睐人文主义知识。1540 年，国王亨利八世在牛津和剑桥设立钦定教授席位以教授神学、民法、医学、希伯来文和希腊文。同年，剑桥成立三一学院，以弘扬人文主义精神为宗旨。经过努力，人文主义终于在英国大学站稳了脚跟。

不论经历如何坎坷，人文主义知识观念最终在 16 世纪进入了欧洲大学，这对于推动近代早期大学的知识转型有着十分重要的积极意义。

（二）大学知识体系的世俗化

人文主义知识观念在大学的传播为大学带来了古典人文学科知识。此时，"人文学科"逐步获得了比较精确和专门的意义，包含了一组确定的学

---

① 贺国庆：《德国和美国大学发达史》，人民教育出版社 1998 年版，第 17 页。
② 黄福涛：《欧洲高等教育近代化——法英德近代高等教育制度的形成》，厦门大学出版社 1998 年版，第 70 页。

科:语法、修辞、诗歌、历史和道德哲学。① 与中世纪教会所推崇的自由学科相比,人文学科淡化了几何、代数、天文学、音乐等"四艺"以及逻辑的内容,突出了语法和修辞,增加了诗学、历史与道德哲学。人文主义者在大学恢复语言修辞学传统,并不是单纯地复古,而是赋予了语言在社会政治、伦理生活中的作用。例如,人文主义者认为对语言修辞学的研究可以提高人的表达能力与修养,这显然是与人文主义"学以进德"的知识观念相适应的。更为重要的是,人文主义者在强调语言修辞学知识重要性的同时,批判了经院哲学对逻辑和辩证法的重视,动摇了以逻辑为基础的经院哲学和神学知识在大学的正统地位。有学者这样评价说:"对逻辑威望的第一次打击来自 15世纪人文主义或文艺复兴的古典学者。他们反对经院哲学,特别是反对中世纪逻辑并不针对细节上错误,而是将它与重新发现的古代典籍相比,显示出它的野蛮风格与枯燥内容。"②面对人文学科的进入,神学和经院哲学在大学的地位下降已经成为不可避免的趋势。正如瓦尔特·吕爱格教授所言:"修辞学在大学教学中占据着中心地位。"③

人文科学知识进入大学也对科学精神的发展起到了或多或少的推动作用,实际上在 16 世纪的某些大学中已经开始有了少量的科学研究活动。有学者就曾指出:"十四世纪的牛津大学和巴黎大学,对古代的科学教程采取了批判的态度,这种传统也许部分冲淡了十六、十七世纪许多著名大学的保守主义。这种批判工作与经院哲学的结合,已证明尤其有益于运动的物理学的研究。在十六世纪的帕多瓦和意大利北部其他一些大学里,这种学术传统仍然很明显。"④在 16 世纪的意大利北部,科学精神开始在这里的一些大学滋生,帕多瓦大学成了当时的科学研究中心,哥白尼和解剖学家维萨里曾在这里学习,伽利略曾在这里任教达 18 年之久,完成了大量的科学研究工作。正如有学者描述的那样:"16 世纪的原动力学说正是在帕多瓦大学得到发展的。这一切使它后来成为近代科学革命的重要基地和世界著名的学

---

① 保罗·奥斯卡·克利斯特勒:《意大利文艺复兴时期八个哲学家》,姚鹏、陶建平译,上海译文出版社 1987 年版,第 183 页。

② 赵敦华:《基督教哲学 1500 年》,人民出版社 1994 年版,第 548 页。

③ 希尔德·德·里德-西蒙斯:《欧洲大学史》第 2 卷,贺国庆等译,河北大学出版社 2007 年版,第 29 页。

④ 埃伦·G.杜布斯:《文艺复兴时期的人与自然》,陆建华、刘源译,浙江人民出版社 1988 年版,第 6 页。

术中心。"①从16世纪起,英国牛津和剑桥等传统大学也逐渐设立了一些自然科学课程,这点从它们新增的一些教授席位可以佐证。"1546年,牛津和剑桥大学设立五个教授席位:神学、希伯来语、希腊语、民法(罗马法)、医学;1575年,格雷汉姆学院建立,教授席位中包括数学和天文学;1619年,牛津大学设立几何学教授席位,1621年,设立自然哲学和天文学教席,1669年,设立植物学教席;1663年,剑桥大学设立数学教席,1702年和1704年分别设立化学和天文学教席。"②这一时期牛津和剑桥的科学研究也取得了一定进展。"剑桥大学在16世纪就已经有了正规的园林。1526年英国植物学之父威廉·透纳来到潘布鲁克学院从事植物学研究,并于1538年出版了《草药名称》一书,后来他还在伦敦西南部建立了举世闻名的皇家植物园,吸引了当时英国各地不少学者前往剑桥研究植物学。"③

　　总体而言,从16世纪开始,欧洲各国的大学几乎都相继采取了人文主义的改革措施,大批雄辩家和诗人进入学术团体,古典拉丁文代替了中世纪的拉丁文,并设立了希腊文。此后,古典学科包括语言、文学、艺术、伦理、哲学和自然科学等与中世纪基督教神学相对立的广义的人文学科逐渐与旧的经院课程一起在大学里有了自己的地位。虽然与法、神、医等专业学科知识相比,这些知识仍然是附带的,但是他们至少获得了一种明确的地位,从而大大地推进了大学知识体系的世俗化。

　　在知识世俗化的大背景下,大学课程设置的同一性被打破;从16世纪开始,大学课程之间的共性明显减少。各大学不再按照统一的模式设置课程。以法国、英国、德国为例。亚里士多德有关自然哲学方面的内容逐步取代传统"七艺"的地位,成为文学学部(faculty of arts)的主导课程。巴黎大学开始传授伦理学、物理学和近代数学等新内容,笛卡尔的二元论和先验论,牛顿的机械论、动力学、解析几何等近代自然科学逐步进入法国大学的课程。有学者评价道:"数学成为文学学部课程的重要组成部分也许是18

　　① 易红郡、刘东敏:《文艺复兴时期欧洲大学的变迁》,《清华大学教育研究》2005年第3期。

　　② 罗伯特·金·默顿:《十七世纪的英格兰:科学、技术与社会》,范岱年等译,商务印书馆2000年版,第60页。

　　③ 易红郡、刘东敏:《文艺复兴时期欧洲大学的变迁》,《清华大学教育研究》2005年第3期。

世纪大学课程发展中的最重大事件。"①不过,逻辑学、形而上学、伦理学以及神学和法学等课程仍以亚里士多德和托马斯·阿奎那的学说内容为主,没有发生较大的变化。相对来说,英国的大学更加保守一些,它们没有积极引入近代自然科学方面的课程,除保留部分培养神学人才的课程之外,以牛津和剑桥为代表的英国传统大学通过开设经院哲学课程(逻辑学、伦理学和形而上学)以及古代语言、诗歌、历史、文法、文学等人文主义课程,成为自由教育的课程,逐步以培养绅士为目标。"原先以宗教神学作为预备开设的文学课程也开始世俗化,并以研究和追求学问本身为目的。"②从 16 世纪开始,德国大学的变化更加典型,哥廷根大学在文学学部中新设政治学、自然历史、地理、外交学、数学、科学、艺术、古代和近代语言等课程。③ 大学知识体系得到丰富,新的学科分支不断出现,这对大学内部组织沿着专门化的方向进行分化和发展提出了要求,也为大学基层学术组织的形成建立了知识准备。

第二节　大学基层学术组织的形成

　　人文主义知识进入大学并没有彻底改变中世纪以来大学的知识结构,神学等宗教知识依旧是近代早期大学知识的主体,自然科学知识地位十分弱小,但是新知识的涌入对于促进大学组织发展的变革意义很快就显现出来。

一、新知识与大学组织层次的分化

　　经历了文艺复兴和宗教改革之后的大学与中世纪的大学在组织上有着很大的不同。文艺复兴之前,多数大学是在宗教学校的基础上,由学者与学生自发聚集而形成的。如巴黎大学是以巴黎圣母院附属天主教学校为中

---

① 黄福涛:《欧洲高等教育近代化的类型与道路分析》,《高等教育研究》1999 年第 1 期。

② Curtis, M. H. Oxford and Cambridge in Transition, 1558-1642: An Essay on Changing Relations between the English Universities and English Society. Oxford: Clarendon Press, 1959:123. 转引自:黄福涛:《欧洲高等教育近代化的类型与道路分析》,《高等教育研究》1999 年第 1 期。

③ 黄福涛:《欧洲高等教育近代化的类型与道路分析》,《高等教育研究》1999 年第 1 期。

心,逐渐聚集大批来自欧洲各地的学者和学生而建立起来的一所自然形成型大学,基督教的社会秩序成为大学活动的规则基础,大学主要为教会培养神职人员,带有浓厚的宗教色彩。

文艺复兴和宗教改革以后,人文主义知识在大学得到传播,由于人文主义知识相比形而上学神学知识,更有利于大学组织向世俗开放,这样大学在世俗世界的作用开始逐渐显现出来。据史料记载,在16世纪,中世纪大学系统分裂为两个部分:第一部分是教授人文学科的学院网络(或称文法学校),它主要承担了中世纪文科七艺的教学任务,并且在教育系统中的地位逐步降低,成为中等教育的组成部分;第二部分则是严格意义上的大学,"它们现在只为某些职位培训学生",并"将教学建立在一种渐进的年级制度上"[1];这样,"从那时起,教学水平而不是机构建制成为大学的标志和特征"[2]。这样的变化深刻地影响了高等教育,几乎在欧洲所有的地方,大学完全停止了教授普通文化,而变成了培训精英的工具,这也在一定程度上适应了大学世俗化的需要,大学从一个主要为教会培养人才的机构转变为主要为民族国家和世俗政权培养高级专门人才的机构。由于大学承担起为世俗政权培养专门人才的责任,这激发了王室和世俗贵族创办新大学的动力,促成了大学组织在近代早期的发展。另外,人文主义知识在大学传播之际正赶上欧洲民族觉醒、民族国家形成之时,"随着欧洲逐渐被划分成一些中央集权的政治单位和宗教单位,大学丧失了它们一贯具有的国际性。它们变成了地区性的中心,为它们坐落在其版图内的国家服务"[3]。大学同时成为各个民族国家竞争的重点,这也促成了世俗政权越来越重视对大学的控制和建设,于是,原先由学者们自发形成和组织的大学日益减少,而由国家或教会创建的大学迅速增加。正如张应强教授所言:"民族国家之间的经济竞争、政治纷争和信仰差异,导致大学成为一个竞争的焦点,刺激了大学数量的骤增,使得统一性很强的中世纪大学演变为特色各异的大学机构,促进了大学的发展。"[4]

---

[1] 希尔德·德·里德-西蒙斯:《欧洲大学史》第2卷,贺国庆等译,河北大学出版社2008年版,第57页。

[2] 希尔德·德·里德-西蒙斯:《欧洲大学史》第2卷,贺国庆等译,河北大学出版社2008年版,第57页。

[3] 《新编剑桥世界近代史》第3卷,中国社会科学出版社1999年版,第64页。

[4] 张应强:《高等教育现代化的反思与建构》,黑龙江教育出版社2000年版,第80页。

　　从史实来看,在宗教改革的初期,由于人文主义改革派对经院主义的仇视,他们对传统大学教育表达出憎恶之情,大学发展经历了短暂的下降。伊拉斯谟曾说:"凡是马丁·路德得势的地方,文学与学术事业就完蛋了。"①但是宗教改革派很快就意识到,大学是不能放弃的,正在崛起的世俗政权需要更多的接受过人文主义教育的官员,只有大学才能承担这项使命。正如有学者所说:"路德认识到,学校和大学可以成为新的宗教的特殊工具。因此,路德派极力建议世俗政府建立这类机构,而且其他教派也意识到不能落后,大学遂普遍发展起来。"②因此,总体而言,从中世纪晚期到17世纪中叶,欧洲大学保持了数量和规模扩张的势头。据统计,从13至15世纪,欧洲主要国家新建立的大学数分别是:意大利17所,法国16所,德国16所,西班牙和葡萄牙15所,英国4所,其他国家6所。③到16世纪,大学已在欧洲大陆的许多国家建立起来了。从1500—1790年间成立和废止的大学数量表(见表3-1)上我们也可看出,直到17世纪中叶,新建大学数量一直多出废止、搬迁和合并的大学,大学数量保持了增长的势头。

表 3-1　1500—1790 年间成立和废止的大学数量④

时期	建立、恢复和改造的大学			废止、搬迁和合并的大学
	天主教的	新教的	总数	
1501—1550 年	22	4	26	3
1551—1600 年	31	16	47	3
1601—1650 年	14	10	24	3
1651—1700 年	5	7	12	12
1701—1750 年	10	2	12	13
1751—1790 年	13	3	16	16
总计	95	42	137	50

　　大学数量增长的同时,在校生的规模也在不断扩张。根据美国著名科

①　弗·鲍尔生:《德国教育史》,滕大春、滕大生译,人民教育出版社1986年版,第36页。
②　贺国庆:《中世纪大学向现代大学的过渡》,《教育研究》2003年第11期。
③　黄福涛:《欧洲高等教育近代化》,厦门大学出版社1998年版,第63页。
④　希尔德·德·里德-西蒙斯:《欧洲大学史》第2卷,贺国庆等译,河北大学出版社2008年版,第75页。

学史教授戴维·林德伯格在《西方科学的起源》中的记载，中世纪大学在产生之初，学生数一般介于 200～800 名，在 14 世纪博洛尼亚大学和巴黎大学的学生数可能有 1000～1500 名[①]；而研究中世纪大学史的权威学者哈斯金斯·拉什达尔在《欧洲中世纪大学》一书中则认为巴黎大学在 13—14 世纪学生数已经达到 5000～7000 人（最多时接近 10000 人），博洛尼亚大学在 15 世纪已经达到 3000 人。[②] 虽然由于缺少史料记录，我们很难知道中世纪大学的确切人数，但是从历史学家们零星记录中，我们还是可以判断出，从大学产生到 16 世纪，大学在校人数有了很大的增长。大学规模趋于庞大，客观上要求大学组织结构进行层次化调整，以便于更加有效地组织开展学术活动和实现更加有效的组织管理。

可以说，正是在大学知识演进和大学组织世俗化的双重因素影响下，大学组织改变了中世纪结构单一的组织形态，开始分化为双层结构。典型的例子有，建于 1538 年、由约翰·斯图谟制定章程的斯特拉斯堡大学，这所大学具有双层结构，底层是传授人文学科的学院，在学院之上有一层准大学性质的上层结构。[③] 与此同时，大学的组织模式也发生了变化，随着教会势力的减弱和王权力量的加强，"学生完全不可能进行自我组织"[④]，学生型大学逐步消失，教师型大学成为主导。"在近代早期大学中，权利通常是控制在评议会议组织的教师手中，或是统治者派出的代表手里。"[⑤]巴黎型大学进一步演变成三种模式的大学：第一种模式是教师型大学，主要以法国和德意志地区的大学为主，特点是将教师按学科组织成学部，实行集中教学，大学建立在学部（faculty）的基础上。第二种模式是学院大学与导师大学，此类大学教学是分散的，大学内有按照日常生活组建的教师和学生组织——学院（college），主要以英格兰的牛津和剑桥大学为代表。第三种模式的大学为

---

①　戴维·林德伯格：《西方科学的起源》，王珺译，中国对外翻译出版公司 2001 年版，第 218 页。

②　Rashdall，H. The Universities of Europe in the Middle Ages. Vol. 3. Cambridge：Cambridge University Press，2010：325-336.

③　希尔德·德·里德-西蒙斯：《欧洲大学史》第 2 卷，贺国庆等译，河北大学出版社 2008 年版，第 68 页。

④　希尔德·德·里德-西蒙斯：《欧洲大学史》第 2 卷，贺国庆等译，河北大学出版社 2008 年版，第 67 页。

⑤　希尔德·德·里德-西蒙斯：《欧洲大学史》第 2 卷，贺国庆等译，河北大学出版社 2008 年版，第 68 页。

中间模式的大学,主要存在于欧洲的边缘地区,如在苏格兰、爱尔兰、西班牙、德国及其东部扩展地区,这些大学结合了集中教学和分散教学的优点,规模小、结构紧凑,其内部的学术组织规模也较小,兼备学部和学院的优点。① 从随后的历史发展情况来看,第一、二种模式成为欧洲大学发展的主流模式,由此学部和学院也就成为近代早期大学基层学术组织的两大基本形态。在学部或学院组织之上成立校一级的组织,学部或学院蜕变为大学基层学术组织,这是大学组织结构变迁中非常重要的历史节点,从此,真正意义上的大学基层学术组织正式形成了。学部和学院作为近代早期大学基层学术组织的两大基本形态,既是大学组织层次分化的结果,也体现出不同区域大学历史传统和知识制度上的差异。

二、德意志地区大学的学部制度

从 15 世纪到 19 世纪初(即柏林大学模式形成之前),这期间是德国大学的出现以及德国大学模式形成的关键时期。学部制是德国大学最有特色的制度。德国大学学部制度的特点在于学部成为大学培养高级专业人才的唯一组织,学部内部既遵循民主平等的行会传统,又形成了较为严格的教师等级制度。

(一)学部成为大学内部的唯一组织

德国大学学部制度的形成与德意志境内大学产生发展所处的特殊时代背景有关。14 世纪后半期德意志地区出现了一场大学设置运动,这场大学设置运动反映出发生在 14 世纪后期与 15 世纪早期教会大分裂对欧洲大学发展的重要影响。从 1378 年至 1417 年,由于法国和德国、意大利争夺对教廷的控制权,造成天主教会同时有两个教皇对峙甚至三个教皇的分裂局面。在教会大分裂所引起的对抗形势下,一方面,在巴黎(属于阿维尼翁教皇的辖区)的那些始终坚持罗马教廷的德意志师生大规模离开巴黎大学返回故乡,为德意志境内建立大学奠定了基础;另一方面,"相互竞争的教皇都意识到他们需要来自学术界的智力支持。因此,他们鼓励那些效忠他们的地区建立大学"②。在德意志境内,由于神圣罗马帝国皇帝与罗马教廷的矛盾尖

---

① 希尔德·德·里德-西蒙斯:《欧洲大学史》第 2 卷,贺国庆等译,河北大学出版社 2008 年版,第 68 页。

② 希尔德·德·里德-西蒙斯:《欧洲大学史》第 1 卷,贺国庆等译,河北大学出版社 2008 年版,第 112 页。

锐，世俗君主也积极参与到创建大学的运动中。这些利好条件促成了德意志境内第一批大学的出现。1348 年，德意志境内第一所大学——布拉格大学成立了。虽然从现在的欧洲政治版图上看，布拉格是捷克的首都，但在多数文献中，大家一般都将布拉格大学作为德意志的第一所大学。"在德语世界建立的第一批大学是布拉格大学（1348 年）、维也纳大学（1384 年）和海德堡大学（1385 年）。"①

　　正是教会大分裂的影响，显示出传统的巴黎大学和博洛尼亚大学不同的发展模式。大学主要由世俗当局出资建立，世俗君主对大学有很强的控制力，大学作为超乎国家之上的文化机构的功能消退；另外由于师生同属于德意志民族，中世纪大学的国际化色彩逐渐淡去，德意志大学的民族性特征凸显。这对德意志大学内部组织形态的形成和发展产生了重要影响，布拉格大学就是"这方面一个非常突出的例子"②。

　　布拉格大学在创建之初，模仿巴黎大学和博洛尼亚大学，设立了学部、同乡会和学院等三种内部组织，保留了行会的传统。但是这样的局面并没有维持下去，初建的布拉格大学很快就面临着分裂的危险。在日本学者岛田雄次郎的《欧洲大学》中有着这样的记载，刚刚创办起来的布拉格大学由于在大学章程中对大学的组织结构没有任何的表述，在采用巴黎型组织还是博洛尼亚型组织形态的问题上引起了争论，法学部采用了博洛尼亚的模式，其他学部（特别是文学部）采取了巴黎大学的模式，甚至各自选出了自己的 Rector，1360 年由大主教担任的 Chancellor 强调，布拉格大学只有一个 universitas，只有一个 Rector，才化解了这场危机。③ 但是关于学部和同乡会的争论并没有就此平息，大学组织内部的权力逐步向教师方面倾斜，在学部层面教师具有决定性优势，在学校层面教师也逐步控制了大学评议会，"1391 年，评议全部由教师构成的状况得到认可"④，布拉格大学终于由"教师与学生的行会组织"发展为"教师的行会组织"。此外，由于布拉格大学学生民族意识的增强也使得同乡会组织难以发挥作用。与维也纳和海德堡大

---

　　①　约翰·范德格拉夫等：《学术权力——七国高等教育管理体制比较》，王承绪等译，浙江教育出版社 2006 年版，第 17 页。

　　②　希尔德·德·里德-西蒙斯：《欧洲大学史》第 1 卷，贺国庆等译，河北大学出版社 2008 年版，第 112 页。

　　③　张磊：《欧洲中世纪大学》，商务印书馆 2010 年版，第 332 页。

　　④　张磊：《欧洲中世纪大学》，商务印书馆 2010 年版，第 333 页。

学不同的是,布拉格大学在创建之初吸引了东欧各国的学生,由于斯拉夫人与德意志人之间尖锐的民族矛盾导致了该大学的分解,1409 年德意志人同乡会(教师和学生)回到德意志境内建立莱比锡大学。这次分裂的根本原因就在于同乡会背后存在着深刻的民族矛盾,从大学内部组织结构来看,这次分裂意味着巴黎型"同乡会"结构向德国型的"学部大学"结构的转变。

与布拉格大学相同的是,在德意志境内其他大学内部,教师很快获得了学校的主导权,同乡会在德意志大学注定无所作为。当时的德意志地区的大学无法期望自己的学生同巴黎大学或博洛尼亚大学一样来自欧洲各地,由于同属于德意志民族,按学生出生地组成自卫性质的同乡会组织自然就失去了存在的理由。另外,学院 college 作为大学内部组织的重要性也开始消失,"学院主要是招聘教师并给他们提供服务,向教师而不是学生提供公共宿舍,因此被当作学部或大学的附属机构"[1]。随着学院与同乡会的独立性和重要性的消失,学部就演变成为德国大学中唯一的组织。大学的权力向学部组织集中,学部这一教师集团成为大学的核心组织,大学的管理运作以教师团体为中心展开。

(二)学部内部成员的等级分化

需要进一步指出的是,德国大学的学部组织与中世纪巴黎大学产生的学部组织还有着明显的差别。巴黎大学的学部是传统意义上的行会组织,学部成员地位平等,奉行民主与自由精神;而德国大学的学部则受到领主外部权威的控制,大学教师身份的认可和薪俸的获得都依赖于设立大学的领主,这种身份的转变具有重要的历史意义。大学原有的"行会组织"性质发生了变化,大学成员(师生)与大学创办者(领主)之间的关系也不再是过去大学成员与城市当局的关系。在 12—13 世纪自发形成的大学里,大学师生可以通过罢课迁校等方式对抗城市当局。而现在大学成员已经丧失这样做的可能。学部要想坚持学术自治与自由的难度就更大了。由于外部权力渗透进入大学,大学内部为顺应外部权力运行的要求自然也就形成了自上而下的组织构造。

虽然学部是由师生组成的学术组织,但并不是所有的学生都能够参与到学部组织,享受学部组织内部权利。根据日本学者横尾壮英的研究,中世纪大学主要包括三类学生:scholares simplices(单纯的学生);bachelor;doc-

---

① 张小杰:《从学部制度看早期德国大学模式》,《清华大学教育研究》2006 年第 3 期。

tor。那些没有bachelor学位的学生被称为"单纯的学生"，一般不被看成是学部的成员。根据行会组织等级制度，将"徒弟—技术工—师傅"这类的等级关系套用到学生—bachelor—教师身上，大学里形成了三个等级，单纯的学生—至少拥有bachelor学位的学生—教师。而且在巴黎大学，学生如果没有在教师那里登记注册，或没有教师的证明，学生就不能享受大学成员的权利。德国的大学继承了巴黎大学这一传统，学生对教师有着较强的依附关系，并不能独立享有各种权利。只有当他们毕业并获得教师资格之后，才开始拥有教师的权利，才可以参与到学部的教学活动和管理活动中去。

　　从16世纪开始，特别是宗教改革后，德国大学的教授接受薪俸需要得到国家的任命。这样学部不再仅仅是由教师自由组织的行会组织，而成了拥有官员身份教师组成的组织，学部内部也分化为正教授、非正教授、非现职教师、学生等不同等级。

　　根据横尾壮英的研究，教师内部的层次和权力分化大致经过如下[①]：

　　首先是现职教师和非现职教师的分化。由于并非所有的获得学位并且通过教师资格考试的毕业学生都会从事教师的工作，为了建立一支数量稳定的教师队伍，中世纪大学要求取得学位者必须承担若干年的义务性教学工作，形成一支非现职的教师。这类教师不拥有教师行会组织规定的全部权利，例如在维也纳大学，非现职教师虽有参加学部会议的权力，却无权担任学部领导。在德国，学部乃至大学的管理逐步由现职教师所垄断，非现职教师逐渐退出大学的管理活动。

　　其次是教授与现职教师的分化。教授来源于中世纪拉丁语，是指所有博士学位的获得者。在中世纪大学中，教授与博士本为同义语，并无等级之分。大约从15世纪开始，现职教师内部也出现了分化。那些履行教学义务后愿意继续从教的，其待遇与年长的现职教师差别很大，他们只能依靠收取学费维持生计，而无法享受到领主和城市当局提供的薪俸。能够享受领主和城市当局提供的薪俸以及各种津贴造成了现职教师内部身份与地位的巨大差异。16世纪以后，能够享受薪俸的教师被称为教授，而其他的教师只能被称为doctor或者master。教授不仅能够享受公共的薪俸，而且学部内部的权力和资源集中到教授们的手中，例如学部长的选举权、人事权、学位授予权等都由教授垄断。

　　这样在学部组织内部就形成了教授、非教授、非现职教师、学生所构成

---

①　张小杰：《从学部制度看早期德国大学模式》，《清华大学教育研究》2006年第3期。

的等级制度,中世纪学者行会组织内部的民主精神被打破。德国的学部制度对于后来的讲座制度产生了重要的影响,教授权威得到了确立,也使得后来讲座制度的出现成为可能。

三、英格兰大学的学院制度

学院的出现是自发的过程,最初仅仅是为了帮助贫困学生,为他们提供住宿和学习的场所;但是学院的出现使得大学获得了稳定的捐赠和固定的建筑,从而使得大学组织得以实体化。"学院的建立使大学从原先不固定的学者团体发展为永久性的,实体性的存在。"①在捐赠的推动下,大学出现了学院化运动。1257—1258 年在巴黎塞纳河岸福阿尔街建立的索邦神学院改变了学院仅仅提供住宿的风格,开始为学生提供学位和所需训练,学院开始向学术组织过渡,但这个时候学院还不算是严格意义上的大学教学单位,因为"它们的主要功能还是住宿,而严格意义上的教育只扮演了次要角色"②。从 14 世纪开始,这种共同学习和生活的形式逐步制度化,学院逐渐成为大学组织教学的重要组织。学院制度化的进程在欧洲的发展并不均衡。在德国、意大利、东欧和荷兰几乎没有什么重要的发展,那里的神学院和寄宿舍作为捐赠机构只是为了满足部分文科和神学学生的需要,因为大多数学生都有私人住所。然而在英格兰、法国和西班牙,学院支配了大学生活。特别是在英格兰,学院形成了它自己像大学一样的中心。③ 学院成为大学的基本教学单位是在英格兰大学里实现的。学院制成为近代早期英格兰大学的特色,学院控制了教学等学术活动,学部力量弱小,只是提供公共讲座和颁发学位。英格兰学院成为大学的学术中心经历了比较长的过程,牛津、剑桥大学的变化过程比较显著,可以说是提供了很好的例证。在 19 世纪之前,英格兰一直只有两所大学,就是建于 13 世纪的牛津、剑桥大学。在到 16 世纪晚期、17 世纪前期,两校的校规才正式确立了学院在大学中的地位。

（一）学院成为大学的教学中心

牛津大学是英格兰最早的大学,剑桥大学从牛津大学派生而来。根据拉斯达尔的观点,牛津大学的成立,是由亨利二世(1154—1189 年在位)与法

---

① Prest, J. M. The Illustrated History of Oxford University. Oxford :Oxford University Press,1993:8.

② 爱弥尔·涂尔干:《教育思想的演进》,李康译,上海人民出版社 2003 年版,第 165 页。

③ 希尔德·德·里德-西蒙斯:《欧洲大学史》第 2 卷,贺国庆等译,河北大学出版社 2008 年版,第 351 页。

国国王之间的冲突所引发，在亨利二世的号召下，在巴黎大学学习的师生于
1167 年返回英国，在牛津集聚，从而孕育了牛津大学①。因此，牛津大学与
巴黎大学有着较为直接的血缘关系，学院就是牛津大学从巴黎大学继承而
来的。牛津大学最古老的学院默顿学院（Merton college）始建于 1264 年，如
同巴黎大学一样，学院最初主要是神学学生住宿和学习的场所，接受捐赠而
设立，由院士依据民主原则进行自我管理。所不同的是，牛津大学在漫长的
发展历史中，学部力量并没有得到壮大，而形成了学院主位、大学为辅的管
理体制，学院制结构成为牛津大学区别于当时欧洲其他大学比较显著的特
征，形成这一局面主要缘于牛津大学特殊的教师教学制度。

　　从历史资料中，我们可以发现，中世纪的牛津大学同欧洲大陆的其他学
校一样，一个学生要成为院士，他就要开设讲座，每一个获取硕士和博士学
位的学生都要义务开设讲座，并且不能向学校提出任何财政要求，②我们把
这称为大学免费讲座制度。通过源源不断的新毕业的学生开设讲座，大学
讲座和师资来源原则上有了保证，而且不会加重大学的经费负担，可是免费
讲座制度也极大地延长了学生义务在校的时间，限制了高水平讲座者的加
入。16 世纪，这样的制度发生了改变，早期要求所有获得学位的学生必须做
讲座的要求逐渐被取消，同时要求同一时期为讲座者设立一定数量的永久
职位讲座和捐赠职位的观念出现。例如 1497—1502 年，亨利七世的母亲玛
格丽夫人在剑桥和牛津设立并捐助了神学讲座；默顿学院院长亨利·萨维
尔爵士于 1619 年在牛津大学开设了几何学和天文学两个讲座职位；高等民
事法庭大法官罗伯特·里德爵士（1506—1519 年在任），订立遗嘱特意强调
要在剑桥大学设立哲学、逻辑、修辞讲座，并为讲座者提供薪水，等等。③ 相
比较中世纪大学的讲座，这些讲座具有永久性和稳定性的特征，而且水平也
相对较高。由于学院能够得到捐赠，有固定的收入来源，这些永久讲座和职
位经常设立在学院里。

　　当学院里出现了永久性的、公开的捐赠讲座职位和讲师后，学院讲座替

---

　　①　Cobban, A. B. The Medieval English Universities: Oxford and Cambridge to C. 1500. Aldershot: Scolar Press, 1988: 31.

　　②　希尔德·德·里德-西蒙斯：《欧洲大学史》第 2 卷，贺国庆等译，河北大学出版社 2008 年版，第 227 页。

　　③　希尔德·德·里德-西蒙斯：《欧洲大学史》第 2 卷，贺国庆等译，河北大学出版社 2008 年版，第 228 页。

代大学讲座就成了一种发展趋势。牛津大学莫德林学院 1479 年就规定学院应该提供讲师和讲座；从 16 世纪开始，牛津和剑桥每建一所学院都有提供学院讲座的规定，到了伊丽莎白一世执政时期，似乎所有的学院都有足够的讲师来承担整个教学工作。① 这样，"学院的教学几乎让大学的讲师们无用武之地"②。以至于到 16 世纪末，"学院取代大学成为教学的基地，也负责招收学生入学，大学只是简单地负责为每一个学院的学生注册"③。没有一个人可以不通过学院而进入大学学习，教学工作大部分被掌握在学院手中。尽管大学管理者为了使大学的教学富有活力而进行了诸多改革尝试，但是对教学的相关安排仍然主要由学院控制。学院逐渐成为教学的实体。到宗教改革时期，世俗学院已经成为英国大学基本的教学单位。

在中世纪大学，学院并不是大学教学管理的基本单元。学院出现之初仅为攻读高级学科学生提供食宿的场所，并不为学生提供讲座。后来随着学院进一步的发展，学院的职能出现了变化，成为承担教学任务的机构和教学活动的中心。人文主义的兴起推动了学院职能的变化，大约在 15 世纪末16 世纪初，为了引进人文主义知识，一些人文主义学者将新建的学院作为讲授传播人文主义知识的场所，在大学里掀起了新建学院的高潮。这些新式学院开设古典语言和人文学讲座，不仅接纳法、神、医等高级学科的学生，也开始接纳文科学生，而且自己提供教学。之后，一些旧学院纷纷效仿，学院教学逐渐普及开来，至玛丽女王时期，牛津剑桥的绝大多数学院都为学生提供教学课程。与此同时，大学教学依靠新毕业的学生提供免费讲座的做法日渐衰落，一方面新毕业的学生想方设法地逃避开设免费讲座的义务，另一方面由于学院教学水平的提高，学生也不再有兴趣去聆听这些讲座，这样大学提供免费的讲座便日益衰落，大学的教学中心逐渐都转移到了学院。至伊丽莎白时期，以学院为基本教学和管理单元的学院制大学基本形成了。科班也认为："毫无疑问，在伊丽莎白统治时期，大学的授课制度已完全被学院的教学所击败，以学院为单位、分权式的英格兰大学模式也得以建立。"④

---

① 希尔德·德·里德-西蒙斯：《欧洲大学史》第 2 卷，贺国庆等译，河北大学出版社2008 年版，第 228 页。

② 希尔德·德·里德-西蒙斯：《欧洲大学史》第 2 卷，贺国庆等译，河北大学出版社2008 年版，第 228 页。

③ 徐辉、郑继伟：《英国教育史》，吉林人民出版社 1993 年版，第 89 页。

④ Cobban，A. B. The Medieval English Universities：Oxford and Cambridge toC. 1500. Aldershot：Scolar Press，1988：111.

此外,学院的管理权也逐步得以确定,学院管理权的确立。牛津、剑桥大学的学院虽然在 14 世纪已经形成,但直到 16 世纪晚期,才分别通过《劳德规约》和《剑桥大学法》(又称"伊丽莎白章程")正式确认了学院在两校中的地位,学院成为能够按规章,进行自我管理的组织,学院的成员被称为"院士",学院为他们提供免费的住宿。科班在《中世纪大学：发展与组织》中也将学院定义为"一种自主、自治、合法且拥有稳固的捐赠、独特的章程、强大的特权以及共同的徽章的实体"[①]。

(二)导师制的出现和发展

导师制的出现是英式学院地位上升的另一个重要原因。导师制的出现与牛津大学各学院初期的形成和发展密不可分。学者迈利特在其著作《牛津大学史》中指出："导师制起源于早期的牛津大学,学院高级成员对他们的年轻同事负有指导责任是学院制思想的自然发展。"[②]1379 年,英国温彻斯特大主教威廉·威克姆在牛津开设新学院,为入学的学生配备导师,进行个别化的指导,从而开创了导师制的先河。新学院的特点是从学院基金中补贴导师,并允许他们收取学生一定费用,从而推动了导师制度化的发展。在 15 世纪以后,各学院相继模仿新学院建立了导师制。

最初的导师并不主要担当教师的角色,导师一般由高年级或是毕业生担任,在教会教义方面对学生进行指导,并负责监督学生行为。16 世纪至 17 世纪,牛津大学的学院数量继续增加,相继建成了 8 所学院。[③] 导师制日益成为牛津大学各学院不可或缺的组成部分。1634 年,劳德主教发布了牛津大学历史上著名的《劳德规约》,规定所有学生必须有导师,导师由品质、学问和宗教信仰上符合要求的毕业生担任。导师要加强对学生在宗教生活方面的训导,并负责监督学生行为。后来,随着牛津大学各学院的世俗化发展,学院的招生也愈加开放,攻读文科学士学位的本科生与攻读文科硕士学位以及更高级系科的学生共同生活,学院日益成为一种世俗化本科教育的

---

① Cobban, A. B. The Medieval Universities: Their Development and Organization. London: Methuen & Co, Ltd. 1975:123.

② Mallet, E. C. A History of the University of Oxford: The Sixteenth and Seventeenth Centuries. New York: Barnes & Noble, 1968:57.

③ 这 8 所学院分别是布鲁齐诺斯学院(Brasenose)、基督圣体学院(Corpus Christ)、基督教堂学院(Christ Church)、三位一体学院(Trinity)、圣约翰学院(St John's)、耶稣学院(Jesus)、沃德姆学院(Wadham)、彭布洛克学院(Pembroke)

机构。学院的宗教性在减弱,但是教学职能却在不断强化,这在客观上成为促使导师制逐渐转变为教学制度的推动力量。在学院生活中,导师不仅要对学生进行宗教和教义的指导,而且还会选择讲授一些正式课程范围内的内容,和学生一起阅读并进行指导,从而对学生学业产生了积极的影响。在牛津大学之后,剑桥大学也建立起了导师制,彼得·范德梅尔斯①认为:"在1450—1550年期间,牛津和剑桥大学已经建立起了完备的有学生宿舍和学院提供教学的制度以及导师制,导师制在1550—1650年期间变得更加重要。"②与牛津大学一样,在16世纪、17世纪,剑桥大学出现了许多博学的导师,有历史资料记载,17世纪剑桥大学圣约翰学院院士理查德·霍尔兹沃思为其学生规定的学习内容要比大学那些公共学院提供的更丰富、更全面、更彻底。③ 导师提供教学不仅提高了教学的针对性和个别化,受到学生的欢迎,而且推动了导师制向教学制度的转变,更加提高了学院在大学的地位。导师制密切了师生联系,无疑使得学院更加具有吸引力,到了18世纪,大学教学逐步萎缩,学院和导师基本控制了整个大学的教学活动。④ 这对于巩固英格兰大学的学院制具有十分重要的作用。弗莱克斯纳后来评价说,牛津、剑桥大学在导师和学生之间确立的人际关系,尽管可能存在着某种个人有限性,但却是世界上最为有效的教学关系。不再是群体授课,师生每周面对面交谈,这种非正式的关系,有时延长至漫长的假期,促使学生在教师的言传身教下不断提高。⑤

---

① 比利时《标准》报的记者,是剑桥大学出版社1996年版欧洲大学史第二卷近代早期欧洲大学(1600—1800)的"教师"篇内容的作者。

② 希尔德·德·里德-西蒙斯:《欧洲大学史》第2卷,贺国庆等译,河北大学出版社2008年版,第228页。

③ 希尔德·德·里德-西蒙斯:《欧洲大学史》第2卷,贺国庆等译,河北大学出版社2008年版,第228页。

④ 希尔德·德·里德-西蒙斯:《欧洲大学史》第2卷,贺国庆等译,河北大学出版社2008年版,第228页。

⑤ Flexner, A. Universities: American English German. New York: Oxford University Press,1930:275.

第三节 科学革命与启蒙运动时期大学基层学术
组织发展的知识困境

文艺复兴和宗教改革对上帝权威的削弱和对世俗力量的加强,激发了人们探索自然奥秘的好奇心。文艺复兴后,自然科学第一次得到系统的、全面的发展(恩格斯语)。[①] 17世纪被誉为欧洲史上"科学的世纪",有关科学理论基本概念的获得重新界定,旧有传统观念得以推翻或者新生、经得起时间考验的科学概念得以确立,这些都标志着17世纪科学处在堪称革命的时代。进入18世纪,欧洲社会在文艺复兴之后掀起鼓吹科学和理性的思想启蒙运动,进一步推动了自然科学的发展。然而,大学并没有抓住历史的机遇,科学革命的成果基本都是在大学之外取得的,大学在这场科学革命中显得无所事事。大学对自然科学的冷漠,使得大学这种知识组织反而成为知识进步的阻碍,并且引发了社会对大学合法性的质疑。17世纪中叶以后,欧洲很多大学因为缺少生源而濒于关闭,很多学者也不愿意进入大学,大学数量不升反降(见表3-1)。阿特巴赫在回忆大学这段历史时曾指出:"17和18世纪,除去某些例外,可以称为欧洲高等教育的黑暗时代。"[②]作为大学学术活动的基本单位,大学基层学术组织也不可避免地面临着知识发展的困境。

一、知识观念的困境:古典人文主义与理性经验主义的冲突

随着新知识的快速积累,"新知识的出现不可避免地承担着消解或解构依托在旧的知识基础上的世界图景和价值观念的功能"[③]。形而上学的知识观念遭到动摇后,近代早期大学的基层学术组织面临着人文主义、理性主义和实用主义等多重知识观念的影响。

伴随近代自然科学发展的是理性主义和经验主义知识观念的出现。理性主义知识观念是对于古希腊科学理性精神的继承与发展。如笛卡尔的名言"我思故我在",理性主义知识观念将人的理性精神和自由探索作为知识

---

① 恩格斯:《自然辩证法》,中央马克思、恩格斯、列宁、斯大林著作编译局译,人民出版社1995年版,第446页。

② 菲利普·阿特巴赫:《比较高等教育》,符娟明等译,文化教育出版社1985年版,第27—28页。

③ 李正风:《科学知识生产方式的历史演变》,清华大学出版社2006年版,第169页。

活动的价值坐标。一是强调理性精神对于知识活动的重要意义，笛卡尔则主张，被认识的世界必须是可以由理性、客观的方法所证明，通过严格的科学方法，方能发现唯一真理，并获得可以掌握并驾驭世界万物的"理"；而价值、判断、意见、解释、情绪等主观性的特质，仅是人类对世界的非理性运思的结果，是不可靠的，必须被排除在客观的科学知识之外。二是强调自由探索的精神，理性精神赋予了近代科学活动自由探索的精神气质，这种精神气质突出了只求真理不计利害、为知识而知识的自由精神，默顿在《科学社会学》一书中将这种精神气质概括为普遍性、公有性、无私利性和有条理的怀疑主义。理性主义与经院哲学的理性形式不同，理性主义知识观念把数学知识的发展作为理性的奠基，并通过科学的方法论化推动知识活动的专门化和制度化，从而提升学术研究的水平。16 世纪、17 世纪，随着培根归纳法和笛卡尔演绎法等方法论问题的提出以及被科学家群体普遍接受，科学以其方法论获得了区别于其他知识的形式。

经验主义知识观念是近代科学在工业社会背景下产生的新的知识观念，培根的名言"知识就是力量"表达出了经验主义知识观念追求实用的倾向。经验主义知识观念强调感觉认识的重要性和实在性，强调认识的经验来源，在方法论上主要强调观察、实验，倡导实验归纳法，并将可严格控制和可重复操作的实验作为近代科学理论得以发展的外部条件和启发因素；在价值导向上强调对知识功效的追逐，他认为知识的目的不仅是满足好奇心和个人修养，知识应该为增进人类的物质福利服务，否则就是空洞的论证和言辞游戏。

理性主义与经验主义深刻地批判了中世纪形而上学知识观念的绝对性、终极性和抽象性，为自然科学进入大学作了观念上的准备。但是，理性主义和经验主义在向大学进军的征途中却遇到了人文主义的强烈阻碍。虽然，人文主义知识观念在 16 世纪反对形而上学神学观独霸大学和推进大学组织世俗化发展中立下了功劳，但是当历史行进到 17 世纪、18 世纪时，在面对自然科学大发展和以科学与理性为主题的思想启蒙运动时，人文主义知识观念的保守性和落后性暴露了出来。人文主义与理性主义、经验主义知识观在知识的本源、价值以及获取知识的方法上产生了分歧。知识本源是什么，是感觉经验还是先天的观念；知识活动的价值在何处，是培育美德，还是追求实用，或是知识本身就是目的；获取知识的方法是什么，是回到古典著作，还是通过经验归纳或是进行理性演绎。面对多元知识观念的分歧，近代早期大学的基层学术组织并没有表现出足够的包容度和进取心，而是延续了中世纪大学以古代哲学为榜样的惯性，形成了不关乎实用的传统，知识活动目的仅仅从信仰转变为德行。在人文主义者的把持下，大学基层学术组织"主要研究道德完美的理论，想去解决无法解决的谜团，想去规劝人们达到无法到达的心理境界。这些理论是如此崇高，以至于永远不过是理论而已。它无法屈身从事为人们谋安乐的低贱职能"①。

另外，人文主义进入大学逐步与传统的经院哲学相结合产生了一种新的教育形式——"自由教育"。以牛津剑桥为代表的英国传统大学通过开设经院主义哲学的课程（逻辑学、伦理学和形而上学）加上人文学科的课程（古代语言、诗歌、历史、文学和辩论术），逐步形成了以培养绅士为主要目标的自由教育传统。大学不关心实用的弊端日益突出，对新兴的自然科学知识产生了巨大的阻碍和排斥作用。

二、知识体系的困境：古典人文学科与自然科学的冲突

17世纪的科学发展进入堪称革命的时代。17世纪的科学革命是在自然科学知识与宗教神学知识相抗争的背景下拉开序幕的，以太阳中心说和血液循环论两大学说诞生为标志，人类在天文学、医学生物学等领域取得了革命性的突破，近代自然科学知识得到了空前的发展，科学也逐步摆脱了神学婢女的附庸地位。

哥白尼的天体运行新发现是整个近代科学革命的开端。哥白尼在《天体运行论》中对天主教宇宙观中所宣扬的托勒密地球中心说发起了挑战，提出了太阳中心说的新观点。哥白尼的太阳中心说彻底否定了上帝把地球置于宇宙中心地位的宗教信条，不仅建立了科学的宇宙观，也开创了近代科学理论反对宗教信仰信条的先河。

继哥白尼等发起近代天文学革命后，在医学生物学领域科学也发生了以血液循环理论的发现为主线的近代医学革命，并取得了与哥白尼学说几乎同样重要的突破。发起近代医学革命的主要代表人物有意大利帕多瓦大学医学教授维萨里、西班牙医生塞尔维特、英国生理学家哈维等人。他们在解剖、观察的基础上发现人体血液循环交换的现象，从而对当时的权威理论——古罗马医生盖仑的血液消失的观点进行了批判。由于触犯了天主教教义，维萨里受到宗教裁判所的迫害，被判处死刑；塞尔维特则被当作异教徒活活烧死。经过半个多世纪的努力，哈维还是让人信服地证明了血液循

① J.D.贝尔纳：《科学的社会功能》，陈体芳译，商务印书馆1982年版，第40—41页。

环理论的正确性,并最终确立了这一理论。血液循环理论既是近代医学革命的胜利,也是近代科学革命的一次伟大胜利。在血液循环理论的基础上,比较解剖学、人体生理学、医学等生物学学科得到了迅速发展。

哥白尼的太阳中心说和血液循环理论从提出到确立都经历了与宗教权威学说的顽强斗争,他们以叛逆姿态告白世人:教会的权威不是不可动摇的,没有什么信条不可怀疑,没有什么学说不可改变。人类在天文学和生物医学领域的革命性进展带动了自然科学的全面发展。在物理学领域,牛顿发现了物体运动三定律和万有引力定律,并为经典力学规定了一套基本概念,成为经典力学的集大成者。牛顿发现物体运动三定律和万有引力定律并不是源于对权威经典理论的阐释,而是通过一系列的数学证明和运算而来。他汇集这些证明和数学运算,在 1687 年出版了《自然哲学的数学原理》,这本书被人们公认为是 17 世纪最伟大的科学著作之一。另外,17 世纪科学进步值得称道的成果还有解释几何学和微积分的创立,电学、磁学、热学和光学的研究,化学元素概念的提出,科学的氧化燃烧理论的建立,以及细胞的发现,等等。这些成果分别涉及物理学、数学、化学和生物学等领域。

近代科学革命最重要的意义就在于使科学从神学的禁锢中解放出来,走上独立发展的道路,科学作为宗教神学附庸的地位也就不复存在了。关于 17 世纪科学革命的重大意义,恩格斯在《自然辩证法》中有过高度的评价,他说:"哥白尼的不朽著作在自然科学领域所起的作用,有如路德焚烧教谕那样的革命行为,是自然科学向宗教权威发出的挑战书,也是自然科学借以宣告独立的宣言书。太阳中心说和血液循环理论作为近代科学革命的檄文,犹如两柄利剑,斩断了束缚自然科学发展的宗教枷锁。"①

然而,令人遗憾的是,近代科学革命的成果都是在大学之外取得的,大学在推动近代科学进步上几乎无所作为。相比中世纪大学,17 世纪大学知识体系的基本结构并没有实质性的变化,大学知识仍由文科和法、神、医等专业知识构成,虽然从 16 世纪开始,在知识世俗化的影响下,大学的文科知识增加了体现人文主义精神的古典课程,语言、历史和文学方面的古典人文主义教育成为大学课程的核心内容,但是人文主义知识体系缺乏容纳新知识的缺陷日渐明显,以古典语言为核心的古典人文学科对自然科学知识产生了巨大的阻碍和排斥作用,自然科学在大学依然没有摆脱弱小的附庸地

---

① 恩格斯:《自然辩证法》,中央马克思、恩格斯、列宁、斯大林著作编译局译,人民出版社 1995 年版,第 446 页。

位。例如,在法国,整个17世纪,巴黎大学与中世纪的教学内容与方法相差无几,在欧洲学术中的垄断地位完全丧失,直至大革命中被新兴的资产阶级政府关闭。在英格兰,大学陶醉于绅士的教育与培养,直到17世纪80年代左右,经院主义哲学和古典学科的雄辩术、诗歌、历史、文法等仍然是牛津和剑桥教学的核心内容。① 新兴的自然科学知识一直徘徊在大学门外,"大学本身在科学教育和研究方面并未做多少准备工作"②。从宗教改革到18世纪这段时间,大学的衰退状态持续了一个多世纪。

三、学术活动的困境:历史文献学与科学实验方式的冲突

16世纪,在人文主义的影响下,大学学术活动出现了较明显的复古倾向,一种以文献学研究为特征的学术研究方法在大学里出现了,主要代表人物有伊拉斯谟(1469—1536)、马丁·路德(1483—1546)和约翰·加尔文(1509—1564)等③,他们利用宗教改革运动,进行大规模的古希腊和古罗马的典籍翻译和修订工作,推崇阅读经典著作,崇尚学习古典语言,特别推崇拉丁文中优美文雅的修辞文体。现在看来,历史文献学学术方法本质上是以研读古典文献作为获取知识的主要途径,有两个特点:一是强调大学的学术活动要以研究古代典籍为重点;二是在大学广泛开展古典语言为中心的学术复古运动,强调对希腊语、拉丁语、希伯来语等语言和文法知识的学习。人文主义者把研读历史文献和学习语言文法结合起来,并以此作为学术活动的主要方式。

历史文献学方法的出现与人文主义追求理想人性的知识观念息息相关。一方面经过中世纪的文化禁锢,很少有人能看懂拉丁文和希腊文字,回到诗歌、科学、神学的源头上去,这样人们可以了解事物的本质,要成为一名文明人士,必须得回到事物的源头上去。法国人文主义者吕斯·拉谟斯就认为,在中世纪大学语言是未经训练和粗野的,"正是通过使用原来的语言

---

① 黄福涛:《欧洲高等教育近代化——法、英、德近代高等教育制度的形成》,厦门大学出版社1998年版,第44页。

② J.S.布朗伯利:《新编剑桥世界近代史》第6卷,中国社会科学院世界历史研究所组译,中国社会科学出版社2008年版,第53页。

③ 冯典:《大学模式变迁研究:知识生产的视角》,2008年厦门大学博士学位论文,第72页。

阅读古代和关于圣经的著作,才使得光明进入大学教育"①。另一方面,特定的历史环境也使得古代典籍重见天日获得了良好的机遇。1453 年奥斯曼土耳其人征服了君士坦丁堡,东罗马帝国灭亡被视为中世纪结束的标志。从君士坦丁堡逃出来的学者在欧洲南部得到接纳,他们携带了大量的古希腊古典著作,包括柏拉图的大量作品,如哲学、诗歌、修辞、绘画等经典作品。希腊诗人、历史学、哲学、医学等大量著作被重新发现,使得大学的学术活动获得了丰富的素材。

历史文献学方法的出现有着积极的历史意义。与经院哲学重视"理性"不同,人文主义者反感经院主义纯理论的设问与逻辑证明方法,"提出'语义学—修辞学'的联姻,作为反对'辩证法—经院哲学'的结合的替代"②。伊拉斯谟和拉伯雷就经常挖苦经院哲学"现代派"中最活跃的司各特分子,讽刺他们只知道无休止地为词语的定义绞尽脑汁,拘泥于矫揉造作的分类与再分类;③在历史文献学学术模式的影响下,经院式的学术活动方式逐步被打破,知识活动也开始摆脱亚里士多德"证明科学"的模式,大学学生不再热衷于学习逻辑与辩证法,而是追捧拉丁文的修辞文法、西塞罗对话式的文体,修辞学在大学教学中占据中心地位,因而"15、16 世纪则被称为'西塞罗时代'"④。另外历史文献学方法对于提升当时的大学学术水平也有积极的意义。欧洲虽然经历了 12 世纪的翻译运动,但当时的翻译水平仍十分低下,拙劣的翻译水平蒙蔽了古代经典著作的艺术光芒,而促成经院哲学争论的相当多的问题正是拙劣的翻译水平所导致。所以,恢复古代哲学思想的光辉理性,首先要进行正确的语言学习。历史文献学方法加强对古典语言的学习,特别是古典书面语言的学习,无疑对于正确理解古希腊和古罗马文化的精髓有着积极的指导意义。正如马丁·路德的主要支持者菲利普·梅兰克顿 1518 年在维腾堡大学著名的就职演讲中说:"12 世纪以后,对亚里士多德的作品翻译相当拙劣,而促成这种拙劣的翻译的又是经院哲学的争论。

---

① 希尔德·德·里德-西蒙斯:《欧洲大学史》第 2 卷,贺国庆等译,河北大学出版社 2008 年版,第 12 页。

② 雅克·勒戈夫:《中世纪的知识分子》,商务印书馆 1996 年版,第 132 页。

③ 雅克·勒戈夫:《中世纪的知识分子》,商务印书馆 1996 年版,第 138 页。

④ 希尔德·德·里德-西蒙斯:《欧洲大学史》第 2 卷,贺国庆等译,河北大学出版社 2008 年版,第 29 页。

这两者损坏了大学、教会的道德形象。"①他坚信,人文主义在大学进行改革的首要目标,应该是回归到诗歌、科学、神学的源头上去。这样人们就可以回到事物的本质,直接回到耶稣的智慧上去。

但是历史文献学研究方法很快就不能适应知识演进的需要。17世纪、18世纪,随着自然科学知识的发展,学术活动的主导模式发生了变迁。"数学是17世纪普遍的试金石,在18世纪,数学也不得不给实验方法让路了。"②17世纪出现了很多伟大的数学家,著名的有西蒙·斯泰芬(1548—1620)、弗朗索瓦·维艾特(1540—1603)、加利莱奥·伽利略(1564—1642)、勒内·笛卡尔(1596—1650)等,值得注意的是这些人并不都是在大学中任教的;18世纪实验科学的方法受到重视,弗朗西斯·培根是这一方法的先驱和倡导者,随着著名学者,如化学家罗伯特·玻意耳(1627—1691)、物理学家伊萨克·牛顿(1642—1727)和医师赫尔曼·布尔哈夫(1668—1738)等人的努力,实验方法已经成为获得科学知识的坚实基础,实验方法推动了应用科学的发展。但是这些应用科学是大学之外那些专门学校的基础,如工程学、林学、兽医学和其他学科的专门学校。③ 自然科学的发展需要对自然现象进行定量与精确的研究,需要运用数学和实验为基础的研究方法,把观察、实验作为获取知识的主要方法,通过量化、数学化以及使用可靠的推理过程来获取知识。很明显,以研读典籍和学习语言文法为主要方法的学术活动方式是不能适应科学知识发展的要求的。正如李正风所言:"近代科学革命首先是科学知识生产方式的变革,这种变革主要体现在从'哲学思辨''经验试错'的科学知识生产方式向'实验型'科学知识生产方式转变。"④从一定意义上说,正是因为近代早期大学基层学术组织依然采用历史文献学的学术活动方式,所以近代以数学和实验为基础的科学实验型学术活动方式无法进入大学,也使得大学在近代早期游离于自然科学知识发展的逻辑之外。

---

① 希尔德·德·里德-西蒙斯:《欧洲大学史》第2卷,贺国庆等译,河北大学出版社2008年版,第10页。

② Kuhn, T. S. Mathematical versus Experimental Traditions in the Development of Physical Science. Journal of Interdisciplinary History,1976(7),1-31;The Essential Tension：Selected Studies in Scientific Tradition and Change (Chicago Ill.,1977),31-65;转引自:希尔德·德·里德-西蒙斯:《欧洲大学史》第2卷,贺国庆等译,河北大学出版社2008年版,第47页。

③ 希尔德·德·里德-西蒙斯:《欧洲大学史》第2卷,贺国庆等译,河北大学出版社2008年版,第47—48页。

④ 李正风:《科学知识生产方式及其演变》,清华大学出版社2006年版,第157页。

第四节　大学知识中心的旁落与新型大学基层学术组织的出现

"如果社会不能从原有机构中获得它所需要的东西,它将导致其他机构的产生。"①面临知识发展上的困境,作为大学知识生产基本单位的基层学术组织,知识生产地位被边缘化,逐渐偏离了社会知识产生的中心。为了弥补大学基层学术组织的缺位,近代早期知识发展的责任落在 17 世纪各种学会与科学院的肩上。最早的一批学会建立在意大利,在各类旨在促进自然科学研究的学会中,影响最大的有 17 世纪的英国皇家学会和法兰西科学院。

一、学会与科学院的发展

英国皇家学会的前身是出现在 17 世纪 40 年代的"牛津实验哲学俱乐部",这是一个原本只有 12 名科学家的小团体,因多数居住在牛津而得名。他们因定期聚会而自发组织起来,探讨自然问题和实验知识,并且热衷于引导更多的人去从事科学。这个团体中包括很多著名的自然科学家,如罗伯特·胡克、罗伯特·波义耳等。这种被称为"无形学会"的科学家自组织的互动形式,作为皇家学会正式成立前的非正式组织方式,为皇家学会的成立在组织上奠定了基础。1662 年,"无形学会"改名为英国皇家学会(Royal Society)。英国皇家学会在章程中明确,学会的宗旨是"通过试验手段增益关于自然万物的知识,完善一切手工工艺、制造方法和机械技术,改进各种机器和发明……无涉于神学、形而上学、伦理学、政治学、语法学、修辞学或逻辑学"②。从英国皇家学会的章程就可以看出,学会明显不同于同时代坚守亚里士多德教条的大学组织,它不仅提倡以精确探索自然规律为特征的科学研究,而且充分肯定了实验方法在科学知识生产中的中心地位。

英国皇家学会网罗了那个时代有影响力的科学家并取得了一些令人瞩目的成就,牛顿就是其中最有影响力的代表人物之一。不过,由于皇家学会没有得到固定的经费支撑,科学成就的取得完全取决于科学家的个人努力,因此 18 世纪以后,英国皇家学会就迅速地衰落了。

---

①　伯顿·克拉克:《高等教育新论——多学科的研究》,浙江教育出版社 2001 年版,第 35 页。

②　华勒斯坦等:《开放社会科学——重建社会科学报告书》,刘锋译,生活·读书·新知三联书店 1997 年版,第 4 页。

另一个重要的科学组织是法兰西科学院（L'Institut de France）。法兰西科学院起源于17世纪中叶时巴黎一群哲学家和数学家的非正式聚会，在这一点上十分类似英国皇家学会。与英国皇家学会不同的是，法兰西科学院从创立之初就得到了法兰西国王的支持。院士可以得到国王的津贴，院长由国王委派，院士也由国王审批。法兰西科学院成为政府成建制化支持科学知识生产的一种制度创新。在国王的支持下，法兰西科学院以国家需要的科学研究著称，许多院士都是学术界的重要人物，他们开展了大量很重要的科学探索，如金属的燃烧、动植物科研、纯数学研究、应用力学试验等，从而极大地推进了法国科学的发展。

英、法两国的皇家学会在自然科学上的杰出表现引起了很多国家的效仿。例如，德国在1700年成立了普鲁士科学院，俄国在1725年成立了彼得堡科学院等。此外，还有其他一些国家和城市成立自己的科学协会。科学协会迅速成为重要的科学知识生产建制，它们的出现对于促进自然科学知识发展，加速自然科学知识独立产生了重要的影响：一方面科学家们所进行的研究，分清了自然知识跟其他知识的界限，也就确立了科学知识日后专门化的可能性；另一方面，科学家们开展研究所运用的方法也发生了深刻变化，"不再是经院论争而是'实验哲学'"[1]，这极大地推动了人类认知方式的分化。

各类科学社团在17世纪、18世纪的兴起表明，科学知识已经不能通过大学组织来实现制度化的目标，科学社团成为大学组织的替代品，成为科学知识制度化的场所。正如科学史专家洛伦·格雷厄姆所指出的："在西欧，这些形形色色的学会和科学院有一个共同的特点，即他们的创建是与大学针锋相对。"[2]虽然大学组织忽视科学知识在一定程度上影响了科学的发展，但是科学并不会因为大学的排斥就停滞不前，最终受损的是大学而不是科学。在这样的背景下，大学迫切需要在基层学术组织层面进行积极的制度调适，为科学知识在大学实现制度化提供场所。

二、新制度的尝试：近代早期苏格兰大学的基层学术组织

尽管近代早期被称为是欧洲大学的黑暗时代，但是新的制度变革还是

---

① 华勒斯坦等：《学科·知识·权力》，刘健芝等编译，生活·读书·新知三联书店1996年版，第16页。

② 洛伦·格雷厄姆：《俄罗斯和苏联科学简史》，叶式誴、黄一勤译，复旦大学出版社2000年版，第13页。

在黑暗中发生了。不过变革并没有发生在英格兰、德国、法国等高等教育体系中相对核心的区域,而是发生在苏格兰这样一个高等教育相对落后的地区。新制度运用少数教授负责单门学科的做法取代传统的每个人都负责全部学科的全科导师制。这种新的教学组织方式被伯顿·克拉克认为是"对知识的发展具有极大的影响"①,对推动大学基层学术组织的变革也产生了深远的意义。

近代早期的苏格兰是一个经济相当落后、人口稀少的地区,高等教育起步很晚,直到 15 世纪才先后成立了圣安德鲁斯大学、格拉斯哥大学和阿伯丁大学,16 世纪成立爱丁堡大学。但是这四所大学成立后,大胆创新课程设置和教学方式,使得大学学术水平异军突起,在医学教育和生物学、化学、历史哲学领域发展闻名遐迩,像牛顿的学生、19 岁当数学教授的科林·劳林,医学界的约瑟夫·布莱克,哲学界的弗兰西斯·哈钦逊、大卫·休谟,历史学界的威廉·罗伯逊,道德哲学的亚当·斯密等各科教授,都把自己的学科发展到使苏格兰成为欧洲思想启蒙先锋这样的高度。因此,甚至有学者将苏格兰看成是"近代自然科学和社会科学的诞生地"②。

近代早期苏格兰地区大学的异军突起并不是偶然现象,原因在于苏格兰大学在 16 世纪末就开始尝试运用少数教授负责单门学科教学的做法,在数学、天文、法律、医学、人文学科(古典科目)、自然哲学(自然科学)、道德哲学(社会科学)等领域设立单独讲座,一定程度上破解了古典大学基层学术组织的知识困境,为新知识进入大学提供了制度化的场所。

苏格兰大学创建之初,主要效仿巴黎大学和牛津大学,属于欧洲中间模式的大学,其内部组织是学部与学院并存。学部按照学科设立,承担教学组织的职能;学院主要提供教学活动场所和经费。例如,早期的圣安德鲁斯大学划分了神学、民法、教会法、医学和文科等五个学部。刚开始圣安德鲁斯大学并没有任何官方建筑,1419 年由于蒙特罗斯的罗伯特(Robert of Monstrose)捐赠,圣安德鲁斯大学才获得南街(south street)的一批建筑,被称作

---

① 伯顿·克拉克:《高等教育新论——多学科的研究》,王承绪等译,浙江教育出版社 2001 年版,第 37 页。

② 伯顿·克拉克:《高等教育新论——多学科的研究》,王承绪等译,浙江教育出版社 2001 年版,第 36 页。

圣约翰学院。①

由于苏格兰经济相当落后、人口少，英格兰大学那种发达的学院制度在苏格兰并没有发展起来，格拉斯哥大学和阿伯丁大学在最初时期都只有一所学院，圣安德鲁斯大学这时候也只有两所学院。而且由于缺乏足够的师资，苏格兰大学的学部也没有完整地发展起来，只建有神学和文学两个学部。这种情况使得苏格兰大学中的学院和学部有时是融合的，并在教学上产生了一种独具特色的讲师制。

何谓讲师制，简单地说就是在苏格兰大学中，文科学部的讲师（regent）轮流担任学生四年的大学课程讲授任务，学生在大学里的所有课程都是由一名讲师讲授的。讲师（regent）原本来源于基督教会，中世纪基督教会的做法是讲师轮流每周一次承担特定的宗教和纪律方面的责任。苏格兰大学由于财力和生源的限制，允许很小年龄的学生入学，讲师不仅要承担宗教和纪律方面的责任，而且要面对一组学生教授四年所有的课程。由于缺教师，学生年龄小，讲师成为苏格兰大学唯一的教学人员，他们的工作不限定在管理上，而且还要承担学生四年完整的课程教学，这种安排在欧洲大学是不存在的。讲师制一方面适应了苏格兰大学教学人员不足，学生年龄小需要教师始终如一指导的实际情况，另一方面也是造成苏格拉大学学术水平低的一个因素。

宗教改革以后，新教提倡人人都能接受教育，推动了大学世俗化的进程。苏格兰大学率先回应这种变化，设立了一些新兴学科，主要包括加强对古典语言和修辞文学知识的学习，以及对实用知识的学习。例如，"1577 年格拉斯哥大学就规定，第一年学习希腊语和修辞学，第二年学习哲学、逻辑，第三年学习数学代数和几何；第四年学习自然观测、地理学和天文学。爱丁堡大学还率先设立医学讲座，进行内科学和外科学的学习。"②随着知识范围的扩张，全能学科教师制度受到挑战，讲师制被专科教授所替代成为历史发展的趋势。当然，专科教授制度的建立并不是一蹴而就的，回顾历史，专科教授制从萌芽到建立确实经历了一个长期反复的过程。

1640 年，在格拉斯哥大学有一次非常引人注目的任命：以前，四年的神学课程一直是首席讲师本人的职责，但这一年，格拉斯哥大学任命了一名神

---

① Cant, R. G. The University of St Andrews: A Short History. Edinburgh: Scottish Academic Press, 1970: 14.

② 张薇:《苏格兰大学发展研究》, 2002 年河北大学博士学位论文, 第 63 页。

学教授(professor)。一名教师讲授一个固定学科的做法在当时是相当新奇的,这可以说是格拉斯哥大学的第一个"讲座席位"(chair)。此后,虽然有进一步建立讲座席位的建议,但却一个都没建立起来。原因是资金缺乏以及讲师制在1642年的恢复。在1691年之后的半个世纪里,格拉斯哥大学总共设立了11个新讲座。

梅尔维尔是推动苏格兰大学以教授制替代讲师制的重要人物。他主政格拉斯哥大学期间,坚决取缔讲师制。他要求每个教师专攻一门学科,因为只有这样才能提高教师的学术水平。梅尔维尔对苏格兰的高等教育贡献巨大,因为正是他坚决推行专科讲师制度(教授制的前身),才"开启了在苏格兰所有四所大学进行重大改革的一个时代"。不过,梅尔维尔的目标经过了很长一段时间才在所有的苏格兰大学里得到实现。直到18世纪初期,讲师制才在爱丁堡、格拉斯哥、圣安德鲁斯、阿伯丁大学分别被取缔。

苏格兰大学用1名教授负责1门学科,再根据教授设立单独讲座的做法,不仅成功地提升了大学的学术水平,而且对大学基层学术组织变革的影响是深远的。正如著名高等教育史专家哈罗德·珀金所言:"苏格兰的教授制——它强调系科知识的发展——却对其他地方(尤其是英格兰和美国)的新兴大学产生了深远的影响。"①

第五节　本章小结

16世纪到18世纪是大学基层学术组织的形成期。欧洲大学在世俗力量的推动下,大学的数量和学生人数发生了明显增长。随着规模的扩大,为了适应管理的需要,在学院和学部这两大基本组织之上产生了校一级的组织,以协调日益复杂的办学行为。这个时候,大学基层学术组织才开始真正形成了,学院和学部分别成为教师大学和学院大学这两大大学模式的基层学术组织。16世纪到18世纪同时也是新知识、新科学出现的重要时期,经过文艺复兴雨露的滋润,哲学与自然科学以及史学和人文科学迅速成长,但是大学对文艺复兴的成果进行了折中吸纳,文法修辞知识和古典语言知识,逐渐与旧的经院主义课程一起在大学中占据了主要位置,自然科学在大学

---

① 伯顿·克拉克:《高等教育新论——多学科的研究》,王承绪等译,浙江教育出版社2001年版,第37页。

中的地位是依附性的。自然科学知识作为知识的新形态，绝不仅仅是科学知识体系的出现，包含着科学知识观念和科学知识生产方式的变革。大学基层学术组织未能在制度层面实现对自然科学知识价值的肯定和科学实验型学术活动方式的认同，致使在大学组织之外，出现了学会与科学院的新的组织形式，大学的知识中心地位遭受前所未有的动摇，大学的发展也进入黑暗时期。不过，在苏格兰这个原本属于欧洲高等教育系统边缘的地区，新的基层学术组织制度正在酝酿，为19世纪大学基层学术组织制度的基本成型奠定了基础。

第四章　19 世纪大学基层学术组织：
讲座制与学系制

与 18 世纪大学逐步淡出知识中心地位不同,19 世纪知识的发展主要是在大学里进行的,大学基层学术组织在 19 世纪发展的首要任务就是要适应知识发展专门和知识活动专业的趋势。19 世纪的大学发生了一系列变革,例如科学知识的教育价值在大学里得到认可、科学研究职能正式确立、实验科学进入大学,更为重要的是,大学建立了较为完整的创新知识和培养创新知识人才的制度结构,这些对于大学的知识发展具有革命性的意义,正是通过这些变革,大学重新获得了知识发展的中心地位,大学基层学术组织也改变了沉睡千年的状态,创造出了新的组织形态,积极容纳新的知识观念、知识体系和学术活动,较好地实现了推动大学知识发展的任务。

第一节　科学知识观念进入大学

经历了 18 世纪的工业革命,科学技术迅猛发展极大地改变了世界面貌。与之形成鲜明对比的是,大学依然从事古典人文主义知识为核心的教育。大学教育的保守和落后,促使人们对什么样的知识最有价值这样的核心问题进行思索与探求。由于保守势力的干扰,科学知识观念进入大学费尽周折。在 19 世纪早期,以洪堡为代表的德国大学改革者对古典人文主义思想进行修正,提出了"因科学而修养"的观点,提倡用科学探索的方式改革大学传统保守的教学课程与方式;到了 19 世纪中期,随着自然科学的进步逐渐成为社会生活的必需,强调科学知识和重视自然科学教育已成为时代精神，在古典教育传统势力强大的英国，爆发了一场关于科学教育与古典教育的争论。

一、洪堡的新人文主义理想

洪堡(1867—1835)，在19世纪初普鲁士改革时期，担任了一年多普鲁士教育主管人。他在短暂的任职期间，促成了柏林大学的建立，由此开创了德国大学史上的一个新的时期。洪堡对大学的贡献集中体现在他所持的新人文主义理想上，他的新人文主义理想影响了柏林大学的建立与发展。洪堡所处的时代，德意志还处于分崩离析各邦割据的状态，在启蒙思想和法国大革命的影响下，德意志民族意识开始觉醒，特别是耶拿战役后，普鲁士的战败更加刺激了德意志民族情绪，加强了德意志进行社会军事改革拯救民族危机的决心。19世纪初德意志大学的改革就是诸多改革的一环。虽然哈勒和哥廷根大学在18世纪就率先启动改革，运用德语替代古典拉丁语进行教学，开始传授自然科学知识，开启了德意志大学由近代向现代转型的进程，但从整体上看，德意志大学仍处于危机之中，一些大学依然坚持使用传统的拉丁语进行教学，传递的是关于信仰的传统知识，这引起了新兴市民阶层的强烈不满。这样在民族危机和自身危机的双重冲击下，许多大学纷纷关闭。"从1792—1818年间，有半数以上的德国大学被迫关闭，幸存的大学也面临着极大的困境，进一步的改革势在必行。"①在这样的背景下，以洪堡等为代表的大学改革派利用新人文主义理想对大学教育进行改造。

新人文主义起源于宗教改革的北德意志，与15世纪意大利文艺复兴提倡的人文主义共同之处在于两者都崇尚古代文化，不同的是，新人文主义更加推崇古希腊文化中理性精神，而意大利文艺复兴则相对偏好古罗马文明中的生活方式。如鲍尔生所言："第一次文艺复兴运动所瞩目的是恢复古代罗马的世界，认为奥古斯丁的岁月是应该复活的伟大时代。这第二次文艺复兴运动则把雅典文学和艺术以及雅典哲学和雄辩术的辉煌岁月视为黄金时代……新人文主义一项基本任务就是论证德国人和希腊人在精神生活上面具有密切关系。"②新人文主义兴起于18世纪后半期，盛于18世纪末和19世纪初，将新人文主义理想贯穿到大学教育中，是由洪堡等人完成的。正如有学者所言："新人文主义在18世纪最后十年逐渐取得支配地位，它对大学

---

① 贺国庆：《德国和美国大学发达史》，人民教育出版社1998年版，第36页。
② 弗·鲍尔生：《德国教育史》，滕大春、滕大生译，人民教育出版社1986年版，第111页。

的贡献最终体现在柏林大学的改革之中。"①

第一,"科学"与"修养"相统一。洪堡等人在创建柏林大学时提出了"由科学而修养"的原则,把人文主义的修身理想与大学科学活动结合起来。"修养"是新人文主义的一个核心概念,一般而言,修养是指人的天赋和能力发展。如何实现"修养"是新人文主义关注的首要问题。洪堡的贡献在于,他把科学看成是个人实现修养的介质,系统地阐述了科学知识和学术训练与提升个人修养的关系。洪堡思想的光辉之处在于他指出人文精神只有在大学、在自由的科学与学术研究中才能完成,并由此提出了学术自由与教学科研相统一的原则。需要指出的是,洪堡所言的"科学"是古希腊理性传统下的"纯科学",是不求实际功利目标的,建立在数理基础上的"新哲学",并不包括现代科学中以实践和经验为基础的自然科学,"修养则只能在纯科学活动中获得,任何旨在满足社会实际需要的专门性知识,只会让人趋于庸俗,背离修养的方向"②。

第二,"自由"与"寂寞"相统一。洪堡从大学是从事纯科学的机构这一核心观念出发,认为大学的组织原则应建立在纯科学的观念之上。根据纯科学的要求,大学的基本组织原则有二:一是寂寞;一是自由。在洪堡看来,自由和寂寞是支配纯科学活动最基本的原则。寂寞意味着大学的学术活动不为政治、经济社会利益所左右,旨在强调大学学术活动的自主性和独立性。自由包括教师的自由和学生的自由。教师的自由是指教师在寂寞和悠闲中从事其学术活动而不受国家的管束,不受社会种种利益的牵制,完全服从科学的内在要求,自由自在地进行科学探索;学生的自由是指学术是大学生与教师的共同任务,大学生应自主地从事其科学思考,可以接受教师的指导,与教师共同研究,也可独立从事研究,师生共同探究科学问题才是最好的学习形式。

显然,洪堡的新人文主义理想有其明显的局限性。在洪堡看来,科学只涉及纯粹的知识,无关乎实用,几乎等同于哲学。洪堡所言的科学与19世纪德国大学所发展的科学在内涵上有着很大的差别,事实上在19世纪30年代以后,德国大学的自然科学水平已经在当时的世界上处于领先水平,因此我们可以断言,洪堡的新人文主义理想并没有完全在德国大学中实施,但是洪堡所提倡的"科学"与"修养"以及"自由"与"寂寞"的原则,对于破除古

---

① 贺国庆:《德国和美国大学发达史》,人民教育出版社1998年版,第37页。

② 陈洪捷:《什么是洪堡的大学理想》,《中国大学教育》2003年第6期。

典知识在德国大学教育中的垄断地位发挥了积极作用,也为后来德国大学科学教育的兴起和以经验和实证为基础的科学知识进入大学铺垫了道路。

二、英国大学关于科学教育的争论

科学教育与古典教育的论战是19世纪大学知识观念转型的重要表现。在英国,这场争论从三四十年代开始,一直持续到19世纪末。实际上,随着近代科学和科学教育的发展,围绕科学教育与古典教育的争论在整个欧洲都存在,只是由于英国的国情特殊,英国大学内部关于科学教育价值的争论最为激烈,因此具有代表性。

英国是第一次工业革命的发源地,机器化大生产极大地密切了科学技术与社会生产生活的关系,与此同时,英国自然科学本身也取得了世人瞩目的成就。在自然科学领域出现了具有决定意义的三大发现,能量守恒和转化定律、细胞学说、进化论。但是这些成就的取得与大学教育都没有任何关系,牛津、剑桥两校依然排斥自然科学,陶醉在传播古典自由知识的传统之中。有资料显示,在19世纪前半期的牛津大学,"在课程方面,除古代希腊柏拉图和亚里士多德的哲学体系外,不教近代哲学;除了阅读希罗多德和塔西佗撰著的历史书籍外,也不教近代史;拉丁文和希腊文是唯一学习的语言;尽管教数学,但对自然科学却是忽视的"[1]。阿什比因此也评价说:"这一时期,牛津大学的绝大多数课程甚至与14世纪的教学内容没有什么区别,仍以古典人文主义教育为中心。"[2]

牛津和剑桥大学之所以顽固地坚持古典人文主义教育传统,在很大程度上是因为古典人文主义的知识观念依然在大学中占据统治地位,大学学术活动的至高目的是心智训练,进行心智训练的最好手段是学习古希腊和罗马的语言、文学以及历史等古典学科知识。应该说在19世纪的上半期,在英国社会内部,要求大学改革传统保守的教学内容、开展科学教育的呼声不绝于耳。例如,1809—1810年,艾吉沃兹(R. L. Edgeworeh)和史密斯(S. Smith)等人在《爱丁堡评论》上发表了一系列评论,对牛津、剑桥两校坚持古

---

① 单中惠:《试析十九世纪英国科学教育与古典教育的论战》,《清华大学教育研究》2000年第2期。

② 单中惠:《试析十九世纪英国科学教育与古典教育的论战》,《清华大学教育研究》2000年第2期。

典人文主义课程的做法进行了尖锐批评。① 针对《爱丁堡评论》上的批评文章,维护古典教育传统的保守派进行了强硬回击,纽曼无疑是其中最有力的捍卫者。纽曼在 1833 年曾参与并领导了著名的牛津运动,重新坚持古代尤其是古代希腊罗马时代的理念。他在《大学的理想》一书中继续鼓吹古典知识学习的重要性,他反对专业知识学习,反对大学开展科学研究,认为"知识是一种心智状态和条件",强调"知识本身即为目的",学习知识仅仅是为了培养理性即"为知识而知识的理性"。② 纽曼所阐述的观点在 19 世纪英国被看成是古典教育思想的主要代表。

正是由于纽曼等古典教育保守派的影响,直到 19 世纪中期,英国大学仍以古典知识学习为基础。英国大学浓厚的保守气氛,使得英国大学的教育水平与同一时期德国大学的差距渐行渐远。一位德国教育观察家在 1843 年考察英国教育后曾这样写道:"我们的大学培养了一些科学方面的学者或者参与实际生活的人士……相反,英国的大学仍然满足于它们自己国家生活中产生的最初的和最有特色的花朵,即一种受过良好教育的绅士。"③

针对纽曼等人排斥自然科学的主张,不少科学家和教育学者在 19 世纪五六十年代再次给予猛烈回击,尖锐地批评古典教育,重视科学知识和提倡科学教育,从而掀起了科学教育运动。其中,英国哲学家和教育家斯宾塞、生物学家和教育家赫胥黎是最杰出的代表。1859 年,斯宾塞发表的《什么知识最有价值》使这场论争达到了高潮。在这篇论文中,斯宾塞从"为完善生活作准备"的价值目标出发,论证了科学知识的价值。他把人类生活区分为五种活动,分别为维护生命健康、谋生、教育抚养子女、参与社会活动、爱好和情感活动,并逐一分析科学知识的重要作用,从而得出:"什么知识最有价值? 一致的答案就是科学。这是从所有各方面得到的结论。"不仅如此,斯宾塞还对学校教育排斥自然科学的做法提出了强烈的批评。他论证了科学知识在理智和道德训练方面的价值也优于古典知识,并提出了一个容纳自然科学、社会科学知识的课程体系,从根本上否定了以古典语言为主的古典

---

① 单中惠:《试析十九世纪英国科学教育与古典教育的论战》,《清华大学教育研究》2000 年第 2 期。

② 约翰·亨利·纽曼:《大学的理想》,徐辉、顾建新译,浙江教育出版社 2001 年版,第 2—3 页。

③ 单中惠:《试析十九世纪英国科学教育与古典教育的论战》,《清华大学教育研究》2000 年第 2 期。

课程体系的作用；在教学方法上，提出来三原则（自然教学原则、快乐教学原则、自我教育原则），他根据上述三条原则，提出了归纳法、观察法、实物教学法、实验法和启发式教学方法，所有这些方法都是与死记硬背的注入式教学方法和强制教育相对立的。因此有学者认为斯宾塞是"对传统的古典主义教育抨击最强烈的，对什么知识最有价值这个问题回答最明确"的人。与斯宾塞激进的观点所不同，赫胥黎并没有一味地排斥自由教育，而是提出了新自由教育观。赫胥黎重点论述了科学教育与心智训练之间的关系，认为科学方法具有心智训练的功能。他说："科学教育的最大特点，就是使心智直接与事实联系，并且以最完善的归纳方法来训练心智，也就是说，从对自然界直接观察而获知的一些个别事实中得出结论。由于科学教育具有这样重要的特点，其他任何教育是无法替代它的。"[①]

这场争论一直持续了将近半个世纪，到了19世纪后半叶，科学主义教育终于为英国的大学所接受，牛津、剑桥等古典大学相继增设了自然科学的学科知识。

第二节　学科制度化与大学知识演进的学科逻辑

科学知识观念进入大学后，自然科学知识的合法性在大学里得到确立，新知识的出现不仅改变了中世纪以来大学以经院知识和古典知识为主的知识结构，同时还催生了大学学科制度的成熟。由此，学科制度化成为大学知识演进的基本逻辑，基层学科组织也成为大学学术活动的基本单元。

一、学科制度的成熟

学科制度化是19世纪大学知识演进最显著的成果，同时也对大学知识演进的逻辑产生了重要影响。学科制度的成熟与大学基层学术组织的演变是交织在一起的，研究19世纪大学基层组织与知识演进之间的关系必须要从学科制度的成熟讲起。

学科的基本含义是分门别类的知识，这是学科最广义的解释。对学问和知识进行分类是人类认知能力的有限性与知识范围的无限性之间矛盾所

---

① 托马斯·亨利·赫胥黎：《科学与教育》，单中惠译，人民教育出版社1990年版，第87页。

致。为了便于对知识管理和保证人类认知活动的正常开展，人类很早就进行了各种知识分类方法的尝试，例如古希腊时期哲学就被分为逻辑、物理和伦理三个方面，中世纪文科七艺（语法、修辞、辩证、算术、几何、天文、音乐）涵盖了当时人类的全部知识。从这个意义上说，学科早在大学产生之前就已经存在。学科第二层含义是指大学学科，即狭义上的"学科"，是指大学里以分门别类的知识为基础来组织教学、科研工作的基本单位。就这层含义而言，学科与大学基层学术组织关系紧密，在学科逻辑是大学知识演进的唯一逻辑时，基层学科组织就是大学的基层学术组织。另外，从社会学的角度来看，学科还有第三层的含义，即对知识活动主体的规范。有学者对学科的西文词源进行了分析，"学科"在英语中的词形为"discipline"，主要含义包括如下：(1)（智力的、道德的）训练、训导；(2)纪律；(3)处罚、惩罚；(4)学科、（大学里的）科目。在法文、德文以及拉丁语中，"学科"一词都有类似的含义。[①] 事实上，学科对于知识主体社会关系的重构功能一直被知识社会学的学者所关注，法国哲学家米歇尔·福柯关于知识权力关系的论述，也加深了我们关于学科制度属性的认识。

通过上述三层含义的综述，学科既是专门化的知识形态同时也是规约知识主体的一种知识制度。作为知识制度的学科在19世纪获得成熟，其重要标志在于19世纪形成了生产新知识和培养知识创造者的制度结构。正如华勒斯坦所言："19世纪思想史的首要标志就在于知识的学科化和专业化，即创立了以生产新知识、培养知识创造者为宗旨的永久性的制度化机构。"[②]为何这两项制度结构在19世纪能够成熟，根据华勒斯坦的分析，这是因为研讨班、实验室、课室等三种知识规训的制度形式分别在18世纪的下半叶得以出现并逐步成熟。这三种教育实践形式，不仅分别促成了一些新的人文学科、自然学科和社会学科的诞生，形成了诠释性理论、自然科学和社会科学的研究范式，而且培养了学科新人。[③]

学科制度与大学学术活动关系密切。学科制度成熟的三种制度性场所都发轫于大学，例如研讨班1737年始于德国大学，实验室1780年间始于法

---

① 鲍嵘：《学科制度的源起及走向初探》，《高等教育研究》2002年第4期。

② 华勒斯坦等：《开放社会科学——重建社会科学报告书》，刘锋译，生活·读书·新知三联书店1997年版，第9页。

③ 华勒斯坦等：《学科·知识·权力》，刘健芝等编译，生活·读书·新知三联书店1999年版，第58页。

国大学,课室 1760 年始于苏格兰的格拉斯哥大学;不仅如此,学科制度成熟所需的生产新知识和培养知识创造者的制度结构也是与大学培养人才和发展科学两种职能相交叠的。因此,我们也可以认为大学学科制度化与学科制度的成熟是同步进行的。在后面内容中,我们将回顾讲座制度与大学科学研究制度化的过程。讲座制确立了大学教学和科研相统一的制度结构,促进了大学学科制度的成熟。

二、大学知识演进的学科逻辑

学科制度成熟以后,学科的制度化对大学知识演进产生了重要的影响。齐曼等人认为,学科制度的成熟使得大学知识活动步入"学院科学"的阶段。齐曼对学院科学的特征进行详细描述,其中的主要观点建构出了大学知识演进学科逻辑的基本内涵。

第一,知识导向的纯科学。齐曼认为,在学院科学中,知识生产主要是以知识自身进步为主要的考量。科学研究主要基于学术的考虑,而不是基于应用的考虑。判断科学家贡献的大小主要是以推进科学知识进步作为主要的评价指标,因此学院科学有时也被称为"纯科学"。"纯科学"并不排斥应用,科学家研究的问题很多也是从实际的问题出发来考虑。但是在"纯科学"模式下,大学反对从社会功利和应用出发来研究问题,这主要体现在研究问题和研究方法的选择上。洪堡就认为,大学的知识生产是为了获得最纯粹的知识,因此医学教授是不允许去看病人的,工程技术知识也不允许进入大学课程。由于坚持"纯科学"模式,大学知识生产与应用处于二元对立状态,大学生产的是"公共知识",公共知识是指全体社会成员所共同拥有的知识,公共知识一般不考虑或较少考虑应用的目标,解决实际问题所需要的知识往往是由产业部门或其他用户从"公共知识"中提取。

这一时期大学知识生产与应用的分离关系被后人用线性模式来表示。二战之后,美国著名科学家万尼瓦尔·布什起草了著名的教育政策报告《科学——没有止境的前沿》,对于科学与政府之间的契约关系进行了理论化的阐述,其中在谈到基础研究与应用研究的关系时,布什提出了著名的知识生产与应用的线性模型,我们把它称为布什线性模型(见图 4-1)。

布什线性模式主要蕴含了两点内容:一是基础研究是应用研究的源泉,忽视基础研究,技术进步将最终停止。"基础研究是技术进步的先行官……从事基础研究的科学家对他的工作的实际应用可能完全没有兴趣,但是如果基础研究长期被忽视,工业研制更大的进展将最终停止。"①二是基础研究对于应用研究的积极作用是单向度的,反之的作用则是消极的。"除非制定审慎的政策来防止这一点,否则,在结果的压力下,应用研究总是要排斥纯科学的研究的。"②

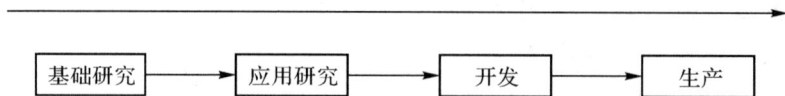

```
基础研究 ──→ 应用研究 ──→ 开发 ──→ 生产
```

图 4-1　布什线性模型③

第二,大学的知识活动以"学科知识"的形式出现。齐曼认为"科学实际上不是作为成千上万的个体科学家的单一共同体而运行的。它不仅根据学术的权威性分层,而且还可以细分成学科专业"④。这种学科知识模式,塑造了知识共同体内部的组织结构,在这样的结构中,科学共同体内部分解为不同的专业共同体。库恩所言的"科学共同体"就是专业知识共同体,在共同体内部的知识分子往往具有共同的知识背景,会形成比较充分的交流。因此在学科逻辑下,大学知识生产的分工主要是按照所研究的对象的特点展开,即主要表现为基于研究对象差异的学科分工,而学科知识又是以学科内部进一步分化为"二级学科"和不同学科下的专业方向为主要特征的。关于学科制度化的步骤,萨克雷和默顿曾作过如下概况:学科的制度化是指处于零散且缺乏独立性的一个研究领域转变为一门独立的、组织化了的学科的过程。确定学科的基本问题,学科研究方法成熟获得认可,学术规范的确立以及学术话语体系的形成。⑤ 一门知识产生以后,能够顺利地学科化,就意味着它已经被大学所接纳,纳入大学的知识体系中。学科制度化是知识在大学获得合法性的重要标志。由于学科的制度化,每一个学科都试图确定自己同其他学科的界限,学科自由意识因而加强,以学科为基础的学术共同体开始出现,并逐渐向下延伸分裂为多个亚层,形成新的更加细小的知识领

---

① 万尼瓦尔·布什:《科学——没有止境的前沿》,范岱年译,商务印书馆 2004 年版,第 63 页。

② 万尼瓦尔·布什:《科学——没有止境的前沿》,范岱年译,商务印书馆 2004 年版,第 159 页。

③ 李正风:《科学知识生产方式及其演变》,清华大学出版社 2006 年版,第 249 页。

④ 约翰·齐曼:《真科学》,曾国屏等译,上海科技教育出版社 2002 年版,第 59 页。

⑤ 朴雪涛:《知识制度视野中的大学发展》,人民教育出版社 2007 年版,第 135 页。

域。新的知识领域形成后，又努力确立各自不同的内容体系和方法体系，并努力在大学里获得独立的学术建制。如此循环往复的结果是，大学知识的版图不断扩张，大学知识体系专门化和精细化的水平也在不断提高。事实上，人类知识体系发展演变的历史也印证了大学知识学科化发展的逻辑。按照华勒斯坦、威尔逊、克莱恩等知识社会学家的观点，18世纪末自然哲学断裂成为各门独立自然科学，现代诸学科正式诞生。从19世纪中期开始，社会科学诸学科（经济学、社会学和政治学等）从道德哲学中分化出来，而人文学科作为被排斥在自然科学和社会科学之外的学科总称，是在20世纪初期逐步独立形成的。① 因此现代诸学科的形成大致在20世纪20年代基本完成。这些学科的产生都经历了知识分化和学科建制形成的过程。通过一系列复杂的社会互动，学科最终得以通过大学系科等学科组织的形式完成了制度化的过程。知识分化对推动知识体系发展有重要意义，知识分化提高了知识生产的专门化程度，从而使得知识生产和传播的效率大大提高，也提高了知识的精细化程度。德国社会学家马克斯·韦伯这样评价道："科学已经进入一个先前所不知道的专业化阶段，并且这种情形将永远保持下去。"②

第三，基层学科组织成为大学学术活动基本单位。齐曼认为，"大学和其他学术机构的组织管理，主要取决于它们按照学科边界细分或院、系的方式。"③"学院科学"是以学科边界划分组织建制的，学科不仅为大学学术活动提供了基本的"工作材料"，同时也是大学组织教学、科研等活动的基本单位，正如伯顿·克拉克所说："学科明显是联接化学家与化学家、心理学家与心理学家、历史学家与历史学家的专门化的组织方式"，高等教育系统是由学科和院校纵横交错组成的矩阵结构，并且"主宰学者工作生活的力量是学科而不是所在院校。"④因此，在学科制度化的条件下，大学的学术活动都是以学科面目出现的，"学科"与"大学学术组织"也经常被视为同义语。而且在学科组织与大学学术组织产生的逻辑关系上，"先有学科的出现，然后才

---

① 有关内容可参见：华勒斯坦等：《学科·知识·权力》，刘健芝等编译，生活·读书·新知三联书店1999年版，第16页；威尔逊：《论契合：知识的统合》，生活·读书·新知三联书店2002年版，第52页；朱丽·汤普森·克莱恩：《跨越边界——知识、学科、学科互涉》，姜智芹译，南京大学出版社2005年版，第40—41页。

② 马克斯·韦伯：《以科学为业》，冯钢利译，华夏出版社1999年版，第7页。

③ 约翰·齐曼：《真科学》，曾国屏等译，上海科技教育出版社2002年版，第59页。

④ 伯顿·克拉克：《高等教育系统——学术组织的跨国研究》，杭州大学出版社1994年版，第33—35页。

有一个专业，一个系，一个学院；而不是先有学术组织，然后才发展一个学科"①。当学科成为学术组织分工的基础时，基层学科组织与大学基层学术组织也就合二为一了。

第三节　讲座制与大学学科的制度化

第一个成熟的大学基层学科组织是制度化的讲座组织。1809年，柏林大学在学部下面设立由讲座教授主持的研究所，并通过制度化的途径使得讲座成为德国大学最基本的教学科研单位。讲座制度确立与完善标志着现代大学学科制度的成熟，也开启了大学学科制度化的进程。回顾这段历史，我们可以进一步认识基层学术组织制度的成熟与大学知识演进之间的互动关系。

一、讲座制的由来

在研究文献中，似乎很少有人对讲座制来源进行专门的探讨，其实"讲座"的称谓由来已久，早在中世纪大学就已经存在。为探究讲座制度的来源，我们有必要回溯历史。

从词源的角度来说，大学里的讲座来源于中世纪基督教会。在中世纪时，讲座原指基督教主教布道专用的座椅，基督教会中高级牧师的职位。大学成立后，大学借用了教会名称用以指代教师授课的座椅，并隐喻着具有教学资格的职位。② 中世纪大学没有固定的教学场所，所谓大学也仅仅是学生围绕学者而形成的行会组织。我们从现在流传下来的中世纪大学教学场景图中，经常可以发现教师授课时坐在带有靠背的椅子上，而学生只能坐长凳或者席地而坐；只给教师配备座椅体现出了大学对学术教职的尊重，也是行会组织中等级制度的体现。因此，讲座在中世纪大学就已经存在，但那时讲座既不是一项基本的学术制度安排，也不是大学基层的学术组织，而是指代大学教师职位的一个称谓。

文艺复兴以后，大学讲座制逐渐形成。在此过程中，有两项制度对讲座制度的形成发挥了关键作用，一是分科教学制度，二是讲座教授制度。因为

---

① 朴雪涛：《知识制度视野中的大学发展》，人民教育出版社2007年版，第141页。
② 胡钦晓：《大学讲座制的历史演变及借鉴》，《现代大学教育》2010年第6期。

从 19 世纪德国大学讲座制度的内涵看,讲座制首先是一种新型的大学学术制度安排,在讲座中大学采用与中世纪和近代早期大学所不同的教学方法,使科学研究与人才培养相统一,形成了知识生产和再生产稳定的制度结构;另外,讲座制是围绕讲座教授开展教学科研活动的大学学术组织,在这样的组织框架下,大学学术资源是按照讲座教授的学术偏好来进行配置的,设立讲座组织的目的是保证教授的学术自由得以实现,并且使得科学研究能够制度化,从而保证知识生产的高效率。正是从这两方面意义来讲,讲座制度最早产生于洪堡创立的柏林大学。

分科讲座的制度起源于 16 世纪的苏格兰,第三章中已经说过,梅尔维尔在格拉斯哥大学和圣安德鲁斯大学设立专科教师职位以取代传统的全科教师制度,新制度使得苏格兰这个相对贫穷的国家的大学学术水平达到欧洲领先的高度。"数学、医学、天文、自然哲学、道德哲学、法律、人文学科(古典科目)等单独讲座的设立,对知识的发展具有极大的影响……各科教授都把自己的学科发展到使苏格兰成为欧洲思想启蒙先锋的高度。"①虽然这样的做法没能持续下去,但对德国大学的发展产生了重要的影响。在德国 16 世纪也出现了大学分科设讲座的做法,为了避免全科教师制度下教师为高额讲课费而争夺,大学不允许教师自由选课,而是按照抽签和资历深浅进行安排。"到了 16 世纪初期,抽签的方式多被弃之不用,而是采取由资深教师组成的学院学术委员会来决定。"②这样的做法也客观上改变了每个教师负责全部学科的局面,出现了少数教授固定负责单门学科的现象。贺国庆教授在评价 16 世纪的德国大学时就曾说道:"在从前的大学文学院,每位教师须负责教授所有学科或课程,如今,几门学科已设讲座,由讲座专门讲授。"③

讲座教授制度是在德国形成的。"从 1558 年莱比锡(Leipzig)大学的发展,可以看出讲座制度已经基本成型,这主要表现为:第一,教授及其薪金不再是按照课程进行划分,而是按照讲座进行划分;第二,每位正教授都持有一个讲座,所有讲座都拥有法律认可的资金来源。讲座教授薪金纳入政府年度预算,不得外部兼职;第三,编外教授(extraordinary professors)阶层开

① 伯顿·克拉克:《高等教育新论——多学科的研究》,王承绪、徐辉译,浙江教育出版社 2001 年版,第 37 页。
② 胡钦晓:《大学讲座制的历史演变及借鉴》,《现代大学教育》2010 年第 6 期。
③ 贺国庆:《德国和美国大学发达史》,人民教育出版社 1998 年版,第 18 页。

始出现,但其薪金最初只是来源于学生收费。"①应当说,讲座资金来源于政府预算,是德国脱离中世纪大学影响,向现代大学转型的一个重要标志。政府稳定的经济支持保证了讲座教授不受教会影响自由地开展学术研究,而且确立了讲座教授在讲座中的支配地位。虽然大学讲座教授的任命、薪酬等,被纳入政府管理范畴,但是强调讲座教授的学术能力和声望的本质并没有改变。18世纪德国哈勒大学和哥廷根大学更是走在了当时西欧各国的前列,特别强调担任讲座教授的学术水平,例如,"1730年,政府部长在评论哈勒大学入学人数下降时,强调讲座必须是那些不但拥有卓越才能,而且已经建立起世界性学术声望的纯粹教授来担当……1756年,政府部长在拒绝一名讲座申请者时,声明年长不得成为晋升的因素,讲座任命的惟一标准是有价值的著述、理性的作品以及突出的教学"②。

后来,这种强调学术声望和能力的讲座制理念,在柏林大学成立后得到进一步强化。洪堡在神学、法学、医学、化学、农业、语言、物理和数学等学科设立讲座,并从欧洲聘请第一流的学者担任讲座教授,主持运行围绕讲座成立的集教学、科研功能于一体的研究所,将科学研究确立为大学的首要职能。大学讲座制因此而得到确立,同时讲座制度也有效地提升了德国大学的学术水平,使得德国大学在19世纪后半期到20世纪初达到世界顶峰,并对国际高等教育发展产生了深远的影响。

二、讲座制与学科制度的成熟

欧洲大学在17—18世纪所经历的知识危机告诉我们,虽然启蒙运动把人类理性提高到一个新的高度,极大地促进了知识的发展,但是知识发展并不会直接导致大学组织的繁荣,因为知识活动在社会的其他机构同样可以取得成就,当大学的知识制度未能适应知识演进的要求实现有效变革时,大学组织就会陷入危机。19世纪德国大学讲座制的出现恰恰扭转了这个局面,讲座制度对大学知识演进的变革意义是通过一系列的知识制度创新来实现的。按照本·戴维的说法,科学制度成熟的标志是科学研究与科学教

---

① Clark, W. Academic Charisma and the Origins of the Research University. Chicago: The University of Chicago Press, 2006:44-46.

② Clark, W. Academic Charisma and the Origins of the Research University. Chicago: The University of Chicago Press, 2006:279-280.

育的一体化,这首先并主要发生在 1825 年到 1900 年的德国。①

第一,习明纳的制度化。习明纳是一种强调师生互动、共同研讨的新的教学方法,因此又被称为习明纳研讨班。在德国大学出现习明纳之前,习明纳已经"存在了大约两个世纪"。最早习明纳出现在培养传教士和中学教师的场所,"从教授和学生非正式的集会演进而来",以师生对话取代教师的独白。② "格斯纳最先将研讨班引入大学教学之中,并于 1737 年在哥廷根大学创办了哲学习明纳。"③1778 年,沃尔夫在哈勒大学创办了著名的语言学习明纳,推动了习明纳在大学的发展。但是在 1820 年之前,习明纳并没有在大学广泛采用,仅仅在语言、哲学等古典学科中存在。正如有学者所言:"直到 1820 年,习明纳仅少量存在于哲学、语言学等人文学科,且其预备功能多于研究功能。"④

1820 年以后,德国大学的习明纳有了明显的发展,不仅数量有了大幅度的增长,学科范围也从原来的哲学和神学领域向自然科学领域扩张,最为重要的是习明纳得到了德国邦政府的支持。早期习明纳多带有私人性质,即由教授个人举办,并未经邦政府的明确认可,一般在教授家中开展活动,没有经费保证,规模很小,往往随着举办者的去留而废存。19 世纪中叶以后,由政府支持设立的永久性习明纳和研究所成为主流,根据资料记载,"1882—1907 年,普鲁士文化部高等教育处负责人阿尔特霍夫(F. Althoff)在柏林、波恩、布雷斯劳、哥廷根、格莱福斯瓦尔特、哈勒、基尔、柯尼斯堡和马尔堡等 9 所大学建立的习明纳共达到 176 个"⑤。由于得到政府的支持,习明纳规模日趋扩大,形式日益正规,并有了固定的场所、独立的图书馆和有保障的活动经费。"以柏林大学为例,1820 年用于习明纳和研究所的经费为 37500 塔勒,1870 年达到 375500 塔勒,50 年增加了 10 倍。"⑥这样习明纳就突破了作为教学制度的单一含义,而成为大学进行人才培养和科学研究

①　本·戴维:《科学家在社会中的角色》,赵佳苓译,四川人民出版社 1988 年版,第 211 页。

②　伯顿·克拉克:《探究的场所——现代大学的科研和研究生教育》,王承绪译,浙江教育出版社 2001 年版,第 28 页。

③　贺国庆:《德国和美国大学发达史》,人民教育出版社 1998 年版,第 58 页。

④　贺国庆:《德国和美国大学发达史》,人民教育出版社 1998 年版,第 58 页。

⑤　辛彦怀:《十九世纪德国大学对科学发展的影响》,《科学技术与辩证法》2004 年第 6 期。

⑥　贺国庆:《德国和美国大学发达史》,人民教育出版社 1998 年版,第 64 页。

的基本学术单位。与古典大学有着根本的不同,习明纳已经不再以训练学生掌握经典、熟读文献为首要目标,而是以提升学生思考能力、培养学生从事创造性研究的能力为价值导向。正如柏林大学的首任校长费希特所言,传统大学只能培养"有知识的书呆子",习明纳则可以培养"有思维的头脑……把阐述的、解释的内容完全转变到生动的、活泼的认识中去"。① 因此习明纳又被称为"科学研究的苗圃"②。

　　第二,实验室的制度化。科学研究特别是自然科学研究需要建立在观察、实验、实践的基础上,因此实验室是科学家组织开展科学研究的重要工具,有学者就认为"大学实验室对科学的价值如同文艺复兴时期艺术家的画室"③。虽然早在 1789 年前法国科学家蒙热就在墨西耶学院开始利用实验室进行教学④,然而由于大学知识传统对实验科学的排斥,直到 19 世纪初,实验室都没有成为大学教学科研活动中的一项正式制度,即使在洪堡创建的柏林大学中也是如此。因为洪堡所提倡的科研是纯粹科学的研究,是以数理知识为基础的新哲学研究,在洪堡看来实验科学所带有的应用性和技术性与他新人文主义的教育理想不相符,不应作为大学研究活动的内容。不过随着生物、化学等学科相继从自然哲学中独立,实验科学进入大学已经成为不可阻挡的潮流。受法国的影响,德国大学 19 世纪早期也开始了初步开展实验教学活动的尝试,以化学教学为例,有资料表明,当时在哥廷根、耶拿、布雷斯劳等德国大学中已经开始了初步的实验教学活动。只是实验室带有私人性质,规模小且方法落后,不能适应学生开展实验操作训练的需要。⑤ 具有划时代意义的事件是,1826 年化学家李比希在吉森大学创建实验室。在这个实验室中,李比希致力于科学教育的发展和完善,彻底打破自

---

　　① 贺国庆:《德国和美国大学发达史》,人民教育出版社 1998 年版,第 42—43 页。

　　② 贺国庆:《德国和美国大学发达史》,人民教育出版社 1998 年版,第 60 页。

　　③ 伯顿·克拉克:《探究的场所——现代大学的科研和研究生教育》,王承绪译,浙江教育出版社 2001 年版,第 27 页。

　　④ 华勒斯坦认为,实验室进入大学并不是德国的首创,早在法国大革命前,法国高等学府里就已出现了实验室的身影,这种教学方法与以往的听演讲和看示范不同,学生需要动手实验、撰写实验报告,教师则根据学生在实验中的具体表现进行评分,并由此决定学生的遴选、升级。华勒斯坦对这种新型的教学方法给予了高度的评价,称其为一新型的科学家训练方式。参见华勒斯坦等:《学科·知识·权力》,刘健芝等编译,生活·读书·新知三联书店 1999 年版,第 66 页。

　　⑤ 张家治、邢润川:《历史上的自然科学研究学派》,科学出版社 1993 年版,第 16—20 页。

然哲学式的传统教学方式，把理论教学与实验教学相结合，在完成理论教学的同时组织学生开展系统的实验研究训练，使得学生有可能很快掌握并且利用实验仪器开展科学研究。这个实验室不仅是为了教学而存在，更重要的意义在于实验室在教给现有知识的同时不断贡献新的知识。为此，李比希实验室被学者称为"历史上第一个大规模的近代教学—科研实验室"①。需要指出的是，虽然李比希创建实验室的想法与洪堡原则发生了直接的冲突，而遭到了大学评议会的否决，但是由于得到邦政府的大力支持，这种新颖的教学方法和组织形式很快就体现了优越性，吸引了大批的求学者，并在与对手的竞争中获得了竞争优势，后来被世界各国大学所效仿。②

继吉森大学之后，德国大学又产生了一批具有广泛深远影响的实验室，如生理学家米勒1833年在柏林大学建立的解剖学与生理学实验室，成为进行精确研究的代表之一；化学家本生1838年和1852年分别在马堡大学和海德堡大学建立化学实验室，训练出很多优秀的青年化学家，他们成为19世纪后半期化学界的重要学者；生理学家路德维希1865年在莱比锡大学建立起一个由解剖学、化学、生理学组成的新型生理学实验室，训练了一批又一批的生理学家，使他居于现代生理学鼻祖的地位。心理学家冯特（1832—1920）于1879年在莱比锡大学建起了世界上第一座心理学实验室，首创科学实验方法研究心理现象，开启现代心理学的新纪元。可以说，正是实验室这样新型的研究机构在大学的建立，为大学自然科学研究的制度化提供了有效的制度安排。

第三，教授聘任的制度化。关于大学教授资格身份的确认起初并没有明确的要求。对大学教师提出知识创新要求，是从18世纪哈勒大学和哥廷根大学改革开始的。德国著名的改革家闵希豪生在创办哥廷根大学时尤其偏爱著述丰厚的学者，他十分注重提高教授的社会地位和工资待遇，如当时最为优秀的学者如哲学和物理学教授霍尔曼、古典语言和考古学教授格斯纳、匈牙利医学教授赛格纳、瑞士医学家哈勒等，"虽然不足以证明闵希豪生对著述丰厚的学者的偏爱明显导致了19世纪德国大学注重研究和出版的风气，但结果还是鼓励了发表著作的教师，他们的著作有助于世人对他们所

---

① 伯顿·克拉克：《探究的场所——现代大学的科研和研究生教育》，王承绪译，浙江教育出版社2001年版，第25页。

② 伯顿·克拉克：《探究的场所——现代大学的科研和研究生教育》，王承绪译，浙江教育出版社2001年版，第26页。

在的机构的认识和重视"①。提出第二条要求,即大学教授应该是能够发表著作的学者,大学教师应该在他所从事的领域学有专长并具有传授自己知识的能力,这是各地大学早已认同的起码要求;启蒙运动时期,哈勒和哥廷根两校体现了这一趋势。洪堡在创建柏林大学时提出了科研是学者最高职责的要求,是一名优秀大学教师必不可少的职责。"柏林大学从最初就把致力于专门科学研究作为主要的要求,把授课效能仅作为次要的问题来考虑;更恰当地说,该校认为在科研方面有卓著成就的优秀学者,也总是最好和最有能力的教师。"②另外,洪堡在柏林大学建立收费讲师和教授制度,前者保证了研究不受外来势力的干扰,学者可以根据自身兴趣开展科学研究;后者则表明教授是私人讲师的高级职位,私人讲师要晋升为教授就必须开展科学研究,并且凭借科研成果的水平接受教授会的评议。设立教授备选资格,要想获得教授,必须要先取得教授备选资格的博士后研究人员,并被称为私人讲师(privatdozenten),私人讲师不拿薪水③,他们要想获得地位高、收入稳定的教授职位就必须开展科研活动。这样的教师职位和职称晋升制度,使得在柏林大学从教的人员都必须坚持不断地开展科学研究,从而保证了大学的科研水平。

第四,形成了教学科研相统一的制度结构。教学科研相统一是讲座制度的一个重要特点,无论是习明纳还是实验室,它们既是科学研究的制度安排,也是教学活动的有效载体。以著名的兰克习明纳和李比希实验室为例,他们在改进大学传统的教育教学方式,保证科学教育成功上发挥了重要的作用。

兰克1825年被聘为柏林大学的历史学教授,1833年开始创办习明纳(历史研究班)。兰克习明纳的特点在于,不单单传授历史知识,而是训练学生开展历史研究的方法,指导学生根据自身兴趣开展研究活动。兰克要求学生"弄清史实真相并深钻资料来源",并要学生记住工作的三条准则:"批判、准确、透辟。"④兰克去世后,他的一位学生曾有过这样的评价:"'习明纳'是为那些选择史学为其职业的人创设的,他允许自由选择研究课题,但是随

---

①　贺国庆:《德国和美国大学发达史》,人民教育出版社1998年版,第26页。

②　弗·鲍尔生:《德国教育史》,滕大春、滕大生译,人民教育出版社1986年版,第125页。

③　约翰·范德格拉夫等:《学术权力——七国高等教育管理体制比较》,王承绪等译,浙江教育出版社2001年版,第23页。

④　贺国庆:《德国和美国大学发达史》,人民教育出版社1998年版,第60页。

时愿意提供建议,他对于违反原则的过错给予严厉的批评,但措辞则婉转。老师鼓励每人按自己的才能发展专长。"①据统计,"兰克的习明纳直接、间接地为德国大学培养出一百多位卓越的学者。这些学者又根据兰克的传统培养学生,不只为德国而且还为美国培养了不少历史家。"②从兰克习明纳的成功我们可以看出,习明纳不仅仅是一种单一的教学制度,更是一种师生共同探讨的科研活动,或者是未来科学研究者的训练营。

李比希为提升学生科研能力,他在吉森大学的实验室中改变了过去的传统做法,他所开展的实验不再仅仅是验证书本理论的实验,而是将理论研究与实验探索相结合,在完成实验教学的同时鼓励学生通过实验探索未知理论,使学生具备独立开展研究的能力。"李比希这种让学生在实验室中从系统的训练逐步转入独立的研究的教学体制在他之前并未被人们认识到,从而为近代化学教育体制奠定了基础;从此以后,不但在化学方面,世界各国大学在其他自然科学中也都开始仿效这种科学人才培养方法。"③

随着教学科研相统一的制度结构的形成,研究也第一次成为大学制度化的行为,大学形成了发展科学的职能。这不是说19世纪以前大学没有科研活动,其实自大学诞生以来,教授们对未知知识的探究一直都在进行,只是这种科研活动尚停留在教授的个体层面,尚未制度化,大学也缺乏将科研作为正式职能的制度基础。讲座制通过习明纳、研究所、实验室等制度化的形式,要求教师不仅传授现成的知识,还要传授自己的研究成果和研究方法,同时要求学生开展发现式的学习,把学习知识与探索真理结合起来。德国大学这一变革就初衷而言是要改变大学僵化的教学方式,尝试一种新型的人才培养模式,但实际结果是由于师生普遍从事研究活动,科学在大学发展获得了持续的制度支持,大学学术水平得到了快速提升。可以说,正是由于科学研究制度化为大学职能,以及教学科研相统一的制度结构的形成,近代德国大学才迅速发展成为当时世界大学的领头羊。

三、讲座制与大学知识体系的分化

讲座制顺应了科学知识制度化发展的要求,重新激发了大学的知识活力。关于讲座制的产生对于大学知识演进的作用,我们认为至少可以从以

---

① 乔治·皮博迪·古奇:《十九世纪历史学与历史学家》上册,耿淡如译,商务印书馆1989年版,第229页。

② 贺国庆:《德国和美国大学发达史》,人民教育出版社1998年版,第59页。

③ 张家治、邢润川:《历史上的自然科学研究学派》,科学出版社1993年版,第20页。

下三个方面进行理解。

第一,从知识演进的历史看,知识体系分化是知识演进的基本规律之一,但在 19 世纪之前知识体系的分化十分缓慢。知识演进的过程就是知识体系逐步分化的过程,从早期无所不包的神学和哲学中分化出不同的知识门类,彼此确定各自独特的内容体系和方式体系,从而确定知识门类之间的边界的过程。知识体系分化主要包括知识内容体系的分化和知识方法的专门化。

就知识的内容体系而言,西方社会早期的知识是高度综合的,文科七艺(算术、几何、天文、音乐、逻辑、语法、修辞)几乎囊括了当时的所有知识;12 世纪以后,神学和形而上学构成经院哲学体系,且神学凌驾于一切知识之上,哲学也成为神学的婢女(阿奎那语),这样的知识结构一直维持到 16 世纪;由于文艺复兴运动复苏了人类独立思考的自由精神,知识才突破神学的禁锢获得了长足的进步,产生了自然科学的萌芽;但是此时的自然科学仍没有从哲学领域独立出来,因此自然科学此时只能称作自然哲学。

就知识方法而言,西方社会早在古希腊时代就形成了追求形而上学知识,轻视技术和经验知识的传统,但直到 17 世纪,经院哲学都没有退出历史舞台,探究知识主要通过经院辩论的方法来研究形而上学的问题,排斥实验和观察等方法;自然科学之所以被称为自然哲学就是因为自然科学所依赖的实验、观察的研究方法被排斥在知识共同体外,由实验和观察而得出的结论都被视作异端,哥白尼、伽利略、开普勒等科学的新发现和新学说遭到残酷镇压,布鲁诺更是付出了生命的代价。17 世纪以后,随着近代理性主义精神的复兴,数学语言在自然知识研究中的工具价值得到充分的重视;18 世纪科学学会成立以后,研究自然知识所使用的方法不再是经院式的争论,而是在实验观察基础上进行数学语言的概括,这使得自然科学获得了以方法论而区别其他知识的形式,虽然此时自然科学继续被称为"自然哲学",可是分清了自然知识与其他知识的界限,也就确立了日后专门化的可能性。

大学的知识体系也同样如此,虽然表现出知识体系分化的特征,但进展十分缓慢。13 世纪一直到 17 世纪,大学处于经院课程时期,大学的课程由辩证法和哲学主导,主要通过经院论争来研究形而上学的问题,"甚至医学也纯粹在理论层次上教学"①。在剑桥大学物理学的教授中,实验和观察等

---

① 华勒斯坦等:《学科·知识·权力》,刘健芝等编译,生活·读书·新知三联书店 1999 年版,第 14 页。

方法被排斥在外,"染有浓厚的形而上学色彩。理解的重点在于知晓第一原则而非特殊性"①。文艺复兴和宗教改革后,虽然在人文主义精神的影响下,大学开始逐步摆脱经院哲学的束缚,但是又陷入了古典文献研究和古典语言学习的泥沼中,实验科学还是被排斥在大学门外。

第二,19 世纪以后,讲座制的出现加速了大学知识体系分化的进程,大学再次成为推动知识进步的重心。回顾一下 19 世纪德国大学知识体系分化,其体现出如下几个方面的特征:首先是哲学知识地位的提升;自然科学从自然哲学中分离;最后自然科学诸学科之间的边界逐步清晰。这几个步骤中讲座制度都发挥了重要的作用。

在中世纪欧洲大学中,一般的学科结构是文法神医四科,文科属于初级学科,经历过文科知识学习后,才能进入法、神、医等高级学科的学习。柏林大学设立讲座时,首先提高了文科的知识地位。在洪堡等新人文主义自由理性思想的导引下,柏林大学将哲学学部置于各学部之首,并吸引了费希特、施莱尔马赫等一批当时欧洲最为顶尖的学者在哲学学科开设讲座,把哲学学部发展成为地位最高、规模最大、师资最为雄厚的学部;其次通过设立讲座,鼓励和保障学者对学术问题的自由探索,为教授创造宽容、宽松的学术环境,大力鼓励知识创新,导致众多新学科如雨后春笋般产生。可以说,学者的研究疆域拓展到哪里,新的研讨班、讲座就在哪个知识点上建立,教授们不断创造新纪元的科学活动使各知识领域旁枝苗生,知识的专门化程度不断提高,大学里的学系和讲座数经常增加,哲学院的教授职位数字成倍地增加。其中,柏林大学哲学院随各知识分支的发展成熟,正式教授职位由开始时的 12 个增加到 50 个以上。②

讲座制度所孕育的制度创新适应了自然科学发展的要求,从而保证了自然科学进入大学。前面已经论述了讲座出现对知识制度的变革意义,事实上无论习明纳、实验室还是研究所,其自身既是大学开展科学教育的场所,又是开展科学研究的机构,就如伯顿·克拉克所言:"就重要意义而言,大学实验室对于科学的价值如同文艺复兴时期艺术家的画室。"③因此讲座

① 华勒斯坦等:《学科·知识·权力》,刘健芝等编译,生活·读书·新知三联书店 1999 年版,第 15 页。

② 杭州大学高等教育研究室:《高教研究丛刊》,1984 年,第 38—40 页。

③ 伯顿·克拉克:《探究的场所——现代大学的科研和研究生教育》,王承绪译,浙江教育出版社 2001 年版,第 27 页。

制度的建立表明了自然科学在德国大学里获得了培养学科人才和促进知识创新的制度化场所,也就加快了自然科学摆脱自然哲学获得独立建制的进程。历史事实也是如此,19世纪,大学知识分化的速度大大加快,物理、化学、生物等学科分别从自然哲学中分离出来,产生了现代意义的自然科学学科。

另外,从著名社会学家本·戴维和华勒斯坦等人的著作中,我们也可发现大学讲座制度的建立在知识发展史中的重要地位。本·戴维在研究德国在19世纪是如何领先英法等国家成为世界科学的中心时认为,发展的大学系统是主要原因,其中讲座制建立起了德国大学在科学人才选拔制度上的优越性[①];而华勒斯坦则直接断言,"研讨班""实验室""教室"是推动大学知识体系分化革命性的要素,正是这些新的教育要素的出现,大学知识活动形成了新的制度化行为,促成了人文学科、自然科学、社会科学知识的诞生。

可以这样说,讲座制的出现是大学的知识创新和创新知识人才的培养获得了制度化形式的标志,大学进行持续知识生产和再生产的能力得到保障,也使得大学重新获得复兴,重新成为知识生产的制度性场所。"大学在18世纪晚期、19世纪初期得到复兴,成为知识创造的主要制度性场所。"[②]

第三,大学知识体系分化加速以后,大学知识演进呈现出专门化的特征,学术活动被分割在不同的知识领域中,从而进一步强化了讲座制存在的知识基础。

知识专门化是知识发展的必然阶段。知识专门化已经超出了知识本身的含义,不仅包含着知识内容体系的分化、知识方法体系的方法,更深层意味着知识制度对于学术人员角色的影响。知识领域分割成为19世纪以后大学学术活动最明显的特征。不同的知识通过特定的研究对象以及特定的知识规训方法进行区分,通过讲座等建制在大学固定下来。

讲座制度诞生以后,大学知识分子的角色悄然发生了变化。在中世纪大学诞生后的很长时间,科学研究不受重视,自然科学家的身份也未能获得职业认同。当时大学教师主要通过学习人文学科知识获取学位来获得职业身份,如果他们对自然科学问题感兴趣,只有通过正式教学活动之外的非正

---

① 本·戴维:《科学家在社会中的角色》,赵佳苓译,四川人民出版社1988年版,第127页。

② 华勒斯坦等:《开放社会科学——重建社会科学报告书》,刘锋译,生活·读书·新知三联书店1999年版,第8页。

式活动来进行研究。随着大学发展和科学力量的增长，大学教师的制度性身份发生了变化，出现了一些专门讲授自然科学的讲座席位。大学教师的身份发生分化，自然科学领域的学者在大学获得了合法化和制度化的身份。不同知识领域的学者在知识活动的实践中表现出了异质性特征。不同的学者依据知识领域的划分而分化出不同的科学共同体，这对大学学术活动产生了重要的影响。不同的科学共同体又强化了不同知识领域学者对自身身份的认同。学术分工的后果就是使大学教师成为一个狭小专业领域的从业者。正如，涂尔干在他的著作中谈道："甚至到了18世纪末，哈勒等人在科学和文学的几个不同领域都做出了卓越的贡献，我们还需要很多头衔来恰当地称呼他们，以便指出他们的过人之处。但到了19世纪，这种称谓上的困难就已不复存在了，至少可以说很少遇见了。"[①]

学科制度化加速了大学教师角色身份的分化，使得知识生产和再生产保持了高效率，因为在学术领域里专业化是通往效率的最佳途径。诺贝尔经济学奖获得者斯蒂格勒曾经坦率地说过："受到广泛培训的人，在任何领域里肯定都比不上具有相同能力和精力但致力于该领域研究的人。"[②]大学的知识活动被分割在不同的知识领域里，这是19世纪后大学知识活动最重要的特征。

第四节　学系制的建立与发展

在19世纪大学学科制度化的另一条路径是学系制度的诞生和发展。学系制产生于英格兰的城市大学，但是被美国大学最早普遍采用。无论是英国大学的学系制还是美国大学的学系制，他们在产生和发展的过程中都受到德国大学讲座制的深刻影响。为此，阿特巴赫认为，单科讲座制不仅成为现代大学组织结构的重要模式之一，而且也是另一种模式系科制的渊源。

一、英式学院制度的变化与学系制度的雏形

一直到19世纪的早期，英格兰大学一直维持着牛津、剑桥的学院制传

---

① 爱弥尔·涂尔干：《社会与分工》，渠东译，生活·读书·新知三联书店2000年版，第2—3页。

② 乔治·斯蒂格勒：《知识分子与市场》，何宝玉译，首都经济贸易大学出版社2001年版，第11页。

统。学院的使命不在于从事专业训练和开展科学研究活动,而是在于通过高度个性化的教育促进学生的心智成长。学院制在开展自由教育、培养绅士上取得了成功,以至于伯顿·克拉克也称赞学院制"明显不是专业教育,肯定也不是学科教育,但确是一剂良药"①。但是在 19 世纪,面对着英国科学技术取得的伟大成就,英式学院制的保守性表现得越来越明显,正是过于强调绅士教育的传统使得英格兰大学依旧是古典人文学科的天下,新兴的自然科学进入英格兰大学步履艰难。

19 世纪新大学在英国开始创立,这些大学是"1826 年的伦敦大学、1834年的达勒姆大学,以及建于 19 世纪中后期的曼彻斯特、利兹、伯明翰和布里斯托尔等城市的'红砖'大学"②。这些新大学没有完全沿用牛津、剑桥学院制的传统,而是将系设为大学结构中的最低层级,从而建立了学系制的雏形。和德国一样,新大学的系是建立在分化的学科基础上,一个系就是一门学科,这无疑有力地推动了大学知识专门化的进程;另外新大学一门学科的权力通常授予一名讲座教授,讲座教授一般都任系主任。在一个系里,系主任教授享有正式的最高的权力。但是新大学没有完全效仿德国,部分借用了苏格兰大学单科教授取代全科导师的做法,同时保留了学院制的传统,这也凸显出系与讲座的不同。例如,在新大学,多数教授都在系里与另外一名教授共事,也有些系由非教授人员担任系主任,全体教授约有半数都是无系主任头衔的;而且英国大学的系的权力等级不如德国森严,决策比较民主,绝大多数都设系务委员会,它由全体教学人员组成,有时也有学生代表参加。③

学系产生的重要意义至少可以体现在两个方面:一是以单科教授取代全科导师,促进了知识专门化的发展趋势,并为新兴的自然科学进入大学提供了方便;二是以分化的学科为基础建立基层学术组织,改变了传统学院囊括全面知识的局面。这些推动了英国大学向现代大学制度迈进的步伐。不过,英国大学的学系制度改革并不彻底,牛津剑桥在 19 世纪中后期仍旧强

---

① 伯顿·克拉克:《探究的场所——现代大学的科研和研究生教育》,王承绪译,浙江教育出版社 2001 年版,第 65 页。

② 伯顿·克拉克:《探究的场所——现代大学的科研和研究生教育》,王承绪译,浙江教育出版社 2001 年版,第 66 页。

③ 约翰·范德格拉夫等:《学术权力——七国高等教育管理体制比较》,王承绪等译,浙江教育出版社 1989 年版,第 95 页。

有力地表现为寄宿学院的力量，比较新的大学，即使按照系组织，也坚决地赞成导师制，致使英格兰大学基层学术组织出现了跨学科的寄宿制学院和以学科为基础的学系共存的结构。因此有学者认为："英国大学的学系最多只能算是德国大学的讲座与美国大学学系之间的中间类型。"[①]

二、美国大学建立学系制

学系制根植美国大学源于19世纪美国大学对德国现代大学制度的学习与模仿。根据美国学者斯文（Charles F. Thwing）统计，第一次世界大战前的100年间（1814—1914）留学德国的美国学子达到1万名。[②] 1万人出国留学在当时无疑是一个惊人的数字，如此众多的学子不远万里、远涉重洋求学德国，足以凸显出当时德国大学的魅力和影响力。伯顿·克拉克就认为："在整个19世纪后半叶和20世纪的好长一段时间，德国大学是一个特殊的地方，一块名副其实的磁铁，从其他国家吸引那些希望学习系统的学科探究方法的学者。"[③]成千上万的学子在学习德国先进科学技术的同时也将德国大学先进的学术组织制度带回了自己的国家，因为在一万多名留德学子中，不少人后来担任了美国一些重要大学的校长，其中大多数成为将德国大学制度移植到美国的热情的提倡者。这些人包括：1871—1909年担任密西根大学校长的安吉尔（Angell），1853年在慕尼黑大学学习；1865年担任康奈尔大学第一任校长的怀特，1855年在柏林大学学习；还有霍普金斯大学两任校长吉尔曼（Gilman）、小德怀特（Timothy Dwight），耶鲁大学校长波特（Porter），哈佛大学校长艾略特等，这些校长都是19世纪下半期推动美国大学发展的关键人物，他们都曾在德国大学取得直接的经验，对德国大学的发展成就羡慕不已，回国后大多成为德国大学思想和制度的积极传播者。相比较德国大学取得的成就，美国大学在19世纪早期还在延续着殖民地时代的学院制，9所殖民地学院按照宗主国英格兰的模式表现出较浓厚的宗教色彩，课程体系固定僵化，以神学和古典课程为重点，主要目的在于培养精英和造就信仰虔诚的合格教士，严重脱离现实，无法适应科学和实际研究的需要，

---

① 郑晓齐、王绽蕊：《研究型大学基层学术组织改革与发展》，清华大学出版社2009年版，第24页。

② Thwing, C. F. The American and the German University, One Hundred Years of History. New York：Macmillan Publishing Company, 1928：42.

③ 伯顿·克拉克：《探究的场所——现代大学的科研和研究生教育》，王承绪译，浙江教育出版社2001年版，第9页。

也没有为高深研究提供机会。因此遭受了众多批评,学习德国大学先进的学术组织制度,改革保守的学院制成为当时美国大学的主要任务。

在改造学院制的过程中,美国大学并没有完全照搬讲座制度,而是表现出模仿和适应的双重思路,他们引入了习明纳、研究所和实验室,加强图书馆建设,建立大学学术杂志,推广选修制,建设应用性学科,通过这些方法有力地推动了美国大学知识专门化发展,提高了大学学术水平。正是在上述一系列举措的基础之上,美国大学建立了学系制度,并在 19 世纪末 20 世纪初将系确立为美国大学普遍采用的基层学术组织。

第一,引入习明纳、研究所和实验室。在一些留学德国的学者推动下,美国大学引入了习明纳、研究所和实验室,这种教学研究新的方法替代了过去只是靠听讲记诵的传统方式。习明纳最早由历史学家亚当斯(Charles Kendall Adams)在密西根大学历史课中采用,他建立了类似"历史协会"(historisehe gesellschaft)的机构,从而成为美国大学"习明纳"制度的开创者。亨利·亚当斯(Henry Adams)于 19 世纪 70 年代将习明纳引入哈佛学院。习明纳制度的真正发展是在约翰·霍普金斯大学成立后才开始。19 世纪 80 年代,赫尔伯特·巴克斯特·亚当斯(Herbert Baxter Adams)在约翰·霍布金斯大学开设了历史学和社会科学的习明纳,影响十分广远。美国大学也建立了"研究所"(institute),例如芝加哥大学成立了东方研究所(oriental institute)、哈佛大学成立了哈佛—燕京研究所(Harvard-Yenching Institute)等。另外,美国第一个教学实验室 1848 年创建于哈佛大学劳伦斯理学院,创办人是诺顿(E. Norton)和霍斯福特(Horsford),后者曾经在吉森大学李比希实验室学习两年,他们之间显示出较强的渊源关系。

第二,建设图书馆。德国大学对美国大学的图书馆和实验室的建设有很大影响。作为研究的必要手段,大学图书馆和实验室是促进学术专业化发展的必要手段。以图书馆建设为例,早在 18 世纪末,哥廷根大学图书馆的设施就已经十分先进。到 19 世纪末,德国大学已经开始以研究所或习明纳为单位组建图书馆,主持研究所或习明纳的讲座教授可以按照自己的研究兴趣有选择地进行藏书和建设图书馆。这一时期德国大学图书馆已经成为欧洲藏书量最为丰富、管理水平最高的图书馆。相比之下,同一时期美国大学图书馆的藏书量、规模以及管理水平都落后很多。例如,1812 年美国最大的学院图书馆藏书量约为 2 万册,仅为当时哥廷根大学图书馆藏书 20 万册的十分之一,哈佛大学图书馆在 1840 年藏书不足 5200 册,耶鲁大学图书馆到 1850 年藏书只有 2.1 万册,哥伦比亚大学图书馆 1864 年为 1.5 万册。[①] 19 世纪末,只有一些主流的私立大学和几所州立大学建设有设备较好、书籍丰富的图书馆。从 19 世纪 70 年代开始,美国大学的图书馆开始有了很大发展,主要表现在:图书管理人员的职业化和专业化,原先图书管理员只是教辅人员,后来成为一种专业化和技术化的岗位,并在大学里享有较高的地位;图书馆在大学教学科研中的地位得到越来越高的重视,习明纳以及其他的有关课程教学往往在图书馆内进行;针对图书的编目和分类以及关于图书馆学基本理论的研究开始深入开展,图书馆的管理水平也得到很大提升。美国大学图书馆的发展为美国大学实践德国的研究型大学理念创造了条件。

第三,创办大学学术刊物。创办学术刊物和建立学术团体是德国大学对美国大学影响的另一个重要标志。最早创办学术刊物的学校是约翰·霍普金斯大学。吉尔曼校长曾明确声明,他从德国借来了创办学术杂志以服务于美国智力和科学需要的思想。在他努力推动下,从 1878 年开始到 1881 年,《美国数学杂志》《美国化学杂志》《美国语言学杂志》《生理学杂志》成功在约翰·霍普金斯大学创刊。约翰·霍普金斯大学也因此被称为"美国学术期刊发源地"。能与约翰·霍普金斯大学比肩只有后来的芝加哥大学,在哈珀校长的推动下,芝加哥大学在哈珀在任的 15 年内,先后创办了十余种学术刊物,包括《政治经济学杂志》《地质学杂志》《学校评论》和《美国社会学杂志》等一批著名刊物。在霍普金斯大学、芝加哥大学的榜样作用下,学术出版物在美国雨后春笋般发展起来。19 世纪末,美国各主要学科都创办了学术刊物。推动大学建立各种学术协会的依旧首推约翰·霍普金斯大学,在 19 世纪 70 年代,霍普金斯大学创办了美国语言学学会,另外还组织了一个政治学协会、一个科学协会、一个形而上学俱乐部。在霍普金斯大学的榜样作用下,其他大学学术团体的数量也呈现出不断上升的趋势。到 1908 年,美国已经有 120 个全国性的学术团体和 550 个地方学术团体。创办学术刊物和建立学术团体有力地促进了大学学术活动的专业化、专门化,显示出较高的水平。

第四,推行选修制。从 19 世纪开始的选课制是美国大学借鉴德国大学学术自由思想的重要制度创新。1825 年,在托马斯·杰弗逊的推动下,弗吉尼亚大学最早开始选课制的尝试,赋予学生自由选课的权力,推动现代自然

---

① 贺国庆:《德国和美国大学发达史》,人民教育出版社 1998 年版,第 194 页。

科学课程替代僵化落后的古典主义课程。杰弗逊的做法得到了曾经留学德国的乔治·梯克诺的重视,同一时期选修制度也开始在哈佛推行。由于选修制改变了学院制度下学生统一学习的传统,遭到保守势力的强力反对。保守势力在 1828 年发表《耶鲁报告》,公开宣扬古典主义知识体系和课程的重要性,反对选修制。艾略特在哈佛的改革为进一步推行选修制奠定了坚实基础。在 19 世纪 60 年代末,艾略特开始执掌哈佛,在担任校长 40 年的时间内,艾略特坚持推行选修制,至 19 世纪末,学生自由选课在哈佛得到了全面实行,并在全国产生了深入影响,美国其他许多大学,甚至包括最保守的耶鲁,也在 19 世纪末实行了选修制度。选修制的广泛开展对于美国高等教育的发展具有十分重大的意义,它为美国高等教育引入了现代科学知识体系,并从根本上摆脱了古典主义知识的束缚,在其影响下"教学自由"与"学习自由"成为美国大学的重要特征。

第五,包容实用知识。这是美国大学与德国大学不同之处。德国大学在洪堡原则的影响下,主要开展"纯科学"的教学研究活动,一些实用知识被排斥在大学学科体系之外。美国大学则根据自身实际改变了这一局面。在学院时代向大学时代迈进的过程中,美国正处于领土西进和工业化加速发展阶段,城市化和工业发展对大学开展实用知识的教学和研究提出了要求,一些被德国大学抛弃的实用知识却被美国大学欣然接纳。例如,通过 1862 年和 1890 年两项莫里尔法案,美国资助建立了一批农业机械以及其他实用学科的大学和学院。美国大学对实用知识的重视成为美国本土高等教育创造的重要组成部分,更为有意义的是,美国大学的知识基础得到了有效拓宽,更加宽阔的学科涵盖、更加多样的知识体系成为美国大学区别于德国大学的一个重要特征。

第六,建立学系制度。殖民地时期的 9 所学院均集中在东部少数城市,规模很小。例如,哈佛学院在 1640 年创办时,"仅有一位校长、两三名导师、一名财务管理员、一名厨师、总管及几名仆人、20～50 名住宿学生"[①]。由于规模小,殖民地时代的小型学院并没有层次分明的学术组织结构,因而也就没有正式的基层学术组织。在学院时代迈向大学时代的过程中,美国大学的规模和学术水平有了很大提高,基层学术组织的出现就是大学规模扩张和学科分化、数量不断增多的结果。一般认为,1825 年哈佛大学成立学系(Academic Department)是美国大学最早分化出来的基层学术组织形式。在

① 贺国庆:《德国和美国大学发达史》,人民教育出版社 1998 年版,第 83 页。

19 世纪中后期,学系制成为美国大学的主要组织形式。"到 1890 年,美国规模较大的大学都设立系,其中一些较大的系升格为学院。到 20 世纪初,所有的大学均设立了系或学院的建制。"①以至于有的学者说:"当时的学系纷繁,从 A(指天文学 Astronomy)到 Z(指动物学系 Zoology),无所不有。"②

与德国大学的讲座制相比,学系制既有相同之处又有着明显的自身特点:

第一,就学系建立的知识领域而言,学系仍是专门化的学科单位,这一点与讲座制相同。通过对美国大学在 19 世纪取得成就的分析,我们不难发现,学系制度的产生同样是大学知识演进的逻辑结果。大学规模不断扩大,共同的古典课程让位于选修制,学科分化和数目不断增加,学术水平提高,正是这些因素促成了大学组织的分化,从而产生了学系组织。一般情况下,一个系就是一个一级学科,如物理系、数学系、化学系等。但是相比较讲座而言,系所涵盖的知识领域更宽泛一些。因为随着知识专门化程度的加强,知识总量不断膨胀,不同知识之间的横向联系也在加强,众多新学科的发展必然要求调整学术组织设置,一个教授控制一门学科的讲座制已经无法满足大学发展的需要。正如伯顿·克拉克所言:"随着学术机构和系统的发展,与学系相比,讲座对膨胀的学科来说已成为越来越不合适的单位。"学系出现后,将相同学科不同研究方向的知识整合起来,一定程度上缓解了因讲座分立造成知识过度分化的不利局面,为大学知识体系的进一步发展创造了条件。

第二,从内部权力关系而言,学系与讲座有着根本的不同。德国大学的讲座制是一个教授控制一个讲座,讲座教授要对整个讲座的教学和科研工作负责,无人分享他的学术权力。而在美国大学的学系中,学系的权力则由不同的教授共同负责。虽然在美国也出现过个别教授对学系影响过大的情况,但美国社会根深蒂固的民主观念和权力分享共治的意识,导致美国大学在学习德国大学讲座制的过程中,对讲座制内部的权力结构和教授独占学术资源的格局进行变革,将讲座教授独占的学术权力和资源扩展为学系内多位教授共同享有。这样,学系日常工作由系主任主持,而学术事务的决定权则由学系内部多个教授共同掌握,各教授地位平等、议事和决定程序民主。所以,伯顿·克拉克认为:"系首先是一个社团式机构,即围绕某一个学

---

① 贺国庆:《德国和美国大学发达史》,人民教育出版社 1998 年版,第 194 页。
② 贺国庆:《德国和美国大学发达史》,人民教育出版社 1998 年版,第 194 页。

科的共同利益而组织起来的相对统一的机构,在垂直结构上具有不太严格的等级性。"①

第三,就组织结构间的纵向联系而言,学系较多地受到校、院等上级组织的制约。在德国大学中,由于行会管理模式和学术自治的传统,讲座与上级组织的关系是松散的,讲座教授享受了较大的自主权力,不仅垄断了讲座内部一切的学术权力,而且也是学校决策权力的享有者之一。有学者将此描绘成"有组织的无政府状态"。而在美国大学中,学系是大学学术管理体系中的底层,系主任的任命通常是由学校上级官员与系内人员协商一致进行的,系主任不仅要对学系内部其他学术人员负责,还需要向院长和学校更高级的学术官员负责。这样,系主任的权力就受到了学系内部和学校上级两个层面的双向制约,这也是学系组织与讲座组织的不同之处。伯顿·克拉克是这样描述系主任的职位的,"系主任比讲座的主持者在更大的程度上既要向组织等级中的上级负责,同时又要向组织等级中的下级,即具有同等地位或接近同等地位的同事负责"②。与讲座教授的权力和地位相比,学系制在学术责任和自主权之间建立了适度的张力,较好地平衡了个人权力与社团权力以及官僚权力之间的关系,这样的权力结构和运行机制可以使学术组织在管理和运行上更加有序、更为顺畅。

第四,就组织功能而言,学系组织更加开放、更有活力。讲座制度的成功之处在于创造了人才培养和科学研究相统一的制度结构,从而将大学的科学研究合法化,激发了大学基层学术组织创造知识的活力。但是讲座是洪堡新人文主义学术理想的制度实践,受新人文主义理想的制约,讲座制度的局限也是十分明显的,讲座制所推行的科学研究是纯科学的研究,排斥实用知识的做法限制了讲座发挥应用知识服务社会的职能。学系制度并没有一味照搬讲座只是注重基础研究的做法,而是以更加开放的态度包容了农业、机械、工程等实用知识,不仅仅成为教学和科研的基本单元,也承担了推动美国社会城市化和工业化的社会职能,由此,"服务"成为与"教学""科研"并列的大学三大职能之一。阿特巴赫评价说:"美国大学对德国模式所进行的改造,是适合美国当地情况的。原先在德国可能被认为不适合于学科内

---

① 约翰·范德格拉夫等:《学术权力——七国高等教育管理体制比较》,王承绪等译,浙江教育出版社 2001 年版,第 114 页。

② 约翰·范德格拉夫等:《学术权力——七国高等教育管理体制比较》,王承绪等译,浙江教育出版社 2001 年版,第 114 页。

容的课程，却欣然地被作为美国大学的课程。工程、应用农业以及在尔后出现的教育学科等，都在大学里开设了。虽然德国大学强调基础研究，但美国大学却常常包括应用研究。"①

从1825年年初创到20世纪初美国所有大学均设立学系的建制，学系一度成为美国大学唯一的基层学术组织形态。伴随学系制度形成的是美国高等教育由学院时代迈向大学时代，见证了美国大学学习欧洲，特别是德国大学制度，构建本土特色，实现现代化的过程。因此有学者评价说："在整个19世纪，系科制确实是大学自我发展过程中学术改革的产物。"相比较讲座制而言，学系制度在发展、保存、传递和应用知识为大学提供更为有效的制度结构，学系制在美国大学的成功同样具有很强的示范意义，并在随后的20世纪国际高等教育学术系统中占据了很重要的位置。

第五节　本章小结

知识学科化与学科分化是19世纪大学知识演进的基本逻辑。学科逻辑是基于大学确立科学知识观念、形成教学科研相统一的知识制度以及自然科学知识在大学发展的条件而形成的。在学科制度化的背景下，近代早期大学的学部制与学院制向下延伸为更为基层的讲座制与学系制。讲座作为大学的教学组织形式早在中世纪的大学就已经出现，但是讲座制度的成熟却始于19世纪德国柏林大学的创建；学系制发轫于19世纪的英国大学，却在美国大学得到发展与成熟，学系一度成为美国大学唯一的基层学术组织。讲座制和学系制成为19世纪西方大学两大基层学术组织形态，同时又与学科制度化的进程形成互动。一方面，讲座制和学系制的形成与发展推动了大学学科制度的成熟；另一方面讲座制和学系制作为专门的基层学科单位，其自身分化与发展直接体现出大学知识学科化与分化的发展逻辑。

---

①　菲利普·G.阿特巴赫：《比较高等教育》，符娟明等译，文化教育出版社1986年版，第36页。

第五章　20 世纪大学基层学术组织：
　　跨学科组织崛起

　　20 世纪,大学发展面临着新的使命。人类社会在 20 世纪进入了知识经济时代,知识作为经济社会发展核心要素的地位不断得到确立。如果说在工业经济时代,国家和企业之间的竞争主要建立在自然资源和资本资源的基础上,那么进入知识经济时代,竞争的重点则逐步呈现出以科技和知识为基础的新特征。在这种格局下,由于大学兼具传播知识、培养高层次人才和生产新知识职能,大学在提升国家和企业竞争能力中的战略性地位被空前地凸显出来,这就要求大学不仅要继续承担提供"公共知识"的传统使命,而且要把为社会服务作为自身重要的使命,并在两者之间寻求新的平衡,走出为知识而知识的象牙塔。正如 OECD 在《转变中的大学研究》中所言:"二十世纪以来,一种可以称之为'现代'大学的不同形式出现了。虽然它和古典形式有许多形同的特征,诸如选择学生的权力,学术自由,和寻求知识的义务,但是还有许多特别的差异。它较少持有完全的机构自治的观点,而更愿意去服务于社会。它更多地准备通过应用知识到社会、经济、政治、产业和其他问题的解决,来完成研究和教学。"①在知识经济的背景下,大学学术活动最显著的变化是有组织有规划地开展跨学科研究活动。跨学科研究打破了学科知识体系的僵化和分割,成为推动知识创新和技术进步的重要动力。与之相适应的是,跨学科组织在大学兴起,跨学科组织与学科组织并存成为 20 世纪后半期大学基层学术组织的结构特征。跨学科研究与跨学科学术组织在 20 世纪大学兴起,这不是偶然的历史事件,其后蕴藏着大学知识变革的深刻逻辑。

---

　　①　OECD. University Research in Transition. Paris:OECD Publications,1998:14.

第一节　重释科学知识观念

20世纪大学知识观念演进的历程可从两个层面来理解。一是科学知识观念的发展,美国实用主义哲学成为支撑科学知识观念发展的思想基础;二是科学知识观念的重构,由于科学知识观念在促进大学知识发展的同时也加剧了大学组织的知识危机,科学知识观在20世纪下半叶受到质疑和批判,后现代思潮在批判科学知识观念的基础上对科学知识观念进行了重新解释。

一、实用主义哲学对科学知识观念的发展

正如约翰·S.布鲁贝克在《高等教育哲学》中谈道:"在20世纪,大学确立它的地位的主要途径有两种,即存在着两种主要的高等教育哲学,一种哲学主要是以认识论为基础,另一种哲学则以政治论为基础。"[①]这里的"认识论"即前面提到的以理性主义和经验主义为核心的科学知识观,这里的"政治论"实质上是以实用为目的的实用主义知识论的观点。实用主义知识论起源于美国实用主义哲学。实用主义哲学是美国对世界哲学领域的原创性贡献,是扎根于美国本土文化的一种哲学思想。在19世纪末20世纪初,以詹姆斯、皮尔斯和杜威等人为代表,他们继承和总结了美国社会在开放新大陆中形成的直面现世、注重行动、追求效果的思想风格,并以此作为批判和改造欧洲传统哲学思想的理论武器,提出了"观念唯独与它们所产生的实践效果联系才有意义"的观点。实用主义哲学自诞生以来就深深地嵌入了美国社会,并对大学知识观念产生了重要的影响。

实用主义哲学对科学知识观念的发展主要体现在,实用主义哲学是建立在对欧洲传统哲学二元论思想批判的基础上的。在科学知识观念内部一直存在着理性主义和经验主义的二元对立,经验主义者认为感觉经验是人类认识的基础,知识是感觉和经验的产物,为此需要重视观察与实验在知识认知过程中的作用;与经验主义相对立的理性主义认为通过感觉和经验得到的知识是有限的、片面的和不可靠的,唯有通过理性思辨和归纳演绎的方

---

① 　约翰·S.布鲁贝克:《高等教育哲学》,王承绪等译,浙江教育出版社2002年版,第13页。

法才能将感觉经验的知识上升到普遍原理的高度。实用主义者认为长期陷入这样的争论毫无意义,因为它们对现实问题的解决毫无帮助,为此实用主义者发明了"实用主义"的概念,用以解决上述哲学矛盾。他们认为"实用主义"可以满足"两种要求的哲学","它既能像理性主义一样,含有宗教性,但同时又像经验主义一样,能保持和事实最为密切的关系"。① 正如实用主义哲学的代表人物威廉·詹姆斯所言,实用主义只不过是一种方法,但是这种方法的全盘胜利,意味着传统哲学气质的巨大改变。实用主义哲学以最后的收获、效果和事实为认知活动的考量标准,以此来解构理性主义和经验主义二元对立的哲学难题,从而为科学知识观念的继续发展奠定了基础。

在实用主义哲学影响下,大学知识观念表现出强调知识的经济和社会功能,强调知识的实用性的倾向。实用主义哲学对大学知识观念的影响主要体现在如下几个方面:

第一,肯定了知识的应用价值。自古希腊以来,知识的应用价值就一直处于受压制的状态。经院主义认为,知识的价值在于证明上帝存在的合法性;人文主义认为,知识的价值在于可以塑造理想人性;而理性主义认为知识本身就是价值,知识的价值在于认识知识自身。实用主义哲学则引用培根的名言"知识就是力量",积极肯定知识在认识自然和改造自然中的价值作用。杜威在阐述自己的哲学思想时就多次提及培根"知识就是力量"的先导意义,他说:"培根最著名的格言是知识就是力量。以这一实用标准来判断,他将当时的学问体现为非知识、假知识和伪知识,因为它不能给予力量。"②培根认为,不能推动社会进步的知识是一种假知识和伪知识,因为它们不能给予力量,这里的"力量"主要是指控制自然、改造自然的力量,而不是对人的思想进行控制的力量。③ 在培根的这种思想影响下,杜威确立了实用知识的价值,即知识的价值主要是一种外在的、实用的价值。只有那些具有实用性能够实际应用的知识才是真正有价值的。

第二,提升了实用知识的地位。由于知识应用价值受压制,实用知识在知识体系中的地位一直很低。柏拉图就曾经说过:"鞋匠能够判断一双鞋的好坏,但对于穿鞋是好是坏,何时穿鞋好这样更重要的问题,他就无法判断了;医生善于判断健康,但他不知道活着是否是一件好事,或是否死去更好。

①　威廉·詹姆斯:《实用主义》,陈羽纶等译,商务印书馆 1997 年版,第 20 页。

②　约翰·杜威:《哲学的改造》,张颖译,陕西人民出版社 2004 年版,第 16 页。

③　约翰·杜威:《哲学的改造》,张颖译,陕西人民出版社 2004 年版,第 17 页。

在纯粹、有限的技术问题产生时,工匠是专家,但对于真正重要的问题,如价值的道德问题,他就无能为力了。"①在传统的知识观念中,实用知识因缺乏道德和价值判读的能力一直为揭示终极目标的高级知识所控制,因此也一直无法进入作为高深知识机构的大学。这种状态一直维持到19世纪。纵然具有实用价值的自然科学知识在19世纪进入了德国大学,但是洪堡时代大学接受自然科学的理由也只是因为洪堡运用新人文主义观点论证了科学知识也具有"修养"的功能。实用知识在大学的地位真正得到合法确立仍旧要归功于实用主义哲学。杜威通过对经验的自然主义论述,在应用和价值上打破了实用知识低下有限的范围。杜威在《经验与自然》一书中认为,经验在人类认知发展中具有重要地位和作用。经验与自然密不可分,一同构成了人类知识的重要来源与重要组成部分;经验法是人们进行认知的主要方法。②

第三,论证了通过实验方法获取知识的合法性。可靠的知识能否通过经验的方法获取,这是哲学家们经常思考的问题。但即使在洪堡时代的大学里,探究知识的主导方式仍旧是哲学式的,以观察和经验为基础的方法也是受排斥的。实用主义哲学从吸收培根思想入手,批判地分析了历史上理性主义和经验主义知识方法的差异,从而提出了一种探究式的方法。杜威在《哲学的改造》中,用蜘蛛、蚂蚁和蜜蜂的工作方式形象地区分了纯粹推理、传统经验主义与培根方法的不同,并突出了培根知识探究方法的先进性。由此,他提倡建立在实验和实践基础上的知识生产方式。

实用主义知识观念契合了19世纪末美国大学本土化改造的呼声,并成为美国大学改造传统学院式教育的思想武器。正是在实用主义知识观念的影响下,美国大学形成了注重科学、追求实用的办学特色,并且将大学为社会服务的行为制度化为大学学术活动的新职能。如阿什比所言:"在美国,最有力的环境因素不是像牛津、剑桥那种历史悠久而权威极大的大学统治权,而是对高等教育所持的功利主义态度。"③在1862年和1890年,美国分别通过了两个《莫雷尔法案》,一个规定赠地、一个规定拨款,掀起了著名的"赠地学院"运动。早期的赠地学院主要是技术学院,重点是培养工农业发

---

① 约翰·杜威:《哲学的改造》,张颖译,陕西人民出版社2004年版,第8—9页。
② 约翰·杜威:《经验与自然》,傅统先译,江苏教育出版社2005年版,第3—8页。
③ 阿什比:《科技发达时代的大学教育》,滕大春等译,人民教育出版社1983年版,第11页。

展所需的实用型技术人才,后来赠地学院逐步向大学发展,现在很有声望的康奈尔大学、威斯康星大学、加利福尼亚大学、麻省理工学院等都是在赠地学院的基础上发展起来的。为社会服务是赠地学院的办学特色,1904 年威斯康星大学新任校长范海斯在就职演讲中表示:"大学应该是本州全体人民的服务机构……大学应作为'公共事业'的基本工具积极参加改造社会的活动。"①范海斯提出的大学要为社会服务的思想被总结为"威斯康星思想",成为大学服务社会理念的典型代表。在美国赠地学院确立了大学服务社会的职能以后,服务社会成为大学新兴的职能很快就被世界各国大学所接纳。正如有学者所言:"至于大学直接为社会服务职能,如果说 20 世纪初它还仅仅是美国州立大学的一个办学特色,那么 50 年代后便已逐渐成为各国大学的主要职能之一。"②服务职能的确立和发展,直接促进了大学对社会需求的回应和满足,也促进了大学走出隔离和封闭的象牙塔,从社会边缘走向社会中心。

二、后现代哲学对科学知识观念的批判与重构

从 20 世纪中期开始,实用主义与后现代哲学思潮相结合,对科学知识观念进行了更加彻底的批判。后现代哲学思潮是 20 世纪中后期西方哲学领域掀起的一场新思潮。后现代哲学思潮的一个核心内容就是对知识性质的重新认识。对知识性质的重新认识与"什么知识最有价值"的问题密不可分。科学知识观念推崇科学知识,是因为科学知识被看成是"客观的""普遍的"和"价值中立"的知识,是真正的知识,是对客观世界的客观反映,对所有人和所有社会都是百利而无一害的。后现代主义对科学知识观念反思和批判首先就指向了对科学知识客观性、普遍性和价值无涉的质疑与解构,其代表性的观点可以概括为三点。第一,从客观性到文化性。知识不可能是脱离于人和社会的独立存在,知识不可避免地受到所在文化传统和文化模式的制约,与一定文化体系中的价值观念、生活方式、语言符号乃至人生信仰都不可分割,因而知识的本性是"文化的"而非"客观的",绝对客观的知识是不可能实现的。第二,从普遍性到境域性。任何知识都是存在于一定文化境域之中的,没有"放之四海而皆准"的普遍真理,有的只是与某一文化形态紧密相连的知识。第三,从中立性到价值性。任何知识形态都不可能摆脱

---

① 李素敏:《美国赠地学院发展研究》,滕大春等译,河北大学出版社 2004 年版,第 144 页。

② 胡建雄等:《学科组织创新》,浙江大学出版社 2001 年版,第 260 页。

与社会价值的联系,完全摆脱研究者主观认识的影响,即使是科学知识也不能是价值无涉的,科学本身就是社会的产物。

在重新认识知识性质的基础上,后现代主义对19世纪的科学知识生产方式进行了深刻的批评与重构。第一,知识增长是否是一种理性的过程?科学知识观念认为知识是纯粹理性的过程,为了发现真理知识,认识主体需要经过严格的方法训练,包括经验主义的观察、实验和归纳,以及理性主义的直观、演绎、证明、反驳等,为的是剔除容易导致谬误的非理性因素,成为一个纯粹的认识主体,以便获得客观性、确定性的知识。后现代主义认为知识增长不只是源于理性,而是社会理性与非理性相结合的复杂的劳动过程。从历史上看,社会需求和以问题为导向的科学研究同样可以促进知识增长;将知识创造视为纯粹理性的过程也不符合历史的逻辑,科学美感和激情对于科学创造同样具有巨大的推动作用,过于强调狭隘科学方法训练的科学教育,会导致知识缺乏多样化,导致科学知识与非科学知识的分裂,最终阻碍知识的发展。第二,知识增长是否只是一种不断分化的过程?在科学知识观念中,知识学科化和学科分化被认为是知识进步的必要条件。建立在学科分化基础上的科学教育和科学训练使得科学从业人员的视野不断变窄,以至于不同学科之间的屏障不可逾越,反过来又制约了知识的进一步发展。后现代主义对这种不断分化的知识发展方向进行了批判,例如波普尔就曾尖锐地批评了近代以来知识专门化的倾向,他说:"毫无疑问,当代科学太专业化,太职业化了。这使得科学有些不近人情。"①后现代主义认为20世纪中叶以后,学科之间的综合已经逐渐成为知识进步的重要条件,一批"新兴学科""边缘学科""交叉学科""横断学科""大学科"的出现体现出了学科综合在当代知识增长中的作用。第三,知识增长是否只是个体化的认知活动?科学知识观念认为知识增长是一种不受社会文化影响的个体认知过程,科学知识活动只有在"自由"和"寂寞"的环境中才能正确前行,社会文化被看成是科学知识生产过程中的干扰因素。后现代主义认为当代知识生产已经走出科学家个人兴趣的范围,成为一种受社会知识或技术利益驱动的认知活动,科学不再是一种单纯满足好奇心和求知欲的探索活动,社会文化因素不再是知识生产的干扰因素,反而在知识生产过程中扮演了重要角色。

围绕以上三点,后现代哲学解构了19世纪科学知识生产方式,这对于大学知识演进的逻辑产生了深远影响:第一,肯定了知识生产的社会性价

---

① 石中英:《知识转型与教育改革》,教育科学出版社2001年版,第96页。

值,强调大学知识生产的过程与社会价值利益是不可能相分离的;第二,批判了知识发展遵循学科分化逻辑的观点,肯定了边缘学科、交叉学科等形式的学科综合同样是推动知识发展的重要力量。

从基本立场来看,后现代哲学与实用主义是一致的,甚至有学者把"实用主义"视为"后现代状况"的一种文化表征。① 在实用主义和后现代哲学思潮的共同作用下,大学学术活动发生了深刻转型。大学的知识观念不仅可以建立在纯粹知识导向的理性主义和经验主义哲学的立场上,而且可以包容以功利为导向的实用主义哲学;大学的知识活动不仅为研究者个人兴趣所驱使,同时还需要面向实际应用,成为一种受社会知识或技术利益驱动的认知活动。亨利·埃兹科威茨等人将此变化称为大学"第二次学术革命"。如果19世纪第一次学术革命将大学从教学机构转变为研究机构,使教学和研究结合起来,"第二次学术革命"则在科学家成功地寻求资源以达到科学目标——发展已证明的知识的同时,把对经济发展和社会进步的重要贡献作为一种学术使命引入到学术活动中。②

第二节　超越学科逻辑

如何概括和描述变革中的大学学术活动,从20世纪中后期开始,学者们就开始不断地进行重新整理和反思,如普赖斯提出了"小科学"与"大科学"的概念,齐曼提出了"学院科学"和"后学院科学"的学说,而吉本斯则用知识生产方式1与知识生产方式2来进行区分。尽管这些表述在内容上有着很大的差异,但是可以肯定人们已经发现传统的学科逻辑难以概括20世纪大学知识演进的全部特征,需要建构一种基于新知识生产的共识和理论。

一、纯科学与后学院科学

从知识制度的维度来看,大学学术活动呈现出纯科学模式与后学院科学模式并存的特征。纯科学模式是与学科逻辑相对应的。我们认为,在纯科学模式之外还存在着后学院科学的模式,这主要是基于如下几点认识。

① 冯典:《大学模式变迁研究:知识生产的视角》,2009年厦门大学博士学位论文,第179页。

② 亨利·埃兹科维茨、劳埃特·雷德斯多夫:《大学与全球知识经济》,夏道源等译,江西教育出版社1999年版,第152页。

第一,应用研究在大学获得了合法地位。科学研究虽然在洪堡时代成为大学的一项职能,但是洪堡提倡科学研究的初衷只是提倡一种新的学习方式,只是实际结果促成了科学研究活动的制度化并发展成为大学的一项职能,因此,洪堡提倡的科学研究是非功利的,不以应用为目的的"纯科学",在洪堡时代的大学里,应用研究是没有合法地位的。美国研究型大学的确立和发展改变了这一局面。

美国研究型大学形成于19世纪末期,一般认为,1876年约翰·霍普金斯大学的建立开启了美国研究型大学发展的时代。约翰·霍普金斯大学是模仿德国大学而建立的,是美国旨在推动科学研究和培养高级专门人才的第一所真正的大学,它并没有照搬洪堡关于德国大学建立纯科学的传统,而是结合了实用主义精神进行了本土化的创建。约翰·霍普金斯大学的成立对美国大学的发展具有两方面转折性的意义:其一,首次明确发展科学是大学的主要目标,如约翰·霍普金斯大学首任校长丹尼尔·吉尔曼的就职演讲中宣称的那样,"学术研究将成为这所大学教师和学生的前进指南和激励器……知识的获取、保存、提炼和整理将是这所大学的主要目标"。其二,首次将基础研究与应用性研究相提并论,应用研究在大学里获得了与基础研究同等重要的地位。吉尔曼明确提出霍普金斯大学的学术活动要承担起推动社会经济发展的责任,要成为一所致力于开展基础研究和应用研究两种学术活动的机构。他说:"霍普金斯大学要履行对社会的重要责任,以减少贫穷中的痛苦、学校中的无知、教堂中的偏狭、医院中的苦难、商业中的欺诈、政治中的愚蠢。"[①]在约翰·霍普金斯大学的带领下,美国旧有的英式学院和新建大学纷纷走上了研究型大学的发展道路,而且应用研究在大学里取得了合法化的地位,这在很大程度上改变了科学研究依附于教学的传统,使得科学研究在大学获得了独立的发展地位,这无疑极大地提高了大学进行知识创新的能力。

20世纪美国研究型大学迅速崛起,特别是在二战期间,一些美国研究型大学在雷达新技术开发和原子弹研制等重要国防科技项目中发挥了不可替代的作用,在服务国家的同时,自身也获得了很大发展,涌现出了斯坦福和麻省理工学院等一批世界著名的大学。二战以后,美国研究型大学继续发展,成为美国国家科技创新体系中重要的组成单元。至六七十年代,美国研

---

① 沈红:《美国研究型大学形成与发展》,华中科技大学出版社1999年版,第32—33页。

究型大学形成了从联邦获得科研经费满足国家科技创新需求的办学特色。这一点在 1994 年之前美国卡内基基金会发布的历次高等教育机构分类法中可以得到印证。在 1973 年、1976 年、1987 年、1994 年版的分类法中，联邦资助科研经费的数量是区分和衡量研究型大学的重要指标。虽然在最近发布的 2005 年版中，对研究型大学的分类不再是按照联邦资助的科研经费总额进行简单的划分，而是将大学科研活动的衡量指标细化为 7 项内容，分别是：理工科的 R&D 经费（研发经费），其他学科的 R&D 经费，博士后数量，研究人员（非教师）数，人文学科博士学位授予数量，社会科学领域授予博士学位的数量，理工学科之外博士学位授予数量。根据大学这 7 项指标的总得分和师均得分将研究型大学分为"研究活动非常活跃的研究型大学""研究活动活跃的研究型大学"以及"授予博士学位的研究型大学"。① 卡内基分类方法的不断细化体现出我们对研究型大学的认识在不断深化，分类方法也不断趋于合理。但是，不管分类方法如何改变，强调大学要开展符合实际需求的应用研究都是其中一以贯之的主题。可以说，美国研究型大学的发展和成熟使得应用研究在大学获得了制度化的形式。

在整个 20 世纪中，美国研究型大学在知识创新方面成就卓著，对世界许多国家的大学发展产生了广泛的影响，成为各国效仿的目标，应用研究也伴随着研究型大学制度的扩张逐步在大学确立了自身的合法地位。

第二，基础研究与应用研究融合成为普遍现象。在学科逻辑下，大学知识演进遵循纯科学的模式，基础研究与应用研究呈现出二元分立的关系，基础研究处于知识链的上游，为下游知识应用提供知识来源。由于基础研究与应用研究之间存在上下游关系，两者处于竞争关系，大学担心加强应用研究将会挤占基础研究的资源，从而影响科学进步，为此大学排斥以应用为目的的研究。

然而，美国研究型大学成功的事实表明情况并非如此。美国研究型大学发展的一个重要特征就是基础和应用、科学和技术之间的联系日益紧密，大量的新知识越来越产生于应用情景②，尤其在一些社会发展日益重要的领

① The Carnegie Foundation for the Advancement of Teaching: The Carnegie Classification of Institutions of Higher Education. http://www. Carnegiefoundation. Org/Classification.

② 迈克尔·吉本斯等：《知识生产的新模式——当代社会中科学与研究的动力学》，陈洪捷等译，北京大学出版社 2012 年版，第 6 页。

域,如农业、健康、环境、通信等,基础研究和应用研究是缠绕在一起的。对基础研究和技术创新的关系来说,两者之间并不是简单的单向线性关系,并不是所有的联系都是科学研究流向技术,同样技术发展也会反馈回科学研究。

美国普林斯顿大学著名学者唐纳德·斯托克斯(Stokes, D. E.)在《基础科学与技术创新:巴斯德象限》中,对基础研究与应用研究之间的关系进行了深入的分析,他指出知识生产与应用之间并不总是简单的线性关系,现代科学许多重要的发现都体现出知识生产与应用之间的互动关系。为了阐述这种互动关系,他发明了一套二维结构的象限模型(见图5-1)。在他的模型中,科学技术研究按照求知和求用的二维结构,被分成四种研究类型,分别居于四个象限中:第Ⅰ象限为玻尔象限,代表着单纯由求知欲引导而不考虑应用目标的基础研究(例如以玻尔为代表的原子物理学家对原子结构的探索,典型地代表了求知的研究类型);第Ⅱ象限为巴斯德象限,代表着既寻求拓展知识又考虑应用目标的基础研究(例如细胞微生物学家巴斯德是在解决防止葡萄酒贮藏变酸的实际问题中发现了微生物发酵的原理,从而成为微生物领域的奠基人);第Ⅲ象限是既不由求知欲望引导也不考虑实用目标的研究,主要是强化研究者的研究技能,并对已有经验进行分析与整合,为研究者能够尽快地胜任新领域内的工作打下良好的基础;第Ⅳ象限为爱迪生象限,代表只由实用目标引导而不追求科学解释的研究(例如爱迪生领导的研究组织重视具有商业利益的各种发明,很少有兴趣追问发明项目背后所隐含的科学内涵,更不注重用物理学的基本原理对新技术做出解释)。[①]

斯托克斯的象限模型无疑比布什线性模型更准确地反映了美国研究型大学发展的实际情况。实际上,这并不是斯托克斯一个人的见解。许多年以来,人们一直对基础研究和应用研究的简单划分从不同角度提出了大量批评。这实际上反映了战后科学技术的发展已远远超出了依据二战以前科学发展状况而建立起的线性科学观,巴斯德象限类的科学研究出现在越来越多的研究领域,已经成为科学发展的一个主要趋势。

斯托克斯的象限模型告诉我们,大学知识增长与经济社会发展和其他社会目标的实现之间存在广泛的联系,大学关注的知识不应只局限于基础科学的进展,也应关注应用科学的进展,并且将技术更新作为学术活动的重

---

① 关于斯托克斯象限的分析可参见唐纳德·斯托克斯:《基础科学与技术创新:巴斯德象限》,周春彦、谷春立译,科学出版社1999年版。

```
                        ↑求知
                        │
  Ⅰ纯基础研究           │   Ⅱ应用激发的基础研究
   (波尔象限)            │     (巴斯德象限)
                        │
────────────────────────┼────────────────────────→
                        │                   求用
  Ⅲ技能训练与经          │   Ⅳ纯应用研究
    验整理               │     (爱迪生象限)
                        │
```

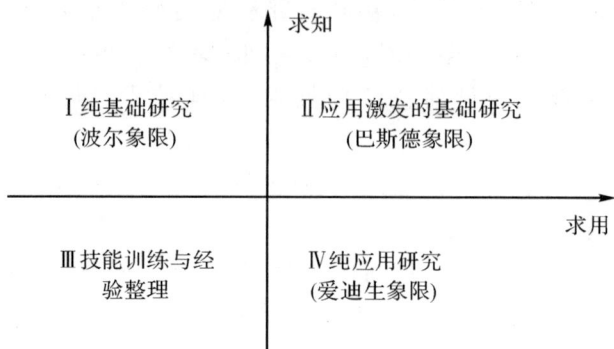

图 5-1 斯托克斯象限模型

要任务。就科学家个体而言,更多的研究不是基于一种"闲暇的好奇",而是广泛地参与到解决具体问题的项目之中,科学研究的评价方式也不再是纯科学时代那种以对人类知识的贡献多少为标准,还需要考虑在多大程度上推动了实际问题的解决,以及创造了多少经济价值。

第三,大学不再是唯一的知识生产机构。在学科逻辑下,大学与企业的关系体现了知识生产与应用二元对立的状态。在这一状态下,大学与企业的关系是相互分离的,大学通过成果发表的形式为社会和企业提供公共知识,而企业则需要将这些知识成果转化为可以应用的工业产品来实现价值。

随着知识经济时代的到来,越来越多的知识问题带有经济和社会目标,社会问题的综合性和复杂性使得大学在处理和解决这些问题时显得越来越捉襟见肘,政府和企业不断地介入知识生产过程,大学已不再是知识生产唯一的合法性机构,知识生产体系的社会分布形态正在形成。正如有学者所言:"大学将仅构成知识生产部门的一部分,且可能仅仅是很小的一部分……无论是从科学、经济还是政治的角度,大学都不再处于足够强势的地位。"①大学作为知识机构的合法性正面临着前所未有的严峻挑战。大学为了维持其知识机构的合法地位必然会选择同外部社会机构建立在知识生产上的合作关系,这就改变了大学与政府和企业之间相互分离的关系,大学与政府和企业合作共同开展科学研究进行知识生产就成为二战以后美国研究型大学发展的两个基本趋势。齐曼在总结"后学院科学"的特征时就认为,后学院科学是学院科学向产业领域的延伸,是与实践网络紧密缠结在一起

---

① 王建华:《知识视野中的大学》,《教育发展研究》2003 年第 3 期。

的"一种全新的方式"①。伯顿·克拉克也认为,"从整体上说,高等教育的材料不同于企业组织、政府部门和许多非营利性机构,但并非所有各方面都有所不同。实际上,由于其他机构组织以知识、科学和专业为基础,它们与高等教育越来越相似"②。

美国研究型大学与联邦政府的科研合作为大学与政府合作开展知识生产开了先河。在第二次世界大战中,美国联邦政府通过签订科研合同和竞争性拨款的形式与大学进行科研合作,一些重大的军事技术项目如雷达研制、原子弹研制、固体燃料火箭研制和无线电引信雷达研制都是交由斯坦福大学和麻省理工学院等研究型大学完成的。政府与大学合作进行的科学研究计划获得了成功,而参与这些科研项目的研究型大学也得到大发展。二战后,美国联邦政府和大学的科研合作得到进一步加强,联邦政府更多地介入了大学科研领域。从 20 世纪 50 年代开始,美国联邦政府加大了对大学科学研究的支持力度。"1955 年联邦对大学'有组织的研究'的资助总额已达 169 亿美元,一大批研究型大学在联邦的资助下形成了所谓的'联邦拨款型大学'。"③

1957 年苏联成功发射人类第一颗人造卫星后,引发了美国社会的危机感,他们把国防科技的落后归咎于教育政策的落后,1958 年《国防教育法案》正式出台,这个法案公布的重要意义在于,建构出联邦政府和大学合作开展科学技术前沿研究的模式。此后,联邦政府拨出大量的经费,支持大学开展与国家战略发展紧密相关的基础研究和应用研究。在这些资金中,相当一部分被研究型大学获得,从而直接推动了研究型大学的发展。

二战以后,美国研究型大学发展的另外一个特征是,运用知识创新成果,直接从事开发高新技术、催生新产业,将知识和技术转移到经济活动中去,成为直接促进社会产业发展和经济增长的强大动力。这些大学极大地拓展了研究型大学的内涵,因其富有创业精神,因此被称为"创业型大学"。创业型大学成为美国研究型大学发展的新阶段。

---

① 约翰·齐曼:《真科学:它是什么它指什么》,曾国屏等译,上海科技教育出版社 2002 年版,第 59 页。

② 伯顿·克拉克:《高等教育系统——学术组织的跨国研究》,王承绪等译,杭州大学出版社 1994 年版,第 38 页。

③ 冯典:《大学模式变迁研究:知识生产的视角》,2009 年厦门大学博士学位论文,第 208 页。

　　虽然直到目前,学者们对"创业型大学"的内涵定义还有争议,但我们可以从一些学者的论述中获取对创业型大学特征的认识。伯顿·克拉克是最早研究"创业型大学"的学者,他在他的两本著作《建立创业型大学:组织上转型的途径》《大学的持续变革——创业型大学新案例和新概念》中提出了创业型大学实现组织上转型的五个基本途径:形成强有力的领导核心,大学与外界加强合作,多样化的资金基础,富于激励的学术中心和自主创业的文化氛围。① 美国另一位著名教授亨利·埃兹科维茨认为大学的"创业"行动是研究型大学扩展研究职能的结果,他提出了创业型大学五个方面的组织特征:其一,大学知识活动的目标既是为了发展学术,也是为了实现知识的商业价值;其二,大学开展知识活动需要与产业组织和政府密切互动;其三,大学在知识活动中保持相对独立的地位,不从属于另一个机构;其四,大学、产业组织和政府之所以密切互动,是为了实现相互依存又相对独立的目标;其五,在同其他组织进行知识生产合作时,大学组织内部结构应保持不断更新。② 斯劳特(Slaughter)则把大学的创业行为与"学术资本主义"相联系,认为创业型大学是指大学在变化的形势下采取一些企业的运作方式,展示出市场化的行为,特别是对外部资金的竞争。③ 基于上述学者分析,我们认为大学创业是 20 世纪大学组织转型与知识演进逻辑共同作用的结果,建立创业型大学是为了推动大学组织转型,大学不再仅仅是知识生产和传播的组织,大学同时还是能够有效进行知识转移的组织;大学不仅具有知识创新的能力,而且能够通过知识转移具备实现知识资本化的能力。④

　　综合上述三点认识,现代大学学术活动方式已经发生了深刻变革,突破了传统大学尤其是德国大学模式的局限:在科研的内容和方式上,现代大学改变了自 19 世纪以来德国大学改革所确立的纯理论研究方向,注重社会现实需要的"实用"科研,与政府、企业结合进行科学研究;在大学与社会的关系上,现代大学已经不是远离社会的"象牙塔",大学致力于积极推动科技成果向生产力的转化,开始走向产业内部,融入产业增长,广泛参与经济生活。

---

　　① 伯顿·克拉克:《建立创业型大学:组织上转型的途径》,王承绪译,人民教育出版社 2003 年版,第 4 页。

　　② 朱世超、朱俊:《大学变革的趋势——从研究型大学到创业型大学》,《科学学研究》 2006 年第 8 期。

　　③ 希拉·斯劳特、拉里·莱斯利:《学术资本主义政治、政策与创业型大学》,黎丽译,北京大学出版社 2008 年版,第 8 页。

　　④ 伍醒:《创业型大学的科研特征及其改革意义》,《科技进步与对策》2011 年第 7 期。

新的学术活动方式动摇学科制度的合法性基础，大学学科制度遭受到前所未有的危机，知识生产专门化与知识应用综合化成为影响大学知识演进的一对基本矛盾，为了平衡两者之间的张力，大学知识结构和组织结构必须要实现应有的变革。

二、学科知识与跨学科知识

学科知识与跨学科知识并存是现代大学知识体系结构性特征的一个重要方面。跨学科知识的出现，既是克服学科制度危机的需要，也是学科知识逻辑发展的必然结果。

第一，知识生产方式的变化引发了学科制度危机，学科制度的封闭性和割裂性的局限暴露得越发明显。知识是人类认知活动的成果。在人类历史的早期，由于认知能力的局限，人类的知识是统一的、整体的，传播百科全书式的知识，培养百科全书式人才是古代高等教育的理想。随着人类认知能力的提升，知识体系呈现出分化的特征，分化沿着两个方向进行，一是认识对象的精细化，二是认识方法的进步。于是，中世纪大学的合法性从普遍知识转移到高深知识，而高深知识的一个显著特征就是分门别类，一直到 18 世纪文、法、神、医四科知识都是大学的主要知识结构。19 世纪，大学创造性地形成了知识生产与知识人才培养相统一的制度结构，学科制度的诞生极大地激发了大学学术活力，知识以前所未有的速度进行分化，大学的知识体系也以前所未有的速度飞快膨胀。虽然知识的分化和学科的分裂促进了科技进步，也加速了大学知识增长，但是学科制度注重分工和规训，使知识分子的工作方式、工作性质和工作内容发生了重大变化，大学放弃了发展整体性知识的目标，学科制度把知识及其创造主体分割得七零八落，"这种分裂循着几条线索进行，研究对象、方法、理论、认识论上的预设与意识形态"[1]。大学组织内部隔行如隔山的现象日益严重，一个领域的专家可能对另一个领域的专家一无所知，"学者们的最大相同之处就表现在他们都一心一意地钻研学问。但是他们的最小共同之处是那种对他们来说都是共同的知识，因为他们所研究的领域都是专门化的，互相独立的"[2]。

第二，知识分化不再被认为是促进知识进步的必要条件，以解决复杂科

---

[1]　华勒斯坦等：《学科·知识·权力》，刘健芝等编译，生活·读书·新知三联书店1999 年版，第 30 页。

[2]　伯顿·克拉克：《高等教育新论——多学科的研究》，王承绪等译，浙江教育出版社2001 年版，第 107 页。

学问题和重大现实问题为导向的跨学科知识生产诉求越来越强烈。一般认为,跨学科研究是推动知识进步的主要动力,20世纪后,人类面临的社会问题越来越复杂,如人口、食物、生态、能源、环境等,这些问题单单靠某一学科的知识很难解决,需要求助于多学科知识的融合,以及动员不同学科的专家共同研究,从而形成了一种跨越学科界限的更大范围的知识共同体。在这种跨学科的研究中,人们发现了许多在单一学科知识框架内不可能提出或发现的问题、方法和技术,这在客观上刺激了大学从学科综合的角度来考虑单一学科领域无法完成的问题,跨学科的综合性研究也逐渐成为促进大学知识进步的基本方式。

第三,即使沿袭学科分化的发展逻辑,跨学科知识的出现也有其必然性。单学科研究在日益深入地考察其研究对象的过程中,总会达到一定的边界,本学科的研究对象在客观上含有别的学科研究对象的属性和过程。一旦达到这个界限,单一的学科研究必然发现:如果不考察看来与本学科研究对象不相干的属性和现象,就再也不能进一步认识构成本学科研究对象的那些属性和现象。这种矛盾必然导致一些跨学科分支的建立,即边缘交叉学科,例如在19世纪末就已经出现的自然科学内部各学科的交叉现象,在20世纪社会科学内部也出现了学科交叉现象。随着学科研究的深入和研究水平的提高,学科研究对象的日趋复杂,对于特定的研究对象,任何单一学科都无法独立解释或认识其属性或过程,必须综合运用多种学科的理论、方法才有可能解决,由此便产生了综合学科。例如,自然科学、技术科学和社会科学之间相互交叉,形成了一些综合性很强的学科。某一学科在自身独立发展的进程中,能够提出一些带有一般科学性质的观念、概念和原理,它必然是整个科学所共有的,其本身就是完全跨学科的。二战以后出现的以系统论、信息论和控制论为代表的横断学科就是典型的例子,而它们一旦与自然科学、社会科学发生交叉又会不断生成新学科。因此,学科知识自身的发展轨迹也为我们揭示出从单学科知识发展到跨学科知识的一般路径:单学科——边缘交叉学科——综合学科——跨学科。现代科学发展的事实表明,如果单学科是孤立的和封闭的,那么它很快就会消亡,而开放的跨学科知识体系结构将有助于新的研究领域的形成,也为传统的学科提供更加灵活多变和扩展领域范围的可能性。

于是,从20世纪下半叶开始,大学的知识体系发生了明显的结构性变化,一方面学科知识呈现出开放性和动态发展的特征,另一方面跨学科知识的地位得到了明显提升。正如克莱恩所言:"尽管大部分时间内,学科呈现出一种显结构，居于统治地位；跨学科呈现出一种隐结构，属于从属地位，但在20世纪后叶，随着异质性、杂糅性、复合性、学科互涉等成为知识生产的突出特征，显结构与隐结构之间的平衡正在悄然发生变化。"①

关于跨学科的内涵，学术界的定义林林总总，大致有三种比较有代表性的观点：一是1972年OECD组织编写的《跨学科的教学与研究》报告中对"跨学科"的探讨，"此书中跨学科可以帮助、解决或者发展与科学发展、学生需求、专业训练需求、社会需求，以及大学的机制和管理相关的问题的论点，拓宽了对于跨学科的科学探讨和政治争论的视野"②，一般认为此书是现代关于跨学科探讨的开端。二是2005年，美国国家科学院、国家工程院在《促进跨学科研究》报告中的解释，"跨学科研究是一种经由团队或个人整合来自两个或多个学科（专业知识领域）的信息、材料、技巧、工具、视角、概念或理论来加强对那些超越单一学科界限或学科实践范围的问题的基础性理解，或是为它们寻求解决之道"③。三是研究跨学科比较著名的学者克莱恩和纽威尔在1998年对跨学科的定义："跨学科研究是一项回答、解决或提出某个问题的过程，该问题涉及面和复杂度都超过了某个单一学科或行业所能处理的范围，跨学科研究借鉴各学科的视角，并通过构筑一个更加综合的视角来整合各学科视角下的识见。"④根据上述定义，我们对跨学科可以形成这样的认识：首先，跨学科的实质是知识的重新组织和整合，目的是要提高我们理解问题、解决问题和提出新问题的能力；其次，跨学科研究要基于学科知识，在知识和范式之间建立联系，同时打破原有知识范式的僵化和分割，为新学科的成长提供知识交汇点；最后，跨学科研究是推动跨学科知识活动发展的主要动力。

理解跨学科的定义，我们还需要把握与跨学科相关的一组学科行为的关系，主要包括多学科、交叉学科、超学科与跨学科之间的异同。关于上述四个概念的异同，学者们已经有过较多的论述，以克莱恩为代表的学者认为，学科知识有无发生整合与互动、有无拓展出新的研究领域是区别它们的

---

① 朱丽·汤普森·克莱恩：《跨越边界——知识·学科·学科互涉》，姜智芹译，南京大学出版社2005年版，第24页。

② 王沛民等：《面向高新科技的大学学科改造》，浙江大学出版社2005年版，第234页。

③ 中国社会科学院文献信息中心：《跨学科研究：理论与实践的发展》，http://www.icsszju.net/。

④ 中国社会科学院文献信息中心：《跨学科研究：理论与实践的发展》，http://www.icsszju.net/。

关键。

多学科是指不同学科知识相互组合的现象,在知识组合的过程中,不同学科知识之间缺乏明显互动。由于缺乏互动,学科边界不会相互跨越,学科知识不会在多学科组合中实现拓展或者改变,学科之间的联系是暂时的、有限的。

交叉学科是指用一种学科的概念、工具、方法来研究属于另一学科领域的对象,比如对政府或其他社会组织行为的经济学考察。与跨学科强调学科知识的互动整合不同,在交叉学科研究中,不同学科之间的地位是不对等的,提供研究进度的学科占有绝对的主导权,研究所使用的概念、工具、方法都来自于它,研究成果也是归属于它所在的学科,而另一学科仅仅是提供被分析的对象。

超学科则是指如哲学、数学这样一类的学科,这种学科的特点是能够为其他学科提供研究方法和工具,因而具有很强的学科渗透能力,逐渐超越了一般学科的层次。

相比之下,跨学科概念被赋予的意义最丰富,它是为了解决单一学科所无法应对的问题而形成的一种研究进路。面对综合性和复杂性的现实问题时,跨学科不同于交叉学科用一种学科进路分析另一学科研究对象,也不同于超学科致力于发展一个凌驾于一切学科之上的解释体系,跨学科的特点是以问题为导向,跨越现有的学科制度边界,对学科知识进行重构。重构学科知识会获得对问题的新认识(不同于单学科视野下的认识),也有可能跳出现有的学科框架提出新的问题,从而推动知识创新。

综合以上分析,我们认为,跨学科是一个综合的概念,是对发生较深入学科整合阶段的诠释。它是在学科视野下,通过跨越学科边界的形式,把不同学科范式有机地融为一体的知识活动。跨学科不是目的,而是解决复杂问题,促进知识创新的途径。促进跨学科的发展并非是要打破学科体系、推翻学科范式和颠覆学科传统,而是要在学科之间建立起一种灵活包容的、鼓励创新、保持开放的机制。

三、学科组织与跨学科组织

跨学科知识活动的兴起必然导致大学组织结构的变化。在学科逻辑下,学科组织是大学学术活动的基本建制,学系、讲座、研究所等既是学科的一部分,又是大学学术组织的基本组成单位,它们都是建立在单一学科基础上的学科组织。但是跨学科知识活动的兴起对建立在单学科基础上的大学基层学术组织设置方式提出了挑战。

　　一方面，面向问题的跨学科知识活动打破了学科组织中教学与科研相统一的制度平衡，大学的教学、科研活动开始从讲座、学系等传统学科组织中漂移而出，这破坏了基层学科组织赖以建立的制度结构。教学与科研是大学的基本职能，也是大学学术活动最主要的内容。在19世纪，随着大学学科制度化的完成，大学以讲座、研究所、学系为基本组织建制形成了教学与科研相统一的制度结构，极大地提高了知识创新和知识传播的效率。当历史进入20世纪后，大学教学与科研相统一的原则遭受到严峻的挑战，很多面向问题的科研活动并不是在传统的学科组织中进行的，伯顿·克拉克敏锐地观察到这一现象，并将此命名为"教学科研的漂移"，他在对英、法、德、美等主要西方国家大学的教学科研关系进行研究之后得出结论，"科研的核心需要将促进科研活动从正常的大学教学场所流到科研中心、实验室和研究所，这是普遍的，不是偶然的"。① 社会学家本·戴维在《学习的中心》一书中也认为："科研与教学只是在特殊的条件下能够在单独一个框架内组织起来，远远不是一种自然的相配。"②其中的原因值得深思。洪堡等人提出"教学与科研相统一"能够在19世纪的德国大学成功实践有其历史的必然性。洪堡时代的德国大学，教学科研统一的基本条件已经具备。首先，科学还处于"小科学"或者"纯科学"的阶段，科学家们探究科学主要出于好奇心和求知欲的驱使，应用和功利的目的并不占据主流。另外，同时代的大学规模较小，组织结构单一，大学还恪守着"象牙塔"的角色，保持着纯粹学术机构的特性。泰潘将这一时期的大学称为"纯大学"③。纯科学与纯大学形成了联盟关系，以学科为基础的大学基层学术组织在当时成了"纯科学"与"纯大学"联盟的落脚点，习明纳和实验室既是一种教学方式也是一种科研方式，既是大学教学的基本组织单元也是大学开展科研的基本组织单元。但是，当大学的科研活动开始面向实际问题时，传统的学科组织就已经不能再将这种研究活动包容在原有的教学科研制度之内，大学基层学术组织需要超越学科组织的界限，在新的组织形态中重新建构教学与科研相统一的制

---

① 伯顿·克拉克：《探究的场所——现代大学的科研和研究生教育》，王承绪译，浙江教育出版社2001年版，第222页。

② 伯顿·克拉克：《探究的场所——现代大学的科研和研究生教育》，王承绪译，浙江教育出版社2001年版，第242页。

③ 施晓光：《西方高等教育思想进程》，黑龙江人民出版社2002年版，第56页。

度结构。

另一方面,"大科学"是 20 世纪科学发展的显著特征,科学成为系统工程,开展科学研究往往需要大量的资金、设备和人员,规模小、人员少、学科单一的大学基层学术组织已经难以单独提供科研所需要的全部条件。在这样的背景下,欧洲多数国家的政府支持在大学之外开展有组织的科研和教学活动,成立独立的公共研究部门。法国于 1939 年在大学体系之外,成立国家科研中心(CNRS),独立承担基础研究与应用研究,现已经成为法国最大的科学技术研究机构。德国在 1911 年也创建了分化的科研体系,政府资助建立起最初的威廉皇家协会,协会于 1948 年改名为马克斯·普朗克研究所,研究所虽然经常紧密与所在地大学合作,但仍为大学外之独立机构,机构人员不负责大学内部教学工作,并拥有较大学更良好的设备和更充裕的资金,维持其世界级的学术地位。在英国,科研漂移的现象虽然没有法、德两国那样明显,但是掌握主要科研经费分配的各学科研究委员会也是给非大学的研究机构分配了很多的经费,有时候甚至比指定给大学的经费还多。高水平的研究活动在大学校外进行降低了大学基层学术组织在高层次创新型人才培养上的地位,加之欧洲大学在 20 世纪下半叶进入高等教育大众化甚至普及化的发展阶段,大学学生规模的扩张使得并不是所有的学生都能达到开展科研的能力要求,大学又一次面临着在开展高水平研究和培养高层次人才上被边缘化的危险。

在这样的背景下,大学基层学术组织需要打破原有学科组织的僵化分割,克服规模小、人员少、学科单一的不足,建立多样化的跨学科组织结构,将有组织的教学科研活动重新纳入自身的制度结构中,以满足知识演进的新要求。

一般而言,大学开展大规模的跨学科教育和研究活动的起始时间都认为是 20 世纪 40 年代,更确切地说,是起始于美国在二战期间开展的军事科学研究,著名的曼哈顿工程和雷达工程就是跨学科研究的经典代表。虽然大学开展跨学科的教育和研究活动并不是在二战期间才出现,在人类科学发展史上,跨越不同学科边界进行科学活动由来已久,例如我们所熟知的天才科学家牛顿、胡克、哈雷、波耶尔等人,他们在 17 世纪就开始运用不同学科的理论和方法去开展研究和发现。但是在 20 世纪 40 年代之前,以跨学科为特征的知识活动大多停留在科学家个人兴趣领域,只是少数科学家的个人行为。直到第二次世界大战期间,成体系跨学科教育和研究活动才开始兴起,其主要标志是大学组织内部产生了有组织的教学单位和有组织的研究单位。

第一,有组织的教学单位。在学科教学模式下,讲座和学系等学科组织承担了组织实施教学的任务。但在跨学科教学模式下,跨学科的教学任务往往是由学系、讲座等传统学术组织之外的单位完成的,主要包括学位项目,如本科生项目、研究生项目,各种委员会、单元等,他们虽然在师资和生源方面与学系、研究机构等有所交叉,但大多数都有自己的行政负责人以及独立的管理、行政体系和人员,和其他学术组织的边界也比较清晰。因此也可以称得上是基层学术组织的一种类型,并被称为"有组织的教学单位",成为大学教学工作有益的补充。例如"哈佛大学文理学院除了约70个学系和研究组织之外,还有10个本科生学位项目和59个研究生学位项目,以及40多个承担课程责任和提供教学服务的委员会,包括若干个教学项目委员会、10个跨学科协调委员会和若干个特别委员会等"①。

第二,有组织的科研单位。跨学科研究改变了大学科研的基本组织方式。洪堡式的科学研究实际上是一种基于个人的、小规模的、非组织化的科学知识生产方式。这种科学研究是一种高度个人主义的行为,研究者可以自由地思考和研究他们自己选择的有趣课题,并产生公共的普遍知识和对自然及其规律的理解,而不必考虑知识的实际功用。洪堡式大学为科学研究制度化提供了基本的保障,使科学研究成为一种专业性的活动,但是这时候的科学研究活动主要是"一种个体性的、小规模的活动,典型的教授犹如手工作坊中的师傅,常常在家中从事学术和教学活动,基本无须学术分工与协作,实际上是无组织的个人活动"②。20世纪中期,随着二战后世界政局的改变、经济危机的出现和大科学时代到来,相对于之前科学家个人进行的"小科学"研究而言,大科学研究具有大规模、高投入、复杂化、组织化的特点。在大科学时代,早期基于科学家兴趣的分散、个体的研究被"有组织的研究"所代替。所谓的"有组织的研究"是指将科学家以研究项目(program或project)的形式组织起来,协同攻关,从而攻破那些单靠科学家个人无法完成的高难度科学研究。战后美国联邦政府和大学的合作,开创了有组织研究的新时代。国家通过对大学、政府内研究机构、工业界研究机构的组织

---

① 郑晓齐、王绽蕊:《研究型大学基层学术组织改革与发展》,清华大学出版社2009年版,第46页。

② 陈洪捷:《在传统和现代之间:20世纪德国高等教育》,《高等教育研究》2001年第1期。

和协调,通过拨款或签订合同的方式,使人力资源的调配符合科学研究的需要,最后使研究成果用于实现国家利益。战后美国研究型大学进行的有组织研究突破了德国洪堡大学的学院科学研究的局限,将科学研究与国家需要结合起来。从形式上看,美国研究型大学的有组织科研单位主要包括:跨学科计划、跨学科课题组、跨系实验室、跨系(学科)研究中心等四种①,其他西方国家的大学常常根据自己的实际情况,创设各种类型的跨学科学术组织。跨学科学术组织在大学兴起,不仅提升了大学开展实际问题研究的能力,而且从一定程度上缓解了大学基层学术组织知识生产的专门化与知识应用的综合化的张力。正如美国学者盖格所言:"美国大学当初在院系组织内部成立跨学科研究组织,或者单独成立校属的跨学科研究组织,为的是开展传统院系组织不能开展的问题导向的项目研究,是大学基层学术组织张力的'缓冲器',起到缓冲的作用。"②

第三节 大学跨学科组织的兴起与发展

20 世纪世界高等教育重心从德国转移到美国。率先开展跨学科研究是美国大学对世界高等教育的重要贡献之一,回顾美国大学跨学科组织的发展历程对于研究大学跨学科组织在 20 世纪的兴起与发展具有典型意义。

一、大学跨学科组织在美国的发展历程

美国大学跨学科组织最初的组织形态可以追溯到美国赠地学院时代,早在 19 世纪下半叶,美国的赠地学院就已经实施了跨越传统学科边界的学术活动。当时美国的工业发展远远落后于西欧各国,"西进运动"中农业劳动力又严重缺乏,急需有实用工农业技术和高素质的专业技术人才来提高美国工农业的效益,推动美国经济发展。但建国后的美国高等教育还长期受欧洲特别是英国传统大学的影响,大学与社会现实脱节,不能为国家培养实用人才,不能适应美国新的社会经济形势下的需要,延缓了美国实用农业技术的推广与实用工农机械化的进程,这引起了社会各阶层的不满。为了

---

① 张炜:《学术组织再造:大学跨学科学术组织的成长机制》,浙江大学出版社 2012 年版,第 34 页。

② Geiger,R. L. Organized Research Units——Their Role in the Development of University Research. The Journal of Higher Education,1900(1).

鼓励高等教育服务于美国工农业发展,在 19 世纪 60 和 90 年代,美国分别通过了两个《莫雷尔法案》,一个规定赠地、一个规定拨款,掀起了大规模的赠地学院运动。在稍后的一段时间内,联邦政府共建立了 69 所赠地学院或资助一些大学推行农业和机械技术教育,大大促进了美国高等教育的发展。现在很有声望的康奈尔大学、威斯康星大学、加利福尼亚大学、麻省理工学院等都是在赠地学院的基础上发展起来的。

为了发挥新建的赠地学院在提高农业技术水平中的作用,各州政府意识到有必要在大学里建立起由专业农业研究人员组成的农业实验站。美国人认为在大学里建立农业实验站好处在于,一方面可以有利于提高大学农业研究的实用性,另一方面还可以有效地承担起培养农业科技人才的任务。"当接受科学农业教育的新生代回到农场时,将完成实验到应用的一个循环;而当新一代拥有技术知识的农民能够更好地给研究者提出问题时,研究机构与教学学院的结合又可以完成从问题产生到研究的方向循环。"[1]因此,从 19 世纪下半叶开始,出现在美国赠地学院中农业实验站已经担负起了开展实际问题研究和培养实用型人才的职能,具备了学术组织的特征。但是农业实验站与传统的学术组织有着很大的不同:首先,农业实验站里的农业问题专家们不是整天闷在实验室中,而是直接到田间地头去解决农业生产实践中的实际问题;其次,农业生产实践中遇到的问题往往不是单一学科所能解决的,需要不同学科知识和方法的协同或者集成,如巴布科克,他是威斯康星大学农业实验站的主任化学师、教授,也是美国著名的农业化学家,他在 1890 年发明并完善了测定牛奶脂肪含量的方法,可以对市场上出售的牛奶进行快速分等,也被称作"巴布科克测试法",这项方法是跨学科研究的结果,因为这项方法具体涉及农学、化学、营养学、统计学和生物学的知识。因此,农业实验站并不是建立在某个单一学科基础上的学术组织,它在问题选择和研究方法上已经跨越了当时的学科界限。

不过,美国大学跨学科组织的制度化则是在二战期间完成的。在军事科学技术开发的特殊背景下,跨学科研究在美国大学中得以广泛开展,正是大学成功地开展了跨学科研究才保证了美国在军事科技竞争中的优势;与跨学科研究相伴的是美国大学跨学科学术组织的发展,美国大学跨学科学术组织产生发展演变的过程堪称 20 世纪大学基层学术组织变革的典范,对

---

① 亨利·埃兹科维茨:《麻省理工学院与创业科学的兴起》,王孙禹等译,清华大学出版社 2007 年版,第 34 页。

推动其他国家大学学术组织的发展也发挥了重要的引领作用。以美国研究型大学为例,我们将美国大学跨学科组织分为国家设立的大学跨学科研究组织、大学自主创设的跨学科教学研究组织以及产学合作的跨学科组织三大类型,不同的组织类型有着不同的产生背景、组织形式和组织功能。

(一)国家设立的大学跨学科研究组织

美国联邦政府在大学设立跨学科研究组织起始于第二次世界大战。二战期间,美国国家科技政策发生了重大转型,政府十分重视研究型大学在军事科学研究中的地位和作用,一批非常重要的军事技术项目交给大学完成,其中最为著名的就是"雷达工程"和"原子弹工程"(又称"曼哈顿工程")。这些项目的成功研制不仅影响了战争的进程,也改变了大学科学研究的传统,对战后的科学发展,特别是不同学科的跨学科研究,产生了深远影响。无论是"雷达工程"还是"曼哈顿工程",执行研究任务并不是大学传统的基层学术组织——学系,而是国家在大学设立的专门实验室。在麻省理工学院,完成雷达工程研究的主力军是辐射实验室(现在的林肯实验室);而研制原子弹的任务则是由芝加哥大学的阿贡实验室、加州大学伯克利分校的劳伦斯辐射实验室等为主完成的。这些实验室虽然设立在大学内部,但是他们并不归属于大学院系组织,而是有着如下的特点。

第一,国家出资设立,规模庞大。以雷达工程为例,美国政府先后投入25亿美元之巨,组织了近4000名科学研究和工程技术人员,工程规模的巨大超过了任何单一学科的科学家所能胜任的范围,若非二战这一特殊背景,如此众多且有着不同学科背景的科学家和工程技术人员同时共同参与一项科研项目是不可想象的。

第二,组织结构对应任务分工。这些实验室虽然设立在大学,但是内部的组织结构并不是按照大学里的学科来分别设置,而是根据雷达研制的任务目标分解而来的(见图5-2)。例如麻省理工学院的林肯实验室共设七个技术部门,这七个技术部门是依据雷达的构成要素分类的,计有发射机、接收机、天线等。随着研究任务的具体化,在实验室主任及辐射实验室指导委员会的领导下,实验室下设12个部门,每个部门下属若干个工作小组,具体执行项目任务,如有需要,工作小组还会下设若干个子小组。

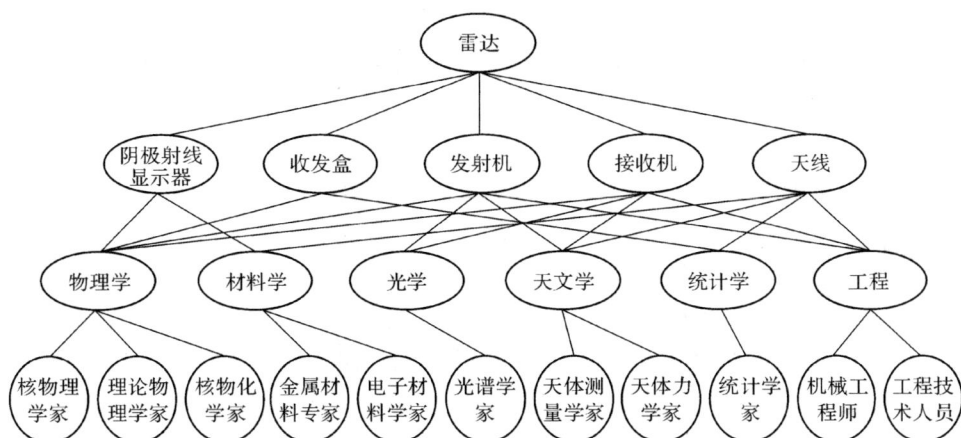

图 5-2　雷达实验室多任务协作关系①

第三，有效地跨学科协作。正如有学者认为，真正的跨学科研究是从雷达研制开始的。② 虽然在二战之前，出于解决现实问题的需要，不同领域的科学家共同研究得到一定程度的提倡和支持，但是各领域之间的关系依然是分离的，雷达研究工程改变了这种不同学科、不同领域的分离状态。当时雷达实验室实现了多学科、多领域工作的交叉协同，其基本关系如图 5-2 所示，就像一个无形的容器，将各个不同的学科混合其中，拥有不同学科背景的科学家、工程技术人员集聚在一起，通过卓有成效的跨学科交流，成功地解决了一系列复杂的研究课题。著名的例子有，施温格（Julian Schwinger）借用电气工程师的技术方法，实现了对微波的实际网络计算和描述。施温格当时在雷达实验室的理论部门工作，他的团队负责开发研制出一种可用的理论网络体系，以实现从总体上对于微波的描述，因为传统的理论网络体系已被证明不可用。施温格借鉴了电气工程师们常用的一项古老技术，通过吸收更多的工程技术成果，跳出自身已形成的根深蒂固的专业知识和思想的局限，而将研究对象放在设备上，并通过这些物质对象将先前狭隘的领域理论和电气工程的计算及语言连接起来，最终由麦克斯韦方程组出发推

---

① 汪凯、刘仲林：《交叉性创新研究的典范：雷达研制》，《自然辩证法研究》2006 年第 8 期。

② 汪凯、刘仲林：《交叉性创新研究的典范：雷达研制》，《自然辩证法研究》2006 年第 8 期。

导出一系列规则,而正是这些规则,使得其他学科背景的工程技术人员和科学家们实现了对于微波的实际网络计算和描述。交叉研究改变了施温格解决物理问题的研究思想和策略,这是科学家借用工程技术方法解决理论物理难题的经典案例。①

"雷达工程"和"曼哈顿工程"的成功实施标志着大学跨学科研究水平发生了飞跃,也标志着大学跨学科组织逐步成熟。联邦政府在大学设立实验室成为大学跨学科组织最早的制度化形式,对于二战后大学跨学科研究和跨学科组织的发展产生了重要影响。

二战胜利后,联邦政府决定向大学托管战时发挥重大作用的国家实验室,希望通过托管的形式,进一步发挥大学的学术优势,促进国家实验室发挥更大的作用。托管主要通过合约的形式进行,实验室的研究项目、研究经费以及人员工资由政府负责,大学则负责研究活动的组织和日常管理工作。通过为政府代管国家实验室,当时的美国大学获得了源源不断的研究资金,还有适应开展大科学研究的高精尖端研究设施。最重要的是,政府托管实验室进一步增强了大学在国家创新体系中的重要地位。目前比较著名的美国大学代管国家实验室有:

(1)林肯实验室,成立于1951年,隶属于美国国防部,由麻省理工学院管理,目前主要开展空间探索技术、导弹防御等领域的研究。

(2)劳伦斯伯克利实验室,成立于1931年,隶属于美国能源部,由加州大学管理,主要开展高级材料研究、生命科学研究、能源效率研究,以及加速器的研究。

(3)喷气推进实验室,成立于1958年,隶属于美国航空航天局,由加州理工学院管理,主要开展星际探索、地球科学、天体物理、通信工程等研究。

(4)洛斯阿拉莫斯实验室,成立于1943年,隶属于美国能源部,由加州大学管理,主要开展核能、超导、生命科学研究。

(5)斯坦福直线加速器中心,成立于1962年,隶属于美国能源部,由斯坦福大学管理,主要开展高能物理、粒子物理研究。

(6)等离子体物理实验室,成立于1951年,隶属于美国能源部,由普林斯顿大学管理,主要开展等离子体物理和聚变科学研究。

上述国家实验室虽然由大学代管,但是研究方向都具有国家战略导向,

---

① 汪凯、刘仲林:《交叉性创新研究的典范:雷达研制》,《自然辩证法研究》2006年第8期。

其研究任务都在跟随国家战略的变化而进行不断调整。例如林肯实验室是在美国军方研制雷达的背景下产生的,现在则把研究的主要领域集中于空间监控技术以及导弹防御技术;洛斯阿拉莫斯实验室最初是为了核武器的研制而成立,并且以研制出了世界上第一颗原子弹而闻名于世,后来又跟随国家战略的转移,不仅研究核武器,非武器核能、超导以及生命科学也被纳入研究视野。这些由美国联邦政府出资兴建的国家实验室很好地将大学在基础研究上的研究优势与国家战略需求结合起来,既保证了大学的基础研究处于世界顶尖水平,又致力于为国家提供了安全、环境以及未来发展的科技需求。

(二)大学自主设立的跨学科教学研究组织

二战期间,政府针对国家战略在大学里设置跨学科实验室取得了成功。受此影响,二战后,美国一些主要的研究型大学普遍重视跨学科研究的开展和跨学科组织的设立,许多不同学科领域的研究者开始合作,成立校内跨学科组织,从组织性质和任务上看,这类跨学科组织的主要特征如下。

第一,独立于传统的院系组织。对于美国大学来说,学系是传统的基层学术组织,但学系主要是开展教学活动和单一学科的基础研究,基本上是基于研究者的个人兴趣,这样的组织设置不适合开展跨学科研究。跨学科研究需要超越学科边界,而且大多得到外部基金资助需要应对社会需求,跨学科组织如果挂靠在院系组织之下,肯定要受到院系组织的制约,因此跨学科研究组织需要独立设置才能缓冲这种研究的张力。实际情况是,在大学内部设立的跨学科组织中,多数组织独立于院系,属于与大学院系平行的单位,组织形式也多种多样,如研究院、研究所、研究中心、实验室等。有学者统计,在随机抽取的200个美国大学内部设置的跨学科组织中,"校属独立机构达185个,所占比例为92.5％;挂靠在传统院系的跨学科研究组织为8个,达4％"①。

第二,以专门任务和项目为导向。美国大学自主设立跨学科研究机构的初衷很多都是来源于外部基金的支持,主要是为了满足社会需求。于是,以任务和项目为中心来组织科研就成为大学内设跨学科组织的主要特征,通过有组织的跨学科研究,大学满足了社会对知识的种种需要,从而大大增加了大学研究活动可能利用的潜在资源,加大了资源的利用效率。同样的统计结果也显示,在随机抽取的200个美国大学内部设置的跨学科组织中,

---

① 文少保:《美国大学跨学科研究组织变迁与运行治理研究》,2011年大连理工大学博士学位论文,第54页。

"主要为解决具体任务完成项目的跨学科研究组织为 175 个,所占比例达到 87.5％"①。这就意味着,跨学科组织所研究的内容大都是以项目和问题为导向,虽然我们不能排除也包含有基础研究内容,但是进行纯粹知识导向的纯研究几乎很少。

第三,同时开展跨学科人才培养。这些大学自主设立的跨学科组织不仅仅是有组织的研究单位,同时还是有组织的教学单位,是美国大学开展跨学科人才培养的重要单元。以斯坦福大学著名的 Bio-X 研究中心为例,1998 年 5 月,一群来自不同领域的斯坦福教授产生了一个构想,希望联合不同学科专业人才,共同推进生物科学的教学和研究,进而在生物医学、生物物理、生物工程等方面有所突破,于是一种跨学院、跨科系的大规模机构应运而生,并定名为 Bio-X。这个名称很形象地表达了以生物学为中心,促进生物学教授与其他有关学科教授交流,共同推进生物科学发展的基本要义。Bio-X 研究中心不仅包括有数以百计的跨学科研究计划,而且还包括了各类前沿交叉的跨学科课程与教学计划,例如:人类基因组的计算循环、运动解剖、再生医学的生物材料、Bio-X 前沿、计算基因组学等。② 这些课程对于传递生物学科尖端研究信息,培养生物学科高端技术人才发挥了重要作用。

跨学科组织较好地承担起了大学开展跨学科教学和研究的任务,而且也缓解了大学开展知识生产、传播与应用知识服务社会之间的张力,这种跨学科组织在美国大学内运行后效果很好。于是,美国各个大学都不同程度地设置跨学科的教学和研究机构,自主设立跨学科教学和研究机构成为二战后美国大学跨学科组织的主要形式。罗杰·L.盖格就曾认为:"从 1980 年到 1985 年,在一些著名大学中,有组织的跨学科研究单位数量从 1507 个增加到 2104 个。在美国一流的 25 所大学中,平均每校拥有 48 个有组织的跨学科研究单位。在稍差一些的 75 所大学中,平均每所大学也达到 23 个。这类跨学科研究组织在大学内增加得很快……20 世纪 80 年代跟 40 年代一样,有组织的跨学科研究单位使美国的大学能够大力开展适应各种社会需要的科学研究,并且是在没有明显影响大学系级机构基本教学任务的情况

---

① 文少保:《美国大学跨学科研究组织变迁与运行治理研究》,2011 年大连理工大学博士学位论文,第 54 页。

② 张炜:《学术组织再造:大学跨学科学术组织的成长机制》,浙江大学出版社 2012 年版,第 41 页。

下做到了这一点。"①

(三)产学合作的跨学科组织

20 世纪 60 年代以后,美国联邦政府资助大学科研活动受到了两个方面的制约。一方面是经济发展滞胀的制约。在公共财政紧缩的大背景下,联邦政府放慢了大学科研资助的增长步伐。有数据表明,美国联邦政府对大学科研的资助 1953 年为 1.38 亿美元,1968 年为 15.72 亿美元,平均每年的增长幅度为 1 亿多美元;而在 1968 年至 1975 年期间,来自联邦政府的科研资助额度只是从 15.72 亿美元增长到 20.32 亿美元,增长的速度明显放缓。② 这就意味着大学需要更多地通过自身来解决研究经费问题。另一方面是政府绩效改革的制约。60 年代,西方社会兴起了新公共管理运动,社会和民众对于政府资助的大学研发活动承担经济社会发展的责任提出了更多的要求,加强对大学公共财政投入的绩效要求,成为许多国家教育科技政策的重要内容,美国同样不例外。在这样的背景下,与企业开展合作研究,成立大学企业联合的跨学科研究机构就成为美国大学克服公共财政紧缩不利影响的重要手段。

从 20 世纪六七十年代至今,在联邦政府的引导下,美国大学在其内部设置了众多校企联合研究机构,这些研究机构大多是结构相对稳定的跨学科实体组织,一般根据所承担的研究任务设立,同时兼顾跨学科教育。这些联合研究机构不仅推动了大学跨学科研究的深入发展,也有效地加强了大学与企业在知识生产和传播上的合作,将大学跨学科组织发展水平提升到一个新高度。这些联合研究机构主要有以下三种形式:

第一,工业大学合作研究中心(IUCRC)。工业大学合作研究中心由美国国家科学基金会(NSF)倡导设立,设立的主要目的是促进大学与企业的研究合作,推动在大学内部开展以企业实际问题为导向的跨学科研究。为促成研究中心的成立,国家科学基金会给每个研究中心资助 5 万美元,同时要求合作企业的赞助不少于 30 万美元,中心所在的大学也要提供直接或间接的财政支持。工业大学合作研究中心内部的组织形式比较灵活,既有一个大学与几个企业联合形成的中心,又有多个学校与多个企业进行的合作,

① Geiger, R. L. Organized Research Units—Their Role in the Development of University Research. The Journal of Higher Education,1900(1).

② 参见文少保:《美国大学跨学科研究组织变迁与运行治理研究》,2011 年大连理工大学博士学位论文,第 36—37 页。

还有分布式计划书式的合作,即工业大学合作研究中心与企业和大学以签订合同的形式进行合作。① 到 1989 年年底,美国已经建成 41 个中心,其中著名的有麻省理工学院复合物加工研究中心、加利福尼亚大学集成传感研究中心、伦塞勒工学院计算机制图研究中心,罗德岛大学机器人研究中心等。②

第二,工程研究中心(ERC)。1983 年,美国国家科学院和美国工程科学院提出了在大学内建立工程研究中心的设想,并于 1985 年开始实施。工程研究中心的主要任务是针对工业生产的需要开展跨学科研究,同时着力培养工业生产所需的工程技术人员。工程研究中心主要以一所新大学的一个或几个系为核心,吸收若干实力雄厚的企业参与。构成工程研究中心的基本单位是课题组,由教授领导,大学里的研究人员、学生,以及来自企业的工程技术人员共同参与完成研究与教学任务。

工程研究中心与工业大学合作研究中心一样都是跨学科合作研究组织,而且都在大学内,但是不同之处也十分明显,一方面,就学科领域来看,工业大学合作研究中心涉及基础科学、工程和应用科学领域,而工程研究中心的设立范围仅限于工程学领域,相比较而言,工业大学合作研究中心的学科分布更为广泛;另外就组织设置而言,工业大学研究中心一般都是独立的研究单位,不依附于院系和大学自设的研究机构,而工程研究中心则是以大学一个或几个学系为基础建立的研究单位,不仅拥有开展跨学科研究的职能,而且还承担了开展跨学科人才培养的任务,在新的层面体现出教学与科研相统一的原则。据统计,"美国在 1985 年建立了 6 个工程研究中心,1986 年增加到 11 个,到 1989 年一共建成了 18 个工程研究中心"③。工程研究中心在创新大学研究和教育新途径,促进大学与产业界的联系上发挥了重要作用,"如马萨诸塞州大学的聚合物科学和工程系世界知名的前三名系科之一,而他们合作的公司,当时的营业额曾达 30 亿美元,其中有的公司数百名科学家和工程师在大学从事研究,从而使该 ERC 成为美国最成功的 ERC 之一"④。

---

① 刘力:《产学研合作的历史考察及比较研究》,国际文化出版公司 2005 年版,第 46 页。

② 刘力:《产学研合作的历史考察及比较研究》,国际文化出版公司 2005 年版,第 46 页。

③ 文少保:《美国大学跨学科组织变迁与运行治理研究》,2011 年大连理工大学博士学位论文,第 39 页。

④ 刘力:《产学研合作的历史考察及比较研究》,国际文化出版公司 2005 年版,第 48 页。

第三，科学技术中心（STC）。科学技术中心计划是 1986 年由美国国家科学基金会（NFS）推出的一项科研计划，主要目的是鼓励大学开展教学、研究、知识转移一体化的学术计划，为这些计划提供长期稳定的资助。在传统意义上，美国国家科学基金会的资助主要选择个人研究者和基础性研究。而这项计划则侧重于资助那些由多所大学联合建设的研究中心，以及大学和其他社会组织联合开展合作研究的各项工作。在科学技术中心的推动下，各大学、各学科之间，甚至于社会各界（包括产业界在内）之间架起了合作研究桥梁，开创了许多新的科研领域，取得了不少原始性成果。在 1989年，NFS 阐明推行"科技中心"计划的三大目标，即解决跨学科研究的复杂问题，促进知识转移，开展教育和研究培训。从 1989 年开始，NSF 分 5 批共支持科学技术中心 47 个，STC 分散在各个不同的大学校园里，有的挂靠在院系，有的挂靠在学校，属于跨学科研究的运行单位。

上述三类跨学科组织设立的目标都是促进大学与产业界合作，共同提升国家的工业竞争力，所以我们可以将这三类研究中心称之为产学合作的跨学科组织。到目前为止，此类跨学科组织在美国大学内发展良好，有的中心以一所大学为基础，有许多企业参与合作研究；而有的中心依靠多所大学为基础，与多个企业进行合作研究，极大地激发了大学的科研活力，也极大地提高了美国工业竞争力，在大学和企业之间取得了双赢。

跨学科组织在美国大学的成功兴起与发展很大程度上提升了美国大学在国家知识创新体系中的地位和作用，无论在基础研究领域还是在技术创新或应用研究领域，美国研究型大学都已成为名副其实的动力源和推进器。有人统计，在 20 世纪最后 10 年的诺贝尔物理学奖、化学奖、心理学或医学奖、经济学奖等 35 名获得者中，有 23 名来自美国研究型大学，约占获奖者总数的 66％；1995 年至 1996 年 16 名美国国家科学奖获得者中，有 14 名来自研究型大学，约占获奖者总数的 88％[①]；在技术创新和知识应用方面，以斯坦福大学和麻省理工学院为代表的创业型大学也已成为美国国家高新技术研究和开发的中心。美国研究型大学与产业界充分互动，产学研一体发展，在知识创造、传播、应用等领域充满活力，产生了巨大的正能量。

二、大学跨学科组织形态与结构特征

前文以时间为序，简要回顾了美国大学跨学科组织发展的历程，跨学科

---

① 徐祖广：《研究型大学在建设国家创新体系中的地位和作用》，《清华大学教育研究》1999 年第 2 期。

组织在美国大学发展的历程表明,传统大学学术组织赖以存在的组织基础——学科分化特征已经动摇。在知识经济时代的客观要求和推动下,以跨学科教学和研究为核心特征的学科整合趋势,已经成为大学学术组织存在和发展的新基石。大学跨学科组织是建立在传统学科组织基础之上的,通过打破讲座和学系的组织边界,进行跨学科教育和研究,以实现不同学科的整合。相比较传统的学科组织,跨学科组织在形态和结构上呈现出自身的特色。

(一)多样化的组织形态

传统的大学基层学术组织是学科知识专门化发展的结果,一般根据学科知识的界限设立,学科知识的边界就是大学基层学术组织的边界,主要目的是进行学科知识生产和培养生产学科知识的新人,因此传统大学基层学术组织建制较为稳定且边界清晰,根据内部人员组织方式和结构的不同,一般分为讲座制与学系制两种形态。而大学跨学科组织则是大学跨学科教学科研活动制度化发展的结果,一般面向复杂科学问题或是解决重大实际问题而设立,由于跨学科的学术活动需要整合不同学科的科学家和不同学科的知识,在一定程度上打破了固化的学科壁垒,因而跨学科组织建制相对开放灵活,相互间的边界也不需十分清晰,不仅拥有成建制、稳定的基层学术组织,而且还拥有了临时的、动态的基层学术组织。还是以美国研究型大学的跨学科组织为例,我们可以根据学科整合的目的和任务不同,把美国大学跨学科组织划分为三种类型与四种形式(见表5-1)。

表 5-1　美国大学跨学科组织特征分析

序号	跨学科组织类型	组织形式	基本特点	经费来源	设立时间	作用分析
1	国家设立的大学跨学科研究组织	跨学科实验室、研究中心	国家设立,规模庞大,独立设置	国家出资	二战中	满足国家战略发展对科技的需求
2	大学自主创设的跨学科教学研究组织	跨学科计划、课题组	非实体组织,按照项目管理	经费来源多元,多数得到外部基金支持	二战后至60年代	在学科间发现新的知识领域;缓解大学知识生产专门化与知识应用综合化的张力
		跨学科研究中心、研究所、实验室	实体组织,围绕研究问题设置,横跨院系			
3	产学合作的跨学科组织	跨学科研究中心	大学与企业联合共建,是连接产学研的实体组织	工业企业资助	70年代以后	提高工业企业的竞争力

三种类型：

(1)国家设立的大学跨学科研究组织。出现在第二次世界大战期间；主要的组织形式是跨学科实验室；基本特点是由国家出资，委托大学管理，不依托院系设置，规模一般比较庞大；主要的任务目标是使大学的研究活动能和国家战略需要紧密结合，满足国家未来发展的科技需求。

(2)大学自设的跨学科教学研究组织。出现在20世纪五六十年代；组织形式多样，主要有跨学科研究中心、研究所、实验室，跨学科研究计划、课题组等；基本特点是以实用为目的，组织灵活多样、虚实结合，既有围绕研究任务、按项目管理的非实体组织，又有横跨院系的实体性组织，教学工作随着研究问题而展开；主要的任务有两个，一是作为系科组织的补充，在学科知识之间发现新的知识领域，为学生提供多学科知识的综合理解，二是缓解知识生产专门化和知识应用综合化的张力。

(3)产学合作的跨学科组织。出现在20世纪70年代以后；主要的组织形式是跨学科的研究中心；基本特点是大学与企业联合共建，是连接产学研的实体组织；主要的任务是解决企业生产中的具体问题，提高工业企业的竞争力。

四种形式：

(1)跨学科课题组。跨学科课题组常常是大学自设的跨学科组织。课题组一般与研究问题有关，是以问题为导向，针对研究课题而开展学术活动的基本单元，以完成科研任务为直接目的，同时围绕所研究的问题展开相关的教学工作。跨学科课题组规模较小，不是实体组织，一般按照项目进行管理，围绕项目实施集中不同知识领域的人员，人员都来自不同的系科，且隶属关系不变。课题组的优势在于具有很大的灵活性和实用性，可以根据研究工作的需要，短时间集中各个知识领域的人员，有利于各个知识部门的沟通；课题组也可以得到企业的资助，并吸收企业和社会研究人员参加。

(2)跨学科计划。跨学科计划也是大学自设跨学科组织的重要组织形式。跨学科计划一般根据特定的教学或研究任务而设立，横跨几个学院或学系，不具有组织实体。就教学任务而言，跨学科计划可以为学生提供关于特定领域的多学科知识和综合理解；就科研任务而言，跨学科计划可以集中若干学科领域的资源优势，进行大跨度的科研合作。在特定的教学研究任务完成后，有两种发展可能性：一是计划没有必要进行下去，自行终止；另一种是有进一步发展的需要，计划延长或转变为跨系的组织实体。

（3）跨学科实验室。跨学科实验室是国家和企业在大学设立跨学科研究组织的重要形式。实验室是一个稳定而又相对独立的组织实体，成员可以来自各个不同的院系，但一般不挂靠任何学院或学系，主要从事国家委托的、具有重大战略价值的复杂科学问题研究，或者成为校企联合研发的实验基地。跨学科实验室一般不承担本科教学任务，以研究生教学为主。

（4）跨学科研究中心。跨学科研究中心是针对重大科学问题和社会经济发展重大需要进行的组织设计，这些研究项目一般无法依靠单个小型课题组来完成，需要多个跨学科课题组的横向联合、协同攻关。这类组织多在实体院系组织之外创建虚体研究组织，也有的挂靠某一院系，吸收其他院系甚至校外其他研究机构和企业的研究人员参加。因此，跨学科研究中心是运用最为广泛的大学跨学科组织，存在于上述三类跨学科组织中。跨学科研究中心又分为三种：一种是大学独立设置的研究中心，它常常是学校的教学实践基地或产、学、研实体；一种是校企联办的研究中心，它往往成为大企业的研发基地或校企联合实体；另一种是国家部门重点扶持或资助学校的研究中心，它一般是国家政府部门资助的重大综合性应用研究课题，其中最具代表的就是国家工程研究中心（ERC）。

除了上述四种形式，世界各国大学常常根据自己的实际情况创设各种形式的跨学科教育或研究组织，如跨学科研究组、跨学科研究协会、流动型教育和研究系统等。

（二）组织结构多样化

在 20 世纪中期之前，世界各国大学的组织结构基本可以分为以英美为代表的校—院—系模式和以德国为代表的校—学部—讲座（研究所）模式两大类（见图 5-3、图 5-4）。这两大类组织结构都是建立在学科分化基础上的，自上而下呈树状结构，组织结构理论称之为直线职能制组织结构（functional structure）。这种结构的优点在于，等级清晰，关系明确，稳定性好，适合于大学学科组织的特点和工作要求。这种结构的功能缺陷在于不同组织和不同组织成员之间协调十分困难，组织灵活性差，限制了学术组织知识创新功能的发挥。特别是在大学知识体系复杂化后，直线职能组织结构难以适应跨学科知识发展的需要。

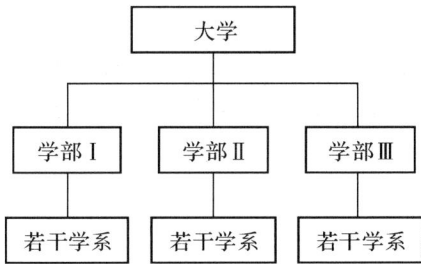

图 5-3　英美大学组织结构　　　　　　图 5-4　德国大学组织结构

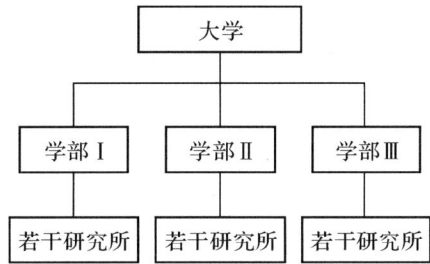

　　面对直线职能制组织结构的缺陷，美国大学的跨学科组织采用了类似矩阵制组织的学术组织结构（见图 5-5）。矩阵组织结构是 20 世纪 50 年代兴起的一种组织结构。它是一种既有纵向职能部门联系，又有横向跨各个职能部门联系的组织结构，是为了加强各职能部门之间，组织与组织之间的

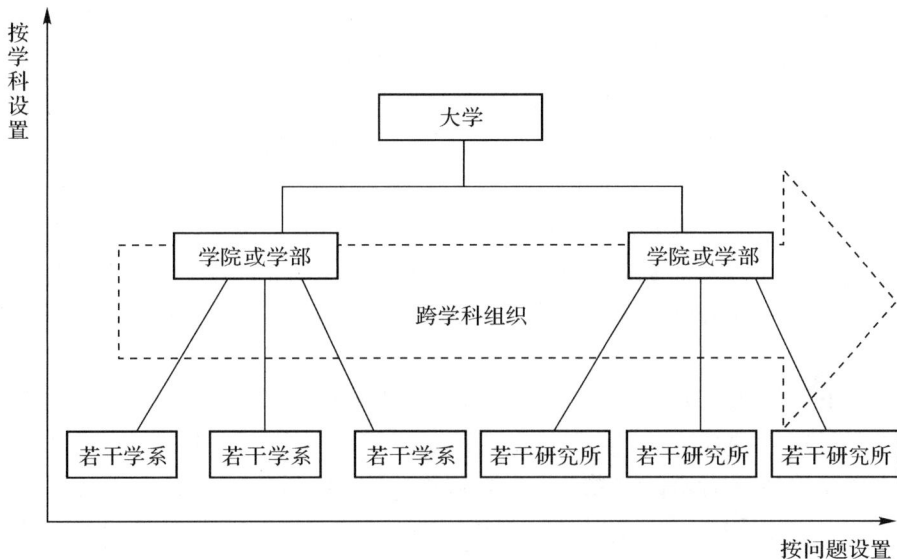

图 5-5　大学基层学术组织矩阵结构

协作，把组织管理中的"垂直"联系和"水平"联系，集权化和分权化较好地结合起来，既讲分工又重视协作的一种组织结构。为了有利于跨学科之间的教学和研究，美国大学通过设立矩阵教学组织和矩阵科研组织，作为能够贯穿连接多个学科之间横向交流的桥梁和纽带，允许研究人员跨院系和跨学科自由流动。在矩阵制组织结构中，按学科设置的学院、学系被认为是纵向结构，而跨学科的研究中心、研究所、研究计划为横向结构。纵向为学科导

向,由学科领导实施管理,符合学科发展规律;横向为问题导向,按项目实行管理,由项目领导实施管理,以解决实际问题为目的。美国大学就是通过这样的组织方式,在纵横两个维度上,将现有的学科结构和跨学科教学科研活动实践要求动态灵活地组织起来,构成了一个立体网状的矩阵结构,使得大学成为一个真正意义的复杂系统。

第四节　讲座制与学系制的发展与重构

美国大学跨学科组织发展的历史经验表明,跨学科组织在大学取得成功已经是不争的事实,紧随的问题是,当下的学科时代是否已经终结? 基于学科的大学基层学术组织是否已经不再适合大学学术发展的需要? 正如伯顿·克拉克所言:"历史上高等教育系统的变化通常采用这样的折衷方式,即新的单位绕过旧的单位,而旧的单位依然存在。"[①]尽管组织形式各异的跨学科组织和开展有组织的跨学科研究已经成为大学学术发展的热点,但是当代大学知识生产方式的转变是一个已经开始并将进一步展开的历史过程,传统的学科制度和学科组织在大学学术活动中仍然占据着重要的地位,知识的专门化发展趋势也没有完全消退。不过,在肯定跨学科组织与学科组织共存是当下大学组织结构实际情况的同时,我们需要重视跨学科组织的迅速发展对以讲座和学系为代表的大学传统基层学术组织产生的巨大冲击。一方面,跨学科组织的出现是知识由分化到综合演变的逻辑要求,是大学内部组织建制以及制度本身变迁需要,是学科自我发展和自我超越的必然结果;另一方面跨学科组织的出现又是知识经济发展的副产品,是大学顺应社会知识生产需求的产物,是大学自身生存、发展和转型的必然要求。因此,从20世纪60年代中期至70年代,紧随美国高等教育大发展之后,德国、法国、英国等主要欧洲国家也先后对大学基层学术组织进行了大胆的探索和改革,带来的结果是大学基层学术组织一改过去单一趋同的组织模式,迅速向多样化方向发展。

一、德国大学讲座制的变革

德国大学在19世纪取得的成就很大程度上归功于存在于基层的讲座

---

① 伯顿·克拉克:《高等教育系统——学术组织的跨国研究》,王承绪等译,杭州大学出版社1994年版,第242页。

制度,这些基层单位成功地实现了科学研究活动的制度化和组织化,在操作层次依靠讲座控制和监督的研究所、研讨班、实验室,比较小的和高度自治的自给自足的学术生产单位。讲座制 19 世纪在保护大学学术自由、自治,催生新学科上发挥了重要作用,但是在知识综合化发展趋势下,与知识分化相适应的讲座制组织的弊端逐步显现。讲座制知识涵盖狭窄,容易形成学科壁垒,而且讲座教授的学术权威压制了新的学术力量的出现,所以讲座制度又成为大学知识发展制度障碍,因此遭到众多学者的批判。例如,有美国学者就曾认为:"讲座是一种毫无希望的过时的单位,他们过于强调讲座教授的个人控制,使得大学各个学科之间极端分裂。"[1]伯顿·克拉克也指出:"从 19 世纪 20 年代发展起来的操作层次,特别是它的'讲座'形式的局部控制,到 19 世纪末,有许多已经变得僵化,已经变成凝固的权力,负责管理的教授已经发展了他们的既得利益,使在他们领域内兴起的新专业作为亚专业保留在他们自己研究所以内,而不允许它们成为新的研究所或独立的讲座。"[2]于是 20 世纪高等教育内部管理针对讲座制的变革成为潮流。因为学系制能够在一定程度上克服讲座制的狭隘,而且学系制包容新知识的能力比讲座制要强,因此"欧洲大陆国家于 20 世纪 60 年代和 70 年代开始从讲座制向系科制演变"[3]。

　　20 世纪 60 年代,民主德国(东德)着手进行大学讲座调整,为数较多的讲座和研究所被为数较少的系科组织所取代。伯顿·克拉克是这样来描述东德大学讲座制向学系制转变的:"重新调整后的单位比较容易管理,它们被称作'科'(Sektionen),相当于英美大学的系。原来的大学由无数个研究所组成。这些研究所都是以某个专业讲座教授为中心,这样的研究所都被废除了,其中的许多合并成系科。全国整个高教系统大约有 190 个系代替了原来的 960 个研究所。以柏林的洪堡大学为例,它现在由 26 个系组成,代替了先前那种由 169 个研究所和 7 个学部组成的格局。"[4]与此同时,联邦

　　① 郑晓齐、王绽蕊:《研究型大学基层学术组织改革与发展》,清华大学出版社 2009 年版,第 25 页。
　　② 伯顿·克拉克:《探究的场所:现代大学的科研和研究生教育》,王承绪译,浙江教育出版社 2001 年版,第 38 页。
　　③ 伯顿·克拉克:《高等教育系统——学术组织的跨国研究》,王承绪译,杭州大学出版社 1994 年版,第 210 页。
　　④ 伯顿·克拉克:《高等教育系统——学术组织的跨国研究》,王承绪译,杭州大学出版社 1994 年版,第 211 页。

德国也开启了对大学基层学术组织的变革,西德的做法是,改变每位讲座教授持有一个研究所的现象,转换成多名讲座教授共同持有,同时将研究所合并于学系之下。例如,"诺贝尔奖获得者阿道夫·穆斯堡尔(Rudolf M. Ssbauer)在慕尼黑技术大学组建了物理系,该系由 5 名讲座教授及其研究所组合而成,一年后又有 6 名讲座教授加入。学系成立三人管理委员会,每年遴选主任"①。另外一种做法是,缩小学部规模,组建新的名叫"fachbereiche"的组织。王承绪先生在《探究的场所——现代大学的科研和研究生教育》一书中将"fachbereiche"翻译成"学系",而国内也有学者翻译成"学域"。由于本书中"学系"已经专门指大学基层学术组织的一种形态,而"fachbereiche"实际并不属于基层学术组织,故文中对"fachbereiche"采用"学域"的译法。德国大学传统深厚,在学部设立上有着严格规定,大学设文学、法学、神学、医学四个学部的做法在德国大学保持了很久,直到 20 世纪 60 年代时,德国大学一般只是设立 5～6 个学部。数量较少的学部已经难以应对知识发展的趋势和师生规模的扩张,于是在 20 世纪 60 年代,德国大学开始设置学域,把原来的 5～6 个学部调整为 15～25 个学域,学域属于大学的第二级组织,并不属于基层学术组织,但是设立学域可以改善大学对研究所的控制,所以伯顿·克拉克说:"不是取代研究所,而是作为一个下部结构代替 5～6 个难于控制的学部……成为组织的第二层次。"②

　　不过变革以后的德国大学,讲座教授的权力仍然很大,直到 20 世纪 80 年代,"研究仍旧主要是作为进行博士训练的单位……80 年代后期,以正教授为首的传统的小单位仍旧显而易见"③,但是以"学域"代替"学部"实际上推动了大学内部基本学术单位的变革,原来划分细小的研究所和讲座在改革中合并为比较大的研究所,这无疑为大学的学术活动带来新的活力。1990 年两德统一,德国大学讲座制的变革逐步进入到更加微观的层面。例如,法律明确规定,专业人员的晋升不得在同一研究所内进行,讲座持有者应从研究所外的申请者中择优聘用等。这些规定的实施,对于促进人员流

---

　　① Van de Graaff,J. H. Can Department Structures Replace a Chair System：Comparative Perspectives. Yale Higher Education Research Group Working Paper. New Haven：Yale University,1980:12-15.

　　② 伯顿·克拉克:《探究的场所:现代大学的科研和研究生教育》,王承绪译,浙江教育出版社 2001 年版,第 43 页。

　　③ 伯顿·克拉克:《探究的场所:现代大学的科研和研究生教育》,王承绪译,浙江教育出版社 2001 年版,第 43 页。

动,打破讲座制度的封闭僵化,发挥了较好的现实功用。

20 世纪 80 年代,德国研究生(博士生)教育制度的变革进一步推动了讲座制的改革。再次回顾讲座制在德国大学确立的历史,讲座制的建立直接开启了现代意义的博士生培养制度。正是由于讲座制度在 19 世纪德国大学里确立教学与科研相统一的制度结构,博士才从中世纪的教师授课执业资格转变为现代意义的大学学术性学位。因此,可以认为,现代意义的博士生培养制度起源于 19 世纪的德国大学,德国大学的研究生(博士生)培养制度的特点与讲座制度息息相关。例如:讲座是德国大学研究生(博士生)培养的基本单位,研究生(博士生)在讲座教授的指导下开展科研训练,讲座教授以绝对的权威对研究生(博士生)进行一对一的指导,没有固定的培养课程和严密的培养程序,培养过程是高度个人化的、自由的。这种"师徒式"的培养模式充分彰显了"科研至上""教学科研相统一""学术自由"的学术理念,对推动德国大学一度成为世界学术中心发挥了关键作用。二战以后,随着讲座制弊端的不断显现,师徒式培养模式的不足也越来越明显,受到的诟病较多地集中于培养过程过于封闭,不利于研究合作和学术交流。多方质疑推动了德国大学研究生培养制度的改革。从 80 年代开始,德国着手改革博士生培养制度,改革的核心在于提高博士生培养过程的组织化和结构化水平,减少博士生对单一讲座教授的依赖,消除孤岛式书斋研究的弊端,主要的措施是开始着手建立研究生院。1984 年在弗里茨·蒂森基金会的资助下科隆大学建立了一所分子生物研究生院,这是德国第一所以博士研究生培养为核心任务的研究生院。此后,研究生院项目在德国大学和学术界获得积极响应。1988 年联邦德国科学审议会通过《关于促进研究生院的建议》,建议由联邦和州政府共同出资,支持研究生院发展,由德国研究会(DFG)负责研究生院的评选、审批和经费拨发。1989 年联邦政府与各州政府达成一致,决定这一项目在全德正式启动。

德国大学的研究生院,德文为 graduiertenkolleg,英文为 graduate school,与美国大学研究生院的词形相同。但是,与美国研究型大学的研究院制度有着很大的不同,德国大学的研究生院并不是对全校研究生进行管理的机构,而是一项以开展跨学科研究和培养博士生为主要职能的大学基层学术组织。从研究生院的建立和组织制度来看,它们有着如下的特点:

第一,每一所研究生院聚焦于一个具体研究课题或研究方向。研究生院是在政府或大企业基金的资助下建立起来的,研究生院建立的程序是:各大学根据本校学科优势,组织跨专业、跨系甚至跨校的若干教授(有的甚至联合本地区其他科研机构），拟定一个专门方向和博士生培养方案，向州政府主管部门提出申请，经批准建院后，由德国研究会或某些财力雄厚的基金会（如大众汽车基金会）提供经费。① 因此，研究生院的研究范围仅限于某一特定的研究方向，而不是一个大的专业领域，很多研究生院就是以所从事的研究项目命名，如最早成立的科隆大学的"分子生物学研究生院"，以及第一批建立的波鸿大学"复杂细胞功能的生源与机制研究生院"、特里尔大学"历史上的西欧研究生院"等。研究生院规模较小，一般由 10～15 名教授和 15～25 名博士生组成，教授们来自不同的学科，在研究生院共同进行某一课题的研究，"比如，埃森大学的纯数学的理论和实验方法研究生院，其教授分别来自代数、几何、数论等数学领域以及信息科学和电子学等学科"②，课题结束，组织也就可能会解散。因此，我们不能将研究生院归为一种常设的机构，它更像是一种规模较小但研究方向明确的项目化的大学基层学术组织。

第二，研究生院十分强调跨学科和前沿研究。研究生院能否获得批准的主要依据是研究和培养方案的质量以及申请人开展此项研究是否具有一定的基础和研究优势，并不考虑学科、学校以及地区的平衡。为了成功获得德国研究会或大的基金会的支持，提交申请的研究生院项目往往是问题导向的，需要联合多学科研究人员和开展跨部门的协作。因为只有开展跨学科联合，组建跨学科团队，才有可能实现学科间的交叉和横向融汇，产生出有重大影响的研究成果，以及提供与项目密切相关的、有创新性的教学和指导内容的博士生培养计划，从而在项目申请立项中增加获得批准和资助的机会。因此，研究生院的申请项目往往十分重视跨学科和前沿研究，重视开展团队研究和跨学科、跨院系、跨机构合作。

第三，研究生院兼具教学和科研的职能，并且更加突出了培养博士生的职能。研究生院不仅是科研的组织，而且还是通过科研培养博士生的重要单元。研究生院有博士生培养计划，提供博士生培养课程，并为博士生提供奖学金。研究生院面向全国招生，录取工作完全由研究生院的导师决定，博士生在研究生院主要通过参与项目集体研究来完成博士研究计划。这样的培养方式不仅将博士生的培养过程与国家创新战略、企业技术需求结合起来，而且使得德国大学"教学与研究相统一"的传统原则在跨学科的条件下得以实现。

---

① 陈洪捷：《德国研究生教育的新发展》，《比较教育研究》1993 年第 5 期。
② 陈洪捷：《德国研究生教育的新发展》，《比较教育研究》1993 年第 5 期。

实践也证明，德国大学的研究生院制度重新构筑了德国大学在博士生培养上的制度优势，一定程度上消解了讲座制带来的学科视野狭窄、忽视社会需求、缺乏研究合作的弊端，取得了较好的实践效果。"1997年到2004年，德国研究会对其所资助的研究生院进行了多次问卷调查和评估，结果显示，研究生院的博士生在'拓宽思维'、'团队工作'、'跨学科科研能力'等多个方面优于传统培养项目中的博士生。"①研究生院制度的实践效果推动研究生院制度在德国大学的发展，自1989—1999年的10年间，由最初的51所发展到330所，2000—2009年数量虽有所下降，但也一直保持230所至300所之间，广泛分布在工程科学、生命科学、自然科学、人文社会科学等领域。②但是，我们也必须看到，德国大学研究生院并不是一种稳定的、常态的基层学术组织，当研究项目结束或资金支持完结后，研究生院组织也就面临着解散的命运，因而就具体某一研究生院组织而言，它的教学和研究职能缺乏连续性；另外，研究生院是通过竞标、立项的形式建立的，为了在竞争中获胜，研究生院十分强调研究的前沿性和跨学科性，因而研究生院的设立难以兼顾学科分布，难以做到涵盖所有学科，尤其是基础性学科难以获得资助。正是由于存在着这些缺陷，德国大学研究生院组织目前只能是传统学术组织的补充，还不能完全取代基于学科的学术组织在博士生培养上的主力地位。据联合国教科文组织的一项研究估测，"到2004年，DFG研究生院所培养出的博士生数量只占当年德国毕业博士生规模总量的10%"③。

二、法国大学讲座制的变革

在20世纪60年代之前，法国大学的学术组织结构在形式上与德国类似，大学之下设立学部，学部之下设讲座。1959年的法令授权学部按照学科设置"学系"（disciplinary department），形成讲座与学系在大学并存的格局，"不过直到1968年，在20多个学部里只建立了大致50个这样的系"④。因

---

① 秦琳：《从师徒制到研究生院——德国博士研究生培养的结构化改革》，《学位与研究生教育》2012年第1期。

② 秦琳：《从师徒制到研究生院——德国博士研究生培养的结构化改革》，《学位与研究生教育》2012年第1期。

③ Sadlak, J. Doctoral studies and qualifications in Europe and the United States: status and prospects. Bucarest: UNESCO-CEPES, 2004: 56.

④ 约翰·范德格拉夫等：《学术权力——七国高等教育管理体制比较》，王承绪等译，浙江教育出版社2001年版，第56页。

此,20 世纪 60 年代之前一所法国大学学术组织结构典型模式就是大学—学部—讲座。法国大学的讲座起初规模较小,一个教授就是一个讲座,后来逐渐发展为与德国大学比较相似的内部结构。巴黎第一大学的克里斯多弗·查理(Christophe Charle)教授认为,大约从 19 世纪 60 年代开始,法国大学讲座的人员构成也开始与德国大学的讲座相类似,与德国讲座教授相对应的是讲座教授,与德国编外教授对应的是副教授,与德国编外讲师相对应的是讲师。① 这一点也在约翰·范德格拉夫的著作中得到印证:"最初,主持讲座的教授实际上是唯一的教师。从 19 世纪末期开始,增加了一些辅助人员,包括没有讲座的教授、高级讲师,也译成副教授、讲师和助教。"②不过,法国大学的讲座与德国大学的讲座在功能上却有着差异,最显著的不同在于,讲座教授的主要任务是教学和考试,讲座很少拥有研究的资源。范德格拉夫说:"从结构上看,法国的教授一般不控制像德国研究所那样的研究设施,他们的权力完全依赖于他们对学生和门徒的影响。"③实际上,法国大学的教授十分清闲,每周只需完成 3 小时的教学任务,以至于有人称他们为"除了上帝之外,他就是他自己的主人"。

　　为何法国大学的讲座制度会表现出与德国大学不同的特点,探讨这个问题需要回到 1793 年大革命时期的法国以及后来的拿破仑帝国时期,因为形塑现代法国大学讲座制度特点的两个重要因素——"单科学部"与"教学科研分离"都是那个时代的产物。

　　虽然学部组织最早就是诞生在中世纪的巴黎大学,作为欧洲各国大学效仿的原型大学,巴黎大学的学部组织对德意志地区大学学部制产生了很大的影响;不过,"单科学部"与中世纪巴黎大学的"学部"并无多少渊源。"单科学部"的起源需要追溯到 1793 年法国的达鲁法案。文艺复兴和宗教改革并没有对法国大学发展产生深入的影响,大学依然被天主教所控制,新教思想和世俗知识很难进入大学。直到法国大革命前夕,法国大学还是沾染着太多的经院色彩,跟不上社会发展的步伐。1789 年法国大革命爆发后

---

　　① 　克里斯多弗·查理:《近代大学模式:法国、德国与英国》,张斌贤、杨克瑞译,《大学教育科学》2012 年第 3 期。

　　② 　约翰·范德格拉夫等:《学术权力——七国高等教育管理体制比较》,王承绪等译,浙江教育出版社 2001 年版,第 54 页。

　　③ 　约翰·范德格拉夫等:《学术权力——七国高等教育管理体制比较》,王承绪等译,浙江教育出版社 2001 年版,第 55 页。

不久，资产阶级国民议会很快就做出了取缔大学的决定。根据 1793 年《关于公共教育组织法》（又称达鲁法案）的规定，法国境内现存的 22 所中世纪大学被关闭和取消，取代他们的是新建的各种专门学校，以及在高等教育机构之外建立专门的研究机构。专门学校是按照"传授一门科学、一门技术或一门专业的方针设置高等教育机构，基本上是根据一两门学科或专业设立，围绕学科或专业传授相关实用科目"①，初期设置的专门学院多为军事、机械、农业、医学等院校，课程以近代新兴实用性知识为主，与中世纪大学差异很大，这些专门学院后来被统称为"大学校"。除了各种专门学院，法国还于 1795 年创立了以培养工程技术人员为主的综合理工学院，系统传授近代科学与技术课程。于是，在大革命后，法国高等教育系统只有培养专门技术人才的各类专门学校和综合理工学院，大学组织被完全取缔。

　　单科学部是法国解散大学组织之后出现的新的高等教育机构，随即又在拿破仑的帝国大学体制中得到强化。1802 年拿破仑摄政后，拿破仑并没恢复在大革命中关闭的传统大学，而是基于加强中央集权的目的，建立了"帝国大学"。帝国大学并不是学术机构，而是一个全国性的教育管理机构，主管法国的所有公共教育，它是拿破仑帝国在教育领域压制外省大学，确立中央集权的典型象征。对于帝国大学，阿什比曾经有过这样的评价，"这是一所笨拙的中央集权机器——此时'大学'成为教育系统整体的同义词"②。根据 1806 年帝国大学的有关组织法令，高等教育由单科学部和大革命时期出现的专门学校组成。单科学部是这样设立的，"帝国大学包括 16 个学区（后来为 32 个）"③，每个学区设立文、理、法、神、医 5 个学部（faculty）。此时的学部不再从属于一所大学，而是单独承担专业教育的职能，其中神、法、医三学院培养神学、法学和医学类的高级专门人才；文、理学院地位较低，多数附属于各个学区所在地的国立中学，负责主持国家统一考试、颁发学位、文凭和中学教师资格证书。各学部彼此之间没有横向的学术、财政和人事的联系，表现出强烈的自主性和独立性。

　　"教学与科研分离"是拿破仑时代帝国大学体制的又一特点。同样是出

---

　　①　黄福涛：《外国高等教育史》，上海教育出版社 2003 年版，第 125 页。

　　②　Ashby，E. Universities：British，Indian，African：A Study in the Ecology of Higher Education. London：Weidenfeld & Nicolson Press，1966：5.

　　③　约翰·范德格拉夫等：《学术权力——七国高等教育管理体制比较》，王承绪等译，浙江教育出版社 2001 年版，第 49 页。

于强化帝国中央集权的需要,构成高等教育机构的上述各类学院,不仅内部各自为政,而且还与几乎同时设置的各种研究机关,如自然历史博物馆、法兰西学院、国立科学和文学研究所等存在着明确的职能分工,即教学与科研各成体系。法国大革命时期和拿破仑时期,形成了学部、专门学校等高等教育机构主要从事人才培养,以自然历史博物馆为代表的研究机构专门从事研究的相互独立的格局。两类机构隶属于不同的政府部门,几乎不存在行政或学术的交往,即教学机构与科研机构分工明确。因此,范德格拉夫认为:"总的来说,传统的高等教育体系和研究相当分散地被分为各种具有专门化职能的部门。研究主要是中央研究机构的责任,而传统专业的教育职能则交给了各学部,各类行政干部和技术干部是由大学校培养的。"①

　　单科学部和教学与科研分离破坏了法国大学发展的连续性,致使法国大学失去了曾经拥有的学术地位和不凡影响力。19 世纪中后期,法国在普法战争中战败刺激了大学在法国的重生。1871 年法国战败后,法国对战争失利的原因进行了深入的反思,一些有识之士将战败的原因归于高等教育制度的落后,他们认识到法国高等教育与德国高等教育制度上的落差,对法国当时的单科学部和教学与科研分离制度提出了严厉的批评,甚至有人提出"是柏林大学报了耶拿失利之仇"②。在这样的背景下,法国重建大学组织的呼声日渐高涨。1896 年 7 月,法兰西第三共和国颁布《国立大学组织法》,开始对拿破仑时期建立的"帝国大学"体制进行改革,法令要求每个学区的学部重组为一所大学,大学理事会代替学区理事会对学部加以管理。这样,时隔百多年后,大学在法国重现。范德格拉夫是这样描述 1896 年法国大学重建的,"在 1896 年,大学被作为组织单位重新建立了起来。在每个学区里,学部组成了大学(这些学部有时甚至不在同一个城市里)。每个大学有一个理事会,由学部主任和其他学部代表组成,由校长任主席,同时又是该学区的学区长"③。大学虽然得到重建,但这只是局部的变革,中央集权下的部门管理和教学科研机构分离的管理体制未能得到根本的改变,学部只是

---

　　①　约翰・范德格拉夫等:《学术权力——七国高等教育管理体制比较》,王承绪等译,浙江教育出版社 2001 年版,第 50 页。

　　②　Moody, J. N. France Education since Napoleon. New York: Syracuse University Press, 1978:88.

　　③　约翰・范德格拉夫等:《学术权力——七国高等教育管理体制比较》,王承绪等译,浙江教育出版社 2001 年版,第 49 页。

形式上的合并,合并起来的文学部、理学部、医学部、法学部和神学部依然互不关联,而且学部的职能也没有太大的改变,科学研究依然是在学部之外进行,因此,此时的大学只是形式上统一的组织,正如有学者认为,"这并没有改变教育部和教师团体的强大地位,也没有削弱学部的权力,单学科的学部仍是法国大学体系中的基石"①。

　　真正对单科学部制和教学科研分离制度进行彻底改革的是发生在 1968年的富尔改革。由于以单科学部为基础的大学难以克服课程内容陈旧、知识面狭窄、缺乏知识创新的弊病,大学失去了本该拥有的学术生机,极大地挫伤了教师积极性,也压抑了学生的创造精神,激起了强烈的社会不满情绪,这种情绪积压到 20 世纪 60 年代终于被释放了出来。1968 年 5 月,法国经历了一场以大学生为主体,社会各阶层广泛参与的社会抗议活动,抗议大学的保守、封闭和僵化,史称"五月风暴"。"五月风暴"对法国大学制度形成了极大冲击,有学者评价说:"整个大学的、社会的与政治的规范与法律失去了原有的合法性的基础。"②"五月风暴"后,时任法国教育部长埃德加·富尔(Edgar Faure)起草了一项具有深远意义的《高等教育指导法》。这项法律的主要目的就是为了改组大学,打破原来学部制度的壁垒,建立起能够统一教学与科研两项职能、促进跨学科交流与合作的大学。但是,富尔要实现改革目的是不容易的,因为大学知识的控制权掌握在学部和讲座教授们手中,很可能成为实施法律的障碍。富尔采取的办法是,创建新的大学基层学术组织,弱化学部和讲座教授在大学中的地位,用新的基层学术组织瓦解单科学部和讲座。为此,富尔"解散了当时存在的 23 所大学及其学部,建立大约600 多个教学与科研单位(UER)……最后将这些教学和科研单位重新组成360 多所新大学"③。教学与科研单位所覆盖的知识范围比原来的学部小但设置更加灵活,而且还可以再进一步细致划分为学系、实验室和研究所等组织,可以发挥教学与科研的双重职能。在这种体制下,学部和讲座被虚化,有其名而无其实,而大学则可以通过不同教学科研单位的组合汇集不同领域的知识,或是采用不同的方法研究同一现象,或是在科学研究中相互补

---

① 陆华:《建立"新大学":法国高等教育改革的逻辑》,《复旦教育论坛》2009 年第 7 期。

② 安琪楼·夸特罗其、汤姆·奈仁:《法国 1968:终结的开始》,生活·读书·新知三联书店 2001 年版,第 17 页。

③ 约翰·范德格拉夫等:《学术权力——七国高等教育管理体制比较》,王承绪等译,浙江教育出版社 2001 年版,第 60 页。

充。取消原有的学部和讲座,组建新的大学基层学术组织教学与研究单位(UER),这被视为是自法国大学创办以来,最有革命性的改革。有学者认为,"1968年的改革立法者是想在促成新的机构中推动各学科间的功能性联系,结果成功了。以往那些需要联系,但是在旧的学院内无法结合的各类学科的学生、教师和研究人员,如今在制度上能保证将他们有机地结合起来"①。由于教学与科研单位的设立顺应了大学多学科发展的需求,受到了法国大学的欢迎,"到1969年末全国的教学和科研单位总数达到674个,到1973年达730个"②。

进入20世纪80年代,为了顺应知识创新的要求,法国开始实施全国性的研究与发展计划,着力打破大学与政府研究机构和企业研究机构之间的壁垒,加强互动与合作。在政府的推动下,科研成为大学的一项中心任务,不仅大学内部教学与科研相分离的现象得到根本转变,而且还形成了大学与其他科研机构合作共建的法国模式。基于此,法国大学也加快了基层学术组织革新的步伐,教学与科研单位的设置更加开放、灵活和多样化,出现了与政府研究机构、企业研究机构联合共建的研究组织——混合研究单位。混合研究单位由大学与政府研究机构或合作企业共同管理,实现人员交流互动,共同协作攻关,联合培养人才。"20世纪80年代后期,法国国家科研中心的1350个实验室中有940个是与大学合办的,90年代这种合作更加稳定,大学里约3300个研究小组或实验室中一半是以研究混合体或联邦研究所的形式出现。21世纪初,国家科研中心与大学和工程师学校签订了200项合作协议,有60%的研究人员和工程技术人员在与大学合办的协作研究单位中工作。"③

三、英国大学学系制的变革

虽然学系制相对于讲座制具有体制灵活的优点,但是在知识综合化进一步发展的形势下,学系组织自身也面临着转型的压力。伯顿·克拉克就认为:"系科组织已经无法应付日趋复杂的学科和专业。在先进国家的教育

---

① 黄福涛:《外国高等教育史》,上海教育出版社2003年版,第271页。
② 约翰·范德格拉夫等:《学术权力——七国高等教育管理体制比较》,王承绪等译,浙江教育出版社2001年版,第60页。
③ 庞青山:《法国高等教育特色制度的演进》,《比较教育研究》2011年第3期。

系统里，人们正在悄悄地不断充实系科组织。"①从 20 世纪后半期大学组织变革的历史过程来看，这种充实主要表现在学系组织采用学科群的形式，以提升对多学科知识容纳的能力上。

英国的大学经历了两次"新大学运动"。第一次发生在 19 世纪后期，典型表现是在英格兰北部和威尔士兴起了 10 座新型的城市大学学院，这些新学院重视技术教育和知识应用，将为城市工商业发展培养人才定位为发展目标。20 世纪初，这些大学学院中的一部分升格为有学位授予权的城市大学。城市大学的组织结构较多地模仿牛津、剑桥，也设有文学院、理学院及各类专业学院，其组织结构通常是学校之下设学院，学院之下设学系。第二次新大学运动是指 20 世纪 60 年代成立的 10 所新型大学，新大学根据经济社会和科技发展需要，倡导跨学科教学，积极打破传统系科组织设置惯例，开展基层学术组织改革实验，一类是以苏塞克斯大学、东英吉利大学、埃塞克斯大学、阿尔斯特大学为代表的新大学所采用的"学群结构制"（the schools of studies structure）；另一类是约克大学、兰开斯特大学和肯特大学为代表的新大学所采用的经过改革的学院制（modified collegiate systems）。实验结果表明，学群比学系和学部都更加适合开展跨学科和交叉学科的教学科研，于是新大学取消了系的建制，直接以学群取而代之。②

以苏塞克斯大学为例。苏塞克斯大学既不设牛津、剑桥大学的系，也不设城市大学所设的专业学部，而以学群作为教学科研活动最基层的单位。从 1984 年，苏塞克斯大学理工科学群与学科设置的情况我们可以看出（见图 5-6），学群综合设置一些密切相关的学科，如数学和物理科学学群就设有物理学、天文学、数学、逻辑学等学科以及一些相互结合的学科，逻辑学和物理学、物理学和化学、数学与经济学等学科，从而克服了牛津、剑桥大学传统学系组织学科单一的不足；同时，同一学科可以在不同的学群中开设，如生物化学就同时在生物科学学群、化学和分子科学学群中开设，克服了城市大学中各门学科不能横跨专业学部的不足。

---

　　①　伯顿·克拉克：《高等教育系统——学术组织的跨国研究》，王承绪译，杭州大学出版社 1994 年版，第 211 页。

　　②　胡成功：《五国大学学术组织结构演进研究》，《东北师范大学学部》2005 年第 5 期。

理工科学群	生物科学学群	生物化学，生物学，生物学与欧洲研究(4年)，实验心理学，地理学人文学科(4年)，神经生物学。
	化学和分子科学学群	生物化学，化学物理学，化学，化学与经济学，化学与欧洲研究，化学与材料学，化学、数学与物理学，化学与聚合物学，理论化学。
	工程学和应用科学学群	土木工程学，电脑科学，控制工程学，电机工程学，电子工程学，电子学，机械工程学，动力学，控制学。
	数学和物理科学学群	逻辑学和数学，逻辑学和物理学，数学物理学，数学，数学统计学和经济学，物理学，物理学和化学，物理学和欧洲研究(4年)等。

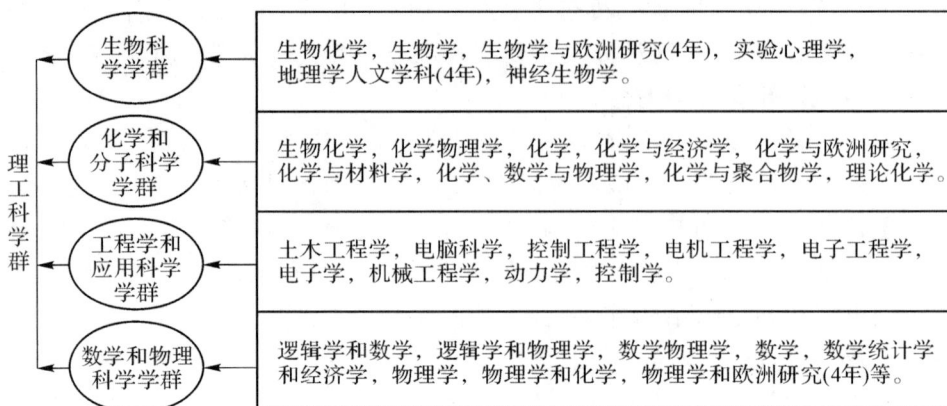

图 5-6　1984 年苏克塞斯大学学群与学科设置①

　　经过学群组织改革后，英国大学的基层学术组织形式上包括了三种模式：第一，传统的"学院—学系/研究所"模式，牛津、剑桥大学基本采用这样的模式，这种模式的特点在于保留寄宿制学院的传统，在寄宿学院内部按照知识和学科为单位设立学系和研究所。第二，"学院/学部—学系/研究所模式"，以伦敦大学等城市大学为代表，其特点在于学院与专业学部共存于大学，一般学院是教学与科研的单位，而学部则是分科教师的组织，主要负责考试和授予学位，系科和研究所则是教学科研活动最基层的组织。如兰开斯特大学下设应用科学学部、艺术与人文学部、环境与自然科学学部、管理学院和社会科学学部，在学部/学院之下设立 70 多个学系、研究所和研究中心。② 第三，学院/学群模式。20 世纪 60 年代新大学改革后，新大学组织结构只有两级，运用学科群取代学院和学系组织。苏塞克斯大学设生物科学学群、化学和分子科学学群、工程学和应用科学学群、数学和物理科学学群等 4 个理工科学科群，欧洲研究学群、英美研究学群、非洲和亚洲研究学群、社会科学学群、文化与社区研究学群等 5 个人文和社会学科群。③

　　进入 20 世纪 80—90 年代，以沃里克大学（Warwick，又译华威大学）为典型代表，英国创业型大学迅速崛起，引起了世界高等教育的关注。虽然，英国创业型大学在发展的起步阶段多为高等教育系统中处于边缘地位的中

---

① 徐辉：《英国新大学教学体制和课程设置的革新》，《高等教育研究》1986 年第 3 期。
② 刘宝存：《国外大学学科组织的历史演进》，《天津教科院学报》2006 年第 2 期。
③ 徐辉：《英国新大学教学体制和课程设置的革新》，《高等教育研究》1986 年第 3 期。

小型大学，没有像美国创业型大学那样以研究型大学为班底，从一开始便具有雄厚的研究实力，但是学术资源不足和环境倒逼的形势迫使英国的创业型大学更加突出了积极进取、敢于冒险的创业精神，他们将追求学术卓越与密切工商业联系结合起来，在发展自身研究实力的同时积聚了广泛的办学资源，实现了学术与创业的结合。创立于1965年的沃里克大学现已经成为英国著名的学府，并以其高水平的学术研究而享有国际盛誉。

　　与美国相同，英国创业型大学的发展同样也促动了学系等传统基层学术组织的重构与变革。为了便于知识应用和转化，大学基层学术组织在设置和运行上增强了开放性和适应性，加强了与校外组织和群体联系与互动，同时还以开展跨学科研究项目为重点，建立形式灵活多样的跨学科研究中心，解决经济和社会发展中的实际问题。以沃里克大学为例，伯顿·克拉克教授曾经对沃里克大学的组织转型进行了长期的跟踪研究，他认为，创业型大学的基层学术组织在发挥传统院系组织学术功能的基础上，进一步强化了"强有力的驾驭核心"和"拓展的发展外围"[①]等两大特征。构建"强有力的驾驭核心"和"拓展的发展外围"意味着要加强基层学术组织对学术资源的管理和整合能力，以及密切基层学术组织与产业组织和其他社会组织的联系，主要的措施是：组建跨学科的学术平台和研究团队，使基层学术组织应对外部需求变化反映更加迅速、灵活；建立科技转移中心，加强基层学术组织成果转化和对接商业活动的能力，在大学内部形成科学研究、科技开发、成果转化与产业化一体化的格局；在基层学术组织与产业组织和社会组织之间建立多样化的界面组织机构，如创办大学科技园、建立企业孵化器、建立校企联合研究所和实验室等，消除校企组织差异给大学技术转移带来的障碍。

　　可以这样认为，创业型大学基层学术组织的发展大大拓展了大学学术活动的内涵，在英国这样一个大学传统比较深厚的国家，大学学术活动不再仅仅包含知识传播、创新等传统形式，知识创业同样也是大学学术活动的重要职能，具有创业特征的基层学术组织比传统的系科更容易跨越旧大学的边界，从事知识转化、工业联系、知识产权开发、继续教育等多种职能。同时，创业型大学基层学术组织的发展也大大丰富了英国大学基层学术组织的结构和形态，不仅拥有以单学科为基础的学系、研究所等组织形态，而且

---

　　①　伯顿·克拉克：《建立创业型大学：组织上转型的途径》，王承绪译，人民教育出版社2003年版，第4页。

还拥有了形式多样的跨学科组织；不仅拥有成建制、稳定的基层学术组织，而且还拥有了临时的、动态的基层学术组织。一套更加开放、更加灵活的基层学术组织系统已经在英国大学中建立起来了。

第五节　本章小结

20世纪是美国高等教育的时代，国际高等教育重心从德国转移到美国。在实用主义和后现代知识观念的影响下，大学知识演进超越了学科逻辑的制约，体现出了后学院科学的特征。为了提高大学开展复杂科学问题研究和解决社会经济发展实际问题的能力，美国研究型大学创造出了跨学科学术组织，并逐渐将跨学科组织确立为推动大学开展知识创新活动的重要组织单元，较好地实现了培养高素质人才、推动科技创新和加速科技成果转化的功能，使得大学重新成为经济社会发展的推进器和生力军。美国研究型大学的成功，成为世界各国大学基层学术组织变革效仿的范例。于是，大学基层学术组织在横向上获得拓展，不仅拥有基于学科的组织形态，而且还拥有了建立在跨学科基础上的跨学科组织。跨学科组织在大学的兴起引发了大学基层学术组织又一次革命性的变革，基层学术组织的形态呈现出多样化的发展态势，传统以学科为基础的基层学术组织也加快了自身的改革，各国的讲座制组织纷纷被学系制所代替，并且出现了在学系制基础上组建学群的尝试；而跨学科组织与学科组织之间也形成了以矩阵为结构的组织形式，学科组织与跨学科组织并存成为20世纪后半期大学基层学术组织的结构特征。

第六章　结　语

　　大学自中世纪产生以来,一直作为知识的组织而存在。本书以中世纪大学的产生为起点,以知识转型的相关理论为依据,搭建分析大学知识演进的学理框架,并以此为视角,梳理大学基层学术组织变迁的历史过程,分析大学知识演进与大学基层学术组织历史变迁之间的逻辑关系,揭示大学基层学术组织变迁历史性和逻辑性相统一的发展规律。为此,本书研究的主要结论主要包括两大方面:一是大学基层学术组织历史变迁的阶段特征,另一个则是大学基层学术组织历史变迁与知识演进之间的关系分析。

第一节　大学基层学术组织历史变迁的阶段特征

　　第一个阶段是中世纪时期(12—15 世纪),这是大学学术组织的草创期。中世纪大学与现代大学差异很大,其实只是教师和学生形成的行会,大学只是具备了形成组织的最基本的构成要素:教师和学生。师生按照中世纪市民生活最普遍的组织形式——行会组织在一起从事知识传播和学习的活动。同乡会、教授团和学舍成为当时师生行会组织的三种形式。到了 13—15 世纪,行会组织的色彩逐渐褪去,三种师生行会组织也发生了深刻变化。同乡会没有能够成为组织、支持智力活动的正规组织而在历史的长河中逐渐消亡;学舍演变为学院,不仅为师生提供住宿生活的场所,还成为承担教学任务的主要场所;教授团演变为学部,成为欧洲大陆国家开展专业教育的基本单位。

　　第二个阶段是近代早期(16—18世纪),这是大学基层学术组织的形成期。欧洲大学在世俗力量的推动下,大学的数量和学生人数发生了明显增长。随着规模的扩大,为了适应管理的需要,在学院和学部这两大基本组织之上产生了校一级的组织,以协调日益复杂的办学行为。这一时期,大学基层学术组织正式形成了,学院和学部分别成为教师大学和学院大学等两大大学模式的基层学术组织。经过文艺复兴雨露的滋润,哲学与自然科学以及史学和人文科学迅速成长,大学自中世纪以来形成的文、法、医、神四科传统知识已经不能满足发展和传播新知识的要求,于是,在学院和学部之下建立新的基层组织成为必然。

　　第三个阶段是近代时期(19世纪),这是大学基层学术组织的成型期。在学科制度化的背景下,近代早期大学的学部与学院沿着纵向向下延伸为更为基层的讲座制与学系制。讲座作为大学的教学组织形式早在中世纪的大学就已经出现,但是讲座制度的成熟却始于19世纪德国柏林大学的创建;学系制发轫于19世纪的英国城市型大学,却在美国大学得到发展与成熟,学系一度成为美国大学唯一的基层学术组织。讲座制和学系制成为19世纪大学两大基层学术组织形态,同时又与学科制度化的进程形成互动。一方面,讲座制和学系制的形成与发展推动了大学学科制度的成熟;另一方面讲座制和学系制作为专门的基层学科单位,其自身分化与发展直接体现大学知识学科化与分化的发展逻辑。以学科作为基本单位建立大学基层学术组织,这标志着现代大学基层学术组织制度已基本成型。

　　第四个阶段是现代时期(20世纪),这是大学基层学术组织的发展期。由于学科知识破坏了知识的统一性和整体性,建立在学科基础上的讲座与学系难以适应开展跨学科教学与科研的要求。在知识经济背景下,以问题为导向的跨学科组织在大学兴起,并逐渐成为推动大学开展知识创新活动的重要组织单元。于是,大学基层学术组织的组织形态和结构形式呈现出多样化发展的趋势,不仅拥有以单学科为基础的组织形态,而且还拥有了建立在跨学科基础上的跨学科组织;不仅拥有成建制、稳定的基层学术组织,而且还拥有了临时的、动态的基层学术组织。跨学科组织在大学的兴起引发了大学基层学术组织又一次革命性的变革,传统以学科为基础的基层学术组织也加快了自身的改革,各国的讲座制组织纷纷被学系制所代替,并且出现了在学系制基础上组建学群的尝试;而跨学科组织与学科组织之间也形成了以矩阵为结构的组织形式,学科组织与跨学科组织并存成为20世纪后半期大学基层学术组织的结构特征。

第二节　大学基层学术组织历史变迁与知识演进的关系分析

影响大学基层学术组织变迁的因素很多,本书从大学知识演进的视角透视大学基层学术组织变迁的规律,研究发现,大学知识演进是大学基层学术组织变迁内在依据,大学基层学术组织设置与变革要适应知识演进的逻辑要求,否则大学基层学术组织就会失去知识生产的中心地位;大学基层学术组织变迁同样会对大学知识演进产生影响,先进的大学基层学术组织制度会促进大学知识演进,落后的大学基层学术组织会制约大学知识演进。

一、大学知识演进是基层学术组织变迁的内在依据

受启发于西方学者对大学与知识相互建构关系的深入探讨,本书将大学知识演进演绎为知识观念、知识体系、知识制度和知识组织等四个要素的演进,其中大学基层学术组织是知识组织中最基本的单元,大学基层学术组织的变迁不仅仅是大学知识演进的内容之一,而且与大学知识观念、体系和制度的演进发生了互动关系。

(一)知识观念演进与大学基层学术组织变迁

中世纪以来大学知识观念演变大致经历了形而上学知识观、科学知识观和后现代知识观等三个阶段。形而上学的知识观念起始于古希腊哲学对世界本源的探讨。形而上学知识观认为,真正的知识是解释世界本体的知识,因而是抽象的、绝对的、终极的知识;形而上学轻视经验在获取知识中的价值,强调获得真正知识的途径不是感觉而是逻辑。在中世纪大学中形而上学知识观念与宗教神学观念结合,并取得了主导地位。16—18世纪是形而上学知识观念向科学知识观念逐步转型的历史阶段,在这期间,人文主义知识观念借助文艺复兴和宗教改革的影响进入大学。人文主义知识观念对大学知识演进的影响是两个方面的,一方面,人文主义知识观强调知识的价值在于成就人性与美德,对形而上学知识观念和宗教神学观念进行了批判,这迎合了近代早期大学世俗化发展的要求,确立了古典人文知识在大学的地位;另一方面,人文主义知识观念对文法修辞和古典语言知识的偏好,一定程度上阻碍了科学知识观和科学知识生产方式进入大学,结果导致了17—18世纪大学知识观念的僵化与保守。19世纪,科学知识观念逐步得到建立。科学知识观认为,知识是与认识对象本质相符合的知识,是既得到观

察和实验验证又得到严格逻辑证明的知识;知识是客观的、普遍的、价值中立的;观察和实验是获得可靠知识的唯一方法。20世纪60年代,随着科学知识观自身的缺陷以及这些缺陷所带来的消极影响的日益凸显,后现代主义哲学家对科学知识观进行了批判和解构,后现代主义影响下的知识观逐渐显现。后现代知识观反对科学知识观所宣称的知识的客观性和普遍性,认为知识是文化性和境域性的,凸现了知识活动的社会性价值。

知识观念改变着大学师生的行为方式,从而影响着大学基层学术组织的变革。

在形而上学知识观念下,中世纪大学成为发展形而上学知识的探究和辩论的场所,经院哲学主要是对宗教教义的理性证明,开展学术活动主要依靠学者个体的思辨、逻辑和抽象来进行,成立学术组织的要求并不十分迫切。人文主义知识观念进入大学后,人文主义知识观念对形而上学知识观念的批判推动了大学知识(特别是文科知识)的世俗化和大学组织的世俗化,正是在这两者的影响下,大学组织改变了中世纪大学结构单一的形态,开始分化为双层结构,学部和学院也从中世纪的师生行会组织演变为大学基层学术组织的两大基本形态。

在科学知识观的推动下,19世纪大学开始了"科学革命",标志事件是洪堡在柏林大学确立了教学与科研相结合的原则,科学研究成为大学学术活动的重要内容。与以学者个体思辨、逻辑和抽象为基础的学术方式不同,科学研究需要建立在观察、实验、实践的基础上,需要在集群化、组织化的条件下展开。在这一时期,随着知识的分化导致学者的专业化程度不断提高,每个学者的学术活动都是围绕特定的知识领域进行的,大学基层学术组织成型并发展起来,学科组织成为大学学术活动的基本单位。

进入20世纪,在后现代知识观念影响下,大学的学术活动开始表现出境域性的特征,大学的学术活动往往是在应用背景中实施的,问题的选择和解决围绕特定的应用背景展开,大学开展学术活动的目的不仅是要推动知识自身的进步,更要通过知识生产解决具有经济和社会价值的实际问题。在特定的应用背景下,越来越多复杂的问题所涉及的知识不是单一的学科范畴,往往需要多学科范畴内的知识相互作用才能有效解决,由此学术组织超越了学科的界限,出现了多学科联合和跨学科研究,大学之外的角色开始参与到大学的学术活动中来,大学学者也获得了更多社会角色,学科不再是他们的唯一归属。于是,多样化的跨学科组织成为大学保持学术活力的基本单元。

（二）知识体系演进与大学基层学术组织变迁

从历史研究的角度来看,大学知识体系的发展,主要体现出知识的专门化和综合化两种趋势。专门化是大学知识体系的显著特征。大学知识体系的发展过程也是知识专门化程度不断提高的过程。知识专门化主要表现为,大学知识体系从早期无所不包的神学和哲学体系逐步分化为不同的知识门类,确立了各种不同的内容体系和方法体系,从而确立了不同知识门类的基本边界。这经历了长期的历史过程。在 13 世纪之前,"四艺"(算术、几何、天文和音乐)、"三艺"(逻辑、语法和修辞)和神学构成了主要的知识体系。16 世纪,科学研究取得了一定的进步,产生了自然科学的萌芽。经过 18 世纪的启蒙运动和工业革命,物理、化学、生物等学科分别从自然哲学中分离出来;从 19 世纪中期开始,继自然科学之后,社会科学中诸学科(经济学、社会学和政治学)也相继从哲学中分化出来,形成了各自独立的学科体系。

学部的形成与发展正是大学组织应对知识专门化的结果。中世纪的教师团体起初并没有专业的划分,在后来的演变过程中,教师社团根据知识类型和教师学术兴趣划分为文、法、神、医等四种规模较小的子团体,这些子团体从总社团处获得了一定的自主性,建立了内部的约束机制,这就是学部的雏形。欧洲早期大学正是通过学部这种形式来组织教学的。学部这种教学组织形式到 13 世纪后期基本定型,不过文、法、神、医四个学部的地位是不一样的,神学部、法学部和医学部属于高级学部,文学部属于初级学部,只有获得初级学部学位的学生,才有资格被其他三个学部中的一个录取。

近代大学在经历了文艺复兴和宗教改革的洗礼之后,古典学科知识和自然科学知识迅速发展,新的分支学科不断涌现,更加专门化的学术组织也逐渐在大学出现。这种变革起源于苏格兰和德国。苏格兰和德国是当时欧洲相对贫穷的地区,也是欧洲高等教育体系中相对边缘化的国家。但是,他们不约而同地采取了类似的做法,用少数教师负责单门学科教学的做法,取代了传统的每一名教师负责全部学科教学的做法,在知识领域中表现出了更高的生产效率。1809 年德国柏林大学创建之后,在学部下面设立了以医学和自然科学为核心的讲座制度,讲座(研究所)是讲座教授开展研究和教学的地方。由于讲座属于专门化程度更高的学术机构,针对传播知识而言还开展创新知识的研究活动,较好地适应了知识专门化的要求,因此讲座制度在 19 世纪欧洲大学得以大行其道。受苏格兰大学的影响,19 世纪建立的一批英国城市型大学用学系取代了学院制度,学系制吸收了欧洲大学讲座教授制的一些成分,如每一门学科至少有一名讲座教授,讲座教授一般担任一个系的系主任,也体现出适应知识专门化发展的趋势。不过学系制最终在美国大学中发展成熟,并一度成为美国大学唯一的基层学术组织。总之,西方国家的大学在历史发展过程中逐渐形成了一定的组织形式,以应对知识专门化需求。具体地讲,欧洲大学的组织形式是"研究所"和"学部"建制,英国古典大学的组织形式是"学院"建制,英国城市型大学的组织形式是"学系"和"学部"建制,美国大学的组织形式是"学系"和"学院"建制。

知识综合发展趋势出现在 20 世纪初,到 20 世纪中后期表现得尤为明显。知识综合在大学里主要表现为不同学科知识之间相互影响、相互交叉,以至于形成跨学科的现象。不同学科知识之间的相互影响一直存在,但是20 世纪后,随着知识社会的到来,知识系统游离于社会之外的局面遭到根本改观,许多社会问题具有高度的复杂性和综合性,其解决方案超过了某一门独立学科的能力范围,于是知识综合成为有意识和自觉的行动。知识综合与知识分化表面上是一对矛盾的两个方面,实际上,知识综合的出现是知识发展克服自身危机的途径。因为在知识专门化程度提高的同时,一方面知识的整体性得到了破坏,从一定程度上限制了知识的发展;另一方面从回应社会需求来看,大学专门的知识体系无法有效解决复杂的和需要学科合作才能解决的实际社会问题。

与知识综合发展趋势相对应,在传统的学系和讲座、研究所等学科组织之外,大学组织横向衍生出形式各异、机制灵活的跨学科组织,另外传统的学科组织为了加强学科间的综合,自身也发生变革,各国纷纷将讲座制改为学系制,并进行学群制度的尝试。总之,由于现代科学在高度分化的同时也在高度综合,进一步加深了大学基层学术组织制度的变革,在总体上形成了纵横交错、多重矩阵结构的组织体系。

(三)知识制度演进与大学基层学术组织变迁

知识制度是参与知识活动的主体基于知识活动而形成的各种规则的总称。大学基层学术组织是大学进行知识生产、传播、应用的基本组织单元,是建构大学知识制度和实践大学知识制度的主体。因此,大学基层学术组织自身就是知识活动高度制度化的产物,是一项重要的知识制度安排。从历时态来看,大学知识制度的演进总体上呈现出教学、科研和服务职能的相继确立,每一次大学新职能的确立都意味着新的知识活动在大学里成功获得制度化的形式,而每一类性质不同的知识活动都要求有相应的基层学术组织与之对应,从而推动大学基层学术组织不断变迁。

　　现代大学诞生以后,教学在很长时期内都是大学的唯一职能,而分科教学也成为大学组织区别其他教育机构的一个显著特征。从 13 世纪中期开始,学部就成为汇聚某一学科领域专家实施专业教学的组织单位。除学部之外,中世纪大学进行教学的基本单位还有学院。学院最早主要是学生住宿的地方,并不是基于知识的组织,没有教学的功能。从 13—15 世纪,学院逐步演变为大学教学授课的主要场所。学院制度的独特之处在于,学院可以对学生进行集中管理,而且相对集中的住宿更有利于对学生进行教学和辅导。最为典型的学院制度来自牛津大学和剑桥大学,它们分别创建于 12 和 13 世纪,以学院制和导师制为其主要特点。

　　19 世纪,大学研究职能在德国大学确立以后,在"教学研究相统一"的理想指引下,开展研究生教育也成为大学基层学术组织的基本功能之一,研究生教育不仅强调学生应具备某一学科系统的理论知识,还要求学生要在研究中学习,由此,大学基层学术组织开始成为实施教学与科研两项职能的基本单位。这时,无论是专业学部或是住宿学院都不能满足研究性学习对知识专门化的要求,于是,学部之下衍生出了讲座组织,学系组织也从学院组织中分裂出来。

　　随着大学研究职能的发展,大学研究活动的方式逐渐多样化,从研究的性质来看,有基础性研究、应用性研究和开发性研究;从研究人员的动机看,有基于好奇心的研究,也有基于解决实际问题的研究;从研究涉及的知识范畴看,有哲学社会科学的研究、自然科学的研究和工程技术的研究等。研究方式的多样化带动了研究组织方式多样化,不仅有传统的以个人为主的研究,还有合作的研究、团队的研究,更有大规模的项目化的研究。与研究活动多样化相适应的是,大学的基层学术组织也逐渐呈现出多样化的特征,这种多样化不仅仅是名称上的多样化,更重要的是组织形态的多样化,既有面向学科发展的基层学术组织,又有面向项目和问题的基层学术组织;既有实体性运作的基层学术组织,又有以学者之间松散联合为特征的动态临时的基层学术组织;既有单学科的基层学术组织,又有跨学科的基层学术组织。

　　从时间上看,服务社会是大学最晚出现的职能,此项职能成功地统一了大学发展学术与承担社会职责的双重目标,它的出现进一步激发了大学的学术活力,受到了世界各国大学的广泛重视。因为大学为社会服务离不开人才培养和科学研究这两大基本的服务形式,因此大学的服务职能实质上是教学和科研两大职能衍生出的职能,但其服务内容是多种多样的,大学为社会提供继续教育服务、决策咨询服务、向企业转让科研成果,或是直接兴办知识企业等,这些都可以纳入大学社会服务的范畴。大学服务社会内容的多样化也促进了基层学术组织形态多样化的发展,特别是在欧美创业型大学中出现了很多产学研合作共建的研究所、研究中心,以及面向大项目、依托大团队的规模较大的基层学术组织,这些组织有的具有稳定的组织形态、能够长期存在,而有的则是体现出项目化的特征,并没有固定的建制。

因此我们可以认为,大学基层学术组织形态的多样化是与教学、研究、服务等职能演进以及对组织形态的不同要求相适应的,是大学基层学术组织变迁必然呈现的特征。

二、大学基层学术组织变迁对知识演进的作用分析

回顾上述历史过程(见图 6-1),我们可以看出,知识观念的变革、知识体系专门化和综合化的矛盾运动、学术职能和知识活动方式的演进是推动大学基层学术组织变革的重要内因。虽然大学知识演进是大学基层学术组织变迁的内在依据,但是大学基层学术组织变迁与知识演进的步伐并不总是协调一致的。知识演进在推动大学基层学术组织变迁的同时,大学基层学术组织变迁也会对知识演进产生反作用,这种反作用具体体现在:当大学基层学术组织制度落后于知识演进的逻辑要求,大学知识演进就会遭受挫折,陷入危机;当大学基层学术组织制度顺应知识演进的逻辑要求,大学知识演进就会保持活力。

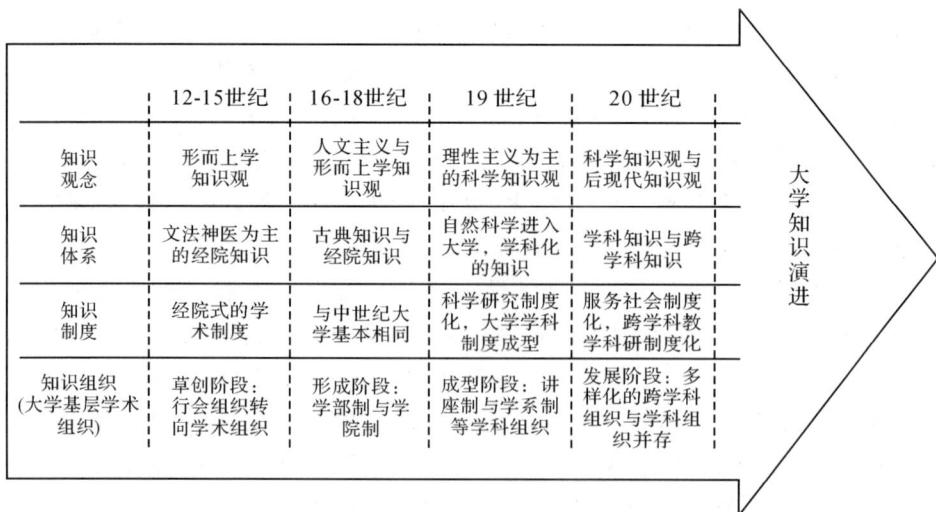

	12-15世纪	16-18世纪	19世纪	20世纪	
知识观念	形而上学知识观	人文主义与形而上学知识观	理性主义为主的科学知识观	科学知识观与后现代知识观	大学知识演进
知识体系	文法神医为主的经院知识	古典知识与经院知识	自然科学进入大学,学科化的知识	学科知识与跨学科知识	
知识制度	经院式的学术制度	与中世纪大学基本相同	科学研究制度化,大学学科制度成型	服务社会制度化,跨学科教学科研制度化	
知识组织(大学基层学术组织)	草创阶段:行会组织转向学术组织	形成阶段:学部制与学院制	成型阶段:讲座制与学系等学科组织	发展阶段:多样化的跨学科组织与学科组织并存	

图 6-1 大学基层学术组织历史变迁与知识演进关系

　　大学基层学术组织在近代和现代发生了两次组织危机。第一次发生在17—18世纪,17—18世纪是西方自然科学发展的重要时期,但这一时期大学基层学术组织与中世纪大学相比没有发生太大变化。大学对文艺复兴的成果进行了折中吸纳,文法修辞知识和古典语言知识,逐渐与旧的经院主义课程一起在大学中占据了主要位置,自然科学在大学中的地位是依附性的,直到19世纪初自然科学很难大规模走上大学的讲坛,即使跻身其中,也是古典学科一个羞答答的陪衬。大学基层学术组织的保守限制了自然科学知识在大学中的发展,而在大学之外却产生了一些适应近代科学发展的学术组织。

　　第二次危机发生于19世纪末并持续到20世纪中后期,主要表现为学科制度的危机,过度强调专业化的学科组织破坏了知识发展的整体性和统一性,从一定程度上限制了知识的发展;另外建立在专门知识体系基础上的学科组织无法有效解决复杂科学问题和现实社会问题,限制了大学回应社会需求的能力,也引发了社会对大学组织的不满。

　　从两次危机发生和发展的历史过程来看,大学基层学术组织的危机本质上是大学基层学术组织制度落后于知识发展要求的危机,当大学基层学术组织制度与知识演进之间关系发生了结构上的失衡,旧的组织制度无法回应知识发展的新要求时,大学基层学术组织的制度危机就会发生。当知识不能通过现有的知识机构来实现制度化的目标后,就在大学之外重新寻找适宜的组织形式来实现自己的目标,例如17世纪后西方国家广泛兴起的科学社团,就是大学组织的替代品,成为科学知识制度化的场所。

　　当然这种知识制度的危机也会成为推动大学基层学术组织变革的重要动力。从两次危机发生到消解的过程来看,大学均在基层学术组织层面进行了有效的变革。19世纪,大学在学部和学院组织之下设立讲座和学系组织,新学术组织通过一系列新的知识制度安排确保了新知识的制度化,不仅确立科学知识观念、科学研究的职能,而且实验科学也进入大学,更为重要的是,大学建立了较为完整的创新知识和培养创新知识人才的制度结构,这些对于大学的知识发展具有革命性的意义,正是通过这些变革,大学又重新获得了知识发展的中心地位。在20世纪中后期,大学又是通过创设形式多样的跨学科组织以及跨学科组织与学科组织的二维矩阵结构,将跨越学科界限的学术活动制度化,将传统的学科知识生产与跨学科知识生产制度化、结构化,或是集合各方面的学者围绕共同的主题开展合作研究,或是在学科间隙发现和培养新科学空白区,或是与科研机构、企业充分互动形成产学研一体发展。可以说,正是由于跨学科组织结构的出现,再次树立了大学基层学术组织在知识创造、传播、应用等方面的制度优势,重新激发了大学的知识活力。

第三节   对我国大学基层学术组织发展的启示

研究大学知识演进与基层学术组织变迁的互动关系对于推动我国大学基层学术组织发展,特别是研究型大学基层学术组织改革有着直接的借鉴与启示。

一般认为,我国第一所现代意义的大学是 1895 年创建于天津的北洋大学。以此为起点计算,我国大学发展历史不过百余年时间,与西方大学近千年的发展历史相比,我国大学基层学术组织制度发展历史短,自身建设经验缺乏,主要依靠学习和模仿。新中国成立以来,我国对大学基层学术组织制度建设的探索大致经历了三个阶段。第一阶段,单一教学组织阶段(20 世纪50 年代至 80 年代初),这一时期大学基层学术组织的主要形态是专业教研室,这是模仿苏联模式的产物。1952 年,以全国性的大学院系调整为契机,新中国对民国时期大学的组织制度进行了彻底改造,取消了学院建制,实行校、系两级管理,并在系之下设立了专业教研室。专业教研室有两大特征。其一,专业教研室主要承担专业教学和培养专门人才的职能,并不需要承担太多的科学研究任务。由于新中国模仿苏联模式设立了中国科学院和社会科学研究院等国家科研机构,作为开展科学研究的场所,在这样布局中,大学的职能定位只是进行专业人才培养,为国民经济培养高级专门人才,虽然一些重点大学也开展科学研究和培养研究生的活动,但是大学并不是开展科学研究的主力军。其二,专业教研室是开展专业教学的基本组织单位。按照计划经济要求,大学专业按照国民经济计划中的行业部门设立,专业成为我国大学培养人才的重要单位,再根据每个专业开设的课程,由一门或几门课程联合组成专业教研室,专业教研室成为大学人才培养的基本组织单元。显而易见的是,专业教研室的存在是与我国计划经济体制和当时国家对大学职能定位相适应的。直到现在,专业教研室都会存在于我国一些大学之中,成为我国大学基层学术组织主要的形态。

第二阶段,科研组织逐渐恢复阶段(20 世纪 80 年代中期至 90 年代中期),这一阶段的特点是大学的科研职能得到重视,研究所、实验室等研究机构成为大学的基层学术组织。从 80 年代开始,我国大学教学科研相分离的体制逐步得到纠正,大学的科学研究能力得到进一步的重视。随着大学科研活动的深入开展,因知识基础狭窄、专业划分过细,专业教研室在科研组织上的局限性表现得越来越明显,对教研室进行改革成为大学发展的必然要求。1985 年《中共中央关于教育体制改革的决定》提出了建设教育中心和科研中心的要求,这对于推动大学基层学术组织改革发挥了深远的作用,此后一些重点实验室和科研机构在重点大学成立,教研室的建制逐步萎缩,被撤并成学系、研究所等组织。

第三阶段,多元发展阶段(20 世纪 90 年代中期至今),这一阶段的特点是大学逐步成为科学研究的主力军,基层学术组织进一步摆脱了单一模式,研究所(中心)、实验室、学系,以及平台、基地、团队、课题组等多种组织形式不断涌现。随着我国建设创新型国家战略的实施,国家高度重视研究型大学在科技创新体系中的地位和作用,通过 211 工程和 985 工程建设等行为不断加强研究型大学的科技创新能力。由于大学基层学术组织是大学发挥科技创新能力的基本单元,因此基层学术组织的建设与改革也成为政府和大学关注的重点。随着 211 和 985 工程建设的推进,一些大学围绕国家重大基础研究、战略性高技术研究和重大科技创新,重点建设了一批"985"工程科技创新平台和哲学社会科学创新基地。经过 10 多年时间的建设,我国研究型大学基层学术组织已经形成了以学系、研究所为主体,国家实验室、科技创新平台、创新团队等新型基层学术组织不断涌现的局面,同时,加强与政府、产业部门合作,致力于建立更加开放、灵活的组织形态和结构模式正在成为我国研究型大学基层学术组织改革与发展的方向。

虽然我国研究型大学已经摆脱了对苏联模式的盲目效仿,大学基层学术组织改革取得了很大的成效,但是,由于体制机制的束缚一时难以完全消解,基层学术组织不适应知识发展要求的问题依然存在。例如,大学基层学术组织形态仍然不够多样,基于学科的基层学术组织多,面向问题和项目的基层学术组织少,单学科的基层学术组织多,跨学科的基层学术组织少,成建制、稳定形态的基层学术组织多,灵活、动态的基层学术组织少;组织结构行政化的问题比较普遍,基层学术组织的学术自主权有待落实;基层学术组织之间的人事壁垒很难突破,不同学科的交叉融合面临很多障碍。破解我国基层学术组织发展难题需要认真思考大学知识演进与基层学术组织变迁的互动规律,真正按照知识发展的逻辑去建设和改革大学基层学术组织制度。

第一，激发研究型大学组织的知识创新活力是大学基层学术组织改革的根本目标。知识是大学组织发展最活跃、最革命的因素，知识属性是大学组织区别于其他社会机构和组织的首要特征和本质属性，复原大学组织的知识属性，不断激发组织的知识创新活力是推动大学基层学术组织改革与发展的本质要义，也是一切改革举措的最终落脚点。伯顿·克拉克关于大学基层学术组织底部厚重、松散结合，有组织的无序状态等论点就已经点明了大学基层学术组织应是实行教学科研活动自主管理的组织，尽管这种状态看似无序，但却是符合知识发展的一般规律。然而我国研究型大学长期存在的行政化管理模式和科层制的组织结构干扰了基层学术组织的正常运行，基层学术组织不仅仅是教学科研组织，还是大学基层的行政单位。基层学术组织在组织教学、科研等学术活动之外，还需要承担教师思想政治教育、人员管理等大量的行政职能，教师作为"单位人"往往通过行政编制被固定下来，对基层学术组织有着很强的人身依附关系，很难自由流动；在内部组织结构上，大学基层学术组织的科层化和行政化特征明显，运行方式主要依靠由上至下的行政命令，在强势的行政化管理体系中基层学术组织的学术职能被弱化。尽管近年来大学去行政化的呼声逐渐高涨，但是由于体制积弊太深，一时还难以找到可操作化的改革举措，大学基层学术组织的学术自主权难以切实得到保障。当下，我国已经提出了建设现代大学制度的改革方向。在我看来，现代大学制度建设源于对大学传统的保存和发展，现代大学制度建设的根源在于基层学术组织制度的合理与否，基层学术组织制度建设能否符合知识发展逻辑。2011年，教育部发布了《高等学校章程制定暂行办法》，目前，以大学章程为载体建立现代大学制度已经成为共识。制定大学章程，为调整大学高层与基层学术组织之间的权力关系，扩大和落实大学基层学术组织自主权提供了良好的契机。切实还原基层学术组织的知识组织属性是现代大学制度建设的根本所在，真正落实基层教学科研人员学术自主权力刻不容缓。

第二，把握大学知识演进的时代特征是理性推进大学基层学术组织变革的重要保证。新的知识观念、知识体系和知识制度不断涌现，大学必须根据知识演进的逻辑建立相应的基层学术组织制度，从而为知识演进提供有效的制度供给，保证大学的知识活动获得持续的活力，这是大学基层学术组织发展近千年的基本经验。当下，大学知识生产的专门化与知识应用的综合化是影响大学知识演进的一对基本矛盾，只有平衡好这对矛盾，大学才能保证知识创新能力的不断提高，否则大学组织制度就会陷入危机，失去知识生产的中心地位。为了适应知识生产专门化的要求,大学基层学术组织应遵循学科知识分化的基本逻辑,坚持不断分化的增量发展方式;为适应知识应用综合化的要求,大学基层学术组织应努力创造出多样化的跨学科组织形态和弹性灵活的组织结构,消除知识分化带来的学科壁垒,建构促进学科融合的制度结构。只有遵循这些规律,大学基层学术组织才能在传播、发展知识上有所成就,才能进一步强化自身学术组织的合法性基础。

第三,致力于基层学术组织形态与结构的多样化和适切性是大学基层学术组织建设的主要任务。提高大学基层学术组织的多样化与适切性需要平衡好学科组织与跨学科组织建设的关系,建制稳定的基层组织与动态弹性基层学术组织的关系,以及教学、科研与服务等多元职能的关系。如何实现三大关系的协调均衡发展构成了当下我国研究型大学基层学术组织改革发展的三大任务。

第一项任务,平衡学科组织与跨学科组织的关系。虽然组建跨学科组织,促进不同学科专业之间的合作,打破学术资源分散,是我国研究型大学基层学术组织改革的当务之急。但这并不能由此否定传统学科组织存在的合理性,相反,由于知识分化和专门化仍是知识发展遵循的必然逻辑,学科组织仍然是大学运行的基础,建立在学科基础上的学系、研究所依旧是大学基层学术组织的主要建制。建立新的学术组织,既克服传统组织结构的不足,又不打破原有的学术组织结构,这是西方研究型大学进行组织变革的基本形式,也是二战以后大学基层学术组织结构变化的主要特征。正像伯顿·克拉克所言,历史上高教系统的变化通常采用这样一种折中方式,即新的单位绕过旧的单位,而旧的单位依然存在。因此我们绝不能在强调跨学科组织的作用和意义的同时偏废学科组织在大学基层学术组织中的存在价值,从总体上看,学科组织仍是大学基层学术组织的主要组织建制。

第二项任务,平衡建制稳定的基层组织与动态弹性基层学术组织的关系。由于知识创新的前沿问题往往是动态变化的,研究不同的课题往往需要积聚不同的研究人员和不同学术资源,因而高水平的研究型大学里应该始终动态维持一批以项目为基础的基层学术组织,从而保持知识创新的活力,达到较高的学术水准。但是,我们仍然要看到稳定组织形态的传统学术组织对于推动大学学术发展的历史贡献和时代价值,特别是在本科生培养和通识教育过程中,具有稳定组织形态和稳定人员编制的传统基层学术组织仍是保证大学正常教学科研秩序的基础。为了平衡好这两类组织的关系,需要推进基层学术组织结构模式的创新。在基层学术组织创新过程中,纵向学科结构和横向项目结构的二维矩阵结构应受到重视,纵向学科结构可以保持学科组织形态稳定的特征,保证大学教学科研任务的落实;横向项目结构可围绕某一问题或研究任务设立,组织形态多样且灵活,没有学科、时间、规模的约束,能够根据工作的需要,随时集中不同学科人员和资源,在完成项目和任务后自行决定是否继续还是取消。

第三项任务,平衡教学、科研与服务等多元职能的关系。多数高等教育专家都认可教学、科研、服务作为现代大学的三大基本职能,事实上,研究型大学知识活动的内容远比高度概括的三大职能更为复杂和丰富,每一类不同性质的知识活动都要求基层学术组织有相应的形态与结构与之对应。例如,教学活动(特别是本科生的教学活动)结构化程度高,对基层学术组织形态的稳定性有一定的要求;科研活动往往围绕问题而展开,对基层学术组织结构的弹性和灵活性要求较高;社会服务活动则需要加强大学与政府、企业的联系,对基层学术组织的开放性要求较高。如果基层学术组织的构建只考虑到大学单一职能的发展,就很难以应有的灵活性和适应性来满足多元化组织目标的实现,从而影响研究型大学在创新型国家建设中作用的发挥。

因此,我们应该将提高多样性和适切性作为我国研究型大学基层学术组织改革的主要任务,既要有面向学科、比较稳定的基层学术组织,也要有面向问题、动态的基层学术组织;既要有单一学科的基层学术组织,也要有跨学科的基层学术组织;既要有实体性的基层学术组织,也要有虚拟形式的基层学术组织。只有这样才能保证研究型大学始终拥有充满活力的知识创新能力,才能真正提高我国研究型大学的学术水平。

进入21世纪,随着知识经济的发展,知识建构的社会分布形态正在形成,知识成为连接政府、企业、大学等诸多创新主体的重要基础,当代大学的知识活动更加深刻地嵌入到社会价值分配体系之中。正如吉本斯所认为的,"知识生产已经成为一个分散的过程",知识的离散性在不断增强。为了推动知识在不同生产主体间的共享、传播与转移,国家正在努力推动高等教育综合改革,提升大学组织的"协同创新"能力。协同创新本质上是知识管理体制机制的创新,如何进一步提高基层学术组织结构的整合性和协同性,已经成为当今大学组织再造的一个重要课题。特别是在适应经济发展新常态,产业结构转型升级和推动创新驱动的战略背景下,大学基层学术组织不仅要成为大学知识活动的基本单元,更加要成为国家和区域创新体系中联结多学科、多部门、多主体之间的组织界面;不仅需要继续行使教学、科研、服务等传统职能,还要担负起促进知识转移、优化知识资源配置、协同知识创新单元的社会责任。这些都需要大学基层学术组织结构具有相当的整合性和充分的灵活性，能够合纵连横，在组织活力和组织合力之间保持有效张力，为推动知识跨组织边界流动，合作实现创新目标提供机制保证。可以预见，以异质、协同、再整合为特征，建立更加开放、包容的基层学术组织结构理应成为推进大学基层学术组织变革的努力方向。

最后，我们还要强调，推动大学基层学术组织制度创新，既要能够克服传统组织的不足，又要充分尊重大学组织变迁的路径依赖。纵观大学基层学术组织近千年的变迁轨迹，组织变革其实是极其缓慢的，因此我国大学基层学术组织的改革和发展也不应该一蹴而就，而是长期渐进的过程。当前我国高等教育改革带有明显的行政色彩，大学基层学术组织的改革与发展也是在行政力量推动下的组织活动，在此过程中，我们要谨防"运动化"的思维惯性，克服急躁冒进的冲动，不能急于求成，似乎一夜之间就能完成对世界一流大学的超越，而是要踏踏实实地加强对大学知识演进逻辑的认识与反思，在借鉴西方大学基层学术组织变迁的历史经验的基础上，尊重大学知识发展本身固有的规律，循序渐进地推动当下正在进行的改革。

参考文献

英文部分

著作

［1］Ashby E. Universities：British，Indian，African：a study in the ecology of higher education ［M］. London：Weidenfeld & Nicolson Press，1966.

［2］Bender T. The university and the city：from medieval Europe［M］. Oxford：Oxford University Press，1988.

［3］Brubacher J S，Rudy W. Higher education in transition，a history of american colleges and universities，1636-1976 ［M］. New York：Harper&Row Publishers，1976.

［4］Cant R G. The University of St Andrews：a short history［M］. Edinburgh：Scottish Academic Press，1970.

［5］Clark W. Academic charisma and the origins of the research university ［M］. Chicago：The University of Chicago Press，2006.

［6］Cobban A B. The medieval English universities：Oxford and Cambridge to C. 1500［M］. Aldershot：Scolar Press，1988.

［7］Cobban A B. The medieval universities：their development and organization［M］. London：Methuen & Co，Ltd.，1975.

［8］Cobban A B. Universities in the Middle Ages［M］. Chicago：The University of Chicago Press，1991.

［9］Cohen M D，March J G. Leadership and ambiguity：the American college and president[M]. New York: McGraw-Hill Book Co. ,1974.

[10] Corson J J. Governance of college and university[M]. New York: McGraw-Hill Book Co. ,1960.

[11] Curtis M H. Oxford and Cambridge in transition,1558-1642: an essay on changing relations between the English universities and English society[M]. Oxford: Clarendon Press,1959.

[12] Fallon D. The German university[M]. Colorado: Colorado Associated University Press,1980.

[13] Flexner A. Universities: American English German[M]. New York: Oxford University Press,1930.

[14] Geitz H,Heidiking J,Herbst J. German influence on education in the United States to 1917 [M]. Cambridge: Cambridge University Press, 1995.

[15] Haskins C H. The rise of universities[M]. New Brunswick: Transaction Publishers,2001.

[16] Ijsewijn J,Paquet J. The universities in the Later Middle Ages[M]. Louvain: Louvain University Press,1978.

[17] Jarausch K H. The transformation of higher learning,1860-1930[M]. Chicago: The University of Chicago Press,1983.

[18] Lattuca L R. Creating interdisciplinarity:interdisciplinary research and teaching among college and university faculty[M]. Nashville: Vanderbilt University Press,2001.

[19] Leff G. Paris and Oxford universities in the thirteenth and fourteenth centuries: an institutional and intellectual history[M]. New York: Robert E. Krieger Publishing Company,1975.

[20] Mallet E C. A history of the university of Oxford: The sixteenth and seventeenth centuries [M] . New York: Barnes & Noble,1968.

[21] McClelland C E. State, society,and university in Germany,700-1914 [M]. Cambridge:Cambridge University Press, 1980.

[22] Millett J D. The academic community:an issue on organization[M]. New York: McGraw-Hill Book Co. ,1962.

[23] Moody J N. France education since Napoleon[M]. New York: Syracuse University Press, 1978.

[24] OECD. University research in transition[M]. Paris：OECD Publications，1998.

[25] Paulston R G. French influence in American institutions of higher learning，1784-1825[M]. History of Education Quarterly，Summer 1968.

[26] Pedersen O. The first university：studium generale and the origins of university education in Europe[M]. Cambridge：Cambridge University press，1997.

[27] Prest J M. The illustrated history of Oxford university[M]. Oxford：Oxford University press，1993.

[28] Rashdall H. The universities of Europe in the Middle Ages：Vol. 1，Salerno，Bologna，Paris[M]. Cambridge：Cambridge University Press，2010.

[29] Rashdall H. The universities of Europe in the Middle Ages. Vol. 3[M]. Cambridge：Cambridge University Press，2010.

[30] Rudolph F. The American college and university，a history[M]，New York：Random House，1962.

[31] Rudy W. The universities of Europe，1100-1914，a history[M]. London：Associated University Press，1984.

[32] Schachner N. The mediaeval universities[M]. Edinburgh：T. and A. Constable Ltd. University Press，1938.

[33] Stroup H H. Bureaucracy in higher education[M]. NewYork：The Free Press，1966.

[34] Thorndike L. University record and life in the Middle Ages[M]. New York：Columbia University Press，1949.

[35] Thwing C F. The American and the German universities，one hundred years of history[M]. Macmillan Company，1928.

[36] Vane W C D. Higher Education in twentieth-century America[M]. Harvard：Harvard University Press，1965.

[37] Versey L R. The emergence of the American university[M]. Chicago：The University of Chicago Press，1985.

[38] Walz J A. German influence in American education and culture[M]. German：Carl Schurz Memorial Foundation，INC. ，1936.

[39] Westmeyer P A. History of American higher education[M]. Spring-

field: Charles C. Thomas Publisher,1985.

[40] Wieruszowski H. The medieval university: masters, students, learning[M]. Princeton:D. Van Nostrand Company,Inc, 1966.

期刊

[41] Bozeman B,Boardman C. The NSF engineering research centers and the university-industry research revolution:a brief history featuring an interview with Erich Bloch[J]. Journal of Technology Transfer,2004(29).

[42] Creso M S. Interdisciplinary strategies in U. S. research universities [J]. The Journal of Higher Education,2008(10).

[43] Dell D D. Academic accountability and university adaptation: the architecture of an academic learning organization[J]. The Journal of Higher Education,1999(38).

[44] Dundar H,Lewis D R. Determinants of research productivity in higher education[J]. Research in Higher Education,1998(6).

[45] Geiger R L. Organized research units—their role in the development of university research [J]. The Journal of Higher Education, 1990(1).

[46] Gumport P J. Academic restructuring:organizational change and institutional imperatives[J]. The Journal of Higher Education,2000(39).

[47] Holley K A. Interdisciplinary strategies as transformative change in higher education[J]. Journal of Innovation Higher Education,2009(9).

[48] Johnston R. The university of the future:Boyer revisited[J]. The Journal of Higher Education, 1998(36).

[49] Kuhn T S. Mathematical versus experimental traditions in the development of physical science[J]. Journal of Interdisciplinary History, 1976(7).

[50] Layzell D T. Linking performance to funding outcomes at the state level for public institutions of higher education:past,present,and future [J]. Research in Higher Education,1999(2).

[51] Porter A L. Interdisciplinary research[J]. Interdisciplinary Science Reviews,1981(2).

[52] Stapler G J,Tash W R. Centers and institutes in the research university: issues, problems, and prospects[J]. The Journal of Higher Educa-

tion,1994(5).

[53] Weick K E. Education orgnization as loosely coupled systems[J]. Administrative Science Quarterly,1973(21).

其他

[54] Van de Graaff J H. Can department structures replace a chair system: Comparative perspectives [R]. Higher Education Research Group Working Paper. New Haven:Yale University,1980.

[55] Lakatos I,Musgrave A. Criticism and the growth of knowledge[C]. Chicago: The University of Chicago Press,1970.

[56] Sadlak J. Doctoral studies and qualifications in Europe and the United States: status and prospects [R]. Bucarest:UNESCO-CEPES,2004.

[57] The Carnegie Foundation for the advancement of teaching:the Carnegie classification of institutions of higher education [EB/OL]. http://www.carnegiefoundation.org/classification.

中文部分

著作

[1] 爱弥尔·涂尔干.教育思想的演进[M].李康,译.上海:上海人民出版社,2003.

[2] 爱弥尔·涂尔干.社会与分工[M].渠东,译.北京:生活·读书·新知三联书店,2000.

[3] 奥尔特加·加塞特.大学的使命[M].徐小洲,译.杭州:浙江教育出版社,2001.

[4] 埃伦·G.杜布斯.文艺复兴时期的人与自然[M].陆建华,刘源,译.杭州:浙江人民出版社,1988.

[5] 安琪楼·夸特罗其,汤姆·奈仁.法国1968:终结的开始[M].赵刚,译.北京:生活·读书·新知三联书店,2001.

[6] 阿什比.科技发达时代的大学教育[M].滕大春,等,译[M].北京:人民教育出版社,1983.

[7] 伯顿·克拉克.大学的持续变革——创业型大学新案例和新概念[M].王承绪,译.北京:人民教育出版社,2008.

[8] 伯顿·克拉克.高等教育系统:学术组织的跨国研究[M].王承绪,等,译

[M].杭州:杭州大学出版社,1994.

[9] 伯顿·克拉克.建立创业型大学:组织上转型的途径[M].王承绪,译.北京:人民教育出版社,2003.

[10] 伯顿·克拉克.高等教育新论——多学科的研究[M].王承绪,徐辉,郑继伟,等,译.杭州:浙江教育出版社,2001.

[11] 伯顿·克拉克.探究的场所——现代大学的科研和研究生教育[M].王承绪,译.杭州:浙江教育出版社,2001.

[12] 波特.中国社会科学院世界历史研究所组译.新编剑桥世界近代史(第1卷)[M].北京:中国社会科学出版社,1999.

[13] 本·戴维.科学家在社会中的角色[M].赵佳苓,译.成都:四川人民出版社,1988.

[14] 约翰·S.布鲁贝克.高等教育哲学[M].王承绪,等,译.杭州:浙江教育出版社,2001.

[15] 戴维·林德伯格.西方科学的起源[M].王珺,译.北京:中国对外翻译出版公司,2001.

[16] 恩格斯.自然辩证法.[M].中央马克思、恩格斯、列宁、斯大林著作编译局,译.北京:人民出版社,1995.

[17] 菲利普·G.阿特巴赫.比较高等教育[M].符娟明,等,译[M].北京:文化教育出版社,1985.

[18] 弗·鲍尔生.德国教育史[M].滕大春,滕大生,译.北京:人民教育出版社,1986.

[19] 亨利·艾滋科维茨,劳埃特·雷德斯多夫.大学与全球知识经济[M].夏道源,等,译[M].南昌:江西教育出版社,1999.

[20] 亨利·埃兹科维茨.麻省理工学院与创业科学的兴起[M].王孙禺,译.北京:清华大学出版社,2007.

[21] 黄宇红.知识演化进程中的美国大学[M].北京:北京师范大学出版社,2008.

[22] 胡建雄,等.学科组织创新:高等院校学科结构的改革研究[M].杭州:浙江大学出版社,2001.

[23] 哈斯金斯.12世纪文艺复兴[M].夏继果,译.上海:上海人民出版社,2005.

[24] 哈斯金斯.大学的兴起[M].梅义征,译.上海:三联书店,2007.

[25] 海斯汀·拉斯达尔.中世纪的欧洲大学:大学的起源(第1卷)[M].崔

延强,邓磊,译.重庆:重庆大学出版社,2011.

[26] 华勒斯坦,等.开放社会科学——重建社会科学报告书[M].刘锋,译.北京:生活·读书·新知三联书店,1997.

[27] 华勒斯坦,等.学科·知识·权力[M].刘健芝,等,编译.北京:生活·读书·新知三联书店,1999.

[28] 黄福涛.欧洲高等教育近代化[M].厦门:厦门大学出版社,1998.

[29] 黄福涛.外国高等教育史[M].上海:上海教育出版社,2003.

[30] 贺国庆.德国和美国大学发达史[M].北京:人民教育出版社,1998.

[31] 杰勒德·德兰迪.知识社会中的大学[M].黄建如,译.北京:北京大学出版社,2010.

[32] 季诚均.大学属性与结构的组织学分析[M].北京:人民教育出版社,2006.

[33] J.D.贝尔纳.科学的社会功能[M].陈体芳,译.北京:商务印书馆,1982.

[34] J.S.布朗伯利.新编剑桥世界近代史(第6卷)[M].中国社会科学院世界历史研究所组,译.北京:中国社会科学出版社,2008.

[35] 朱丽·汤普森·克莱恩.跨越边界——知识·学科·学科互涉[M].姜智芹,译.南京:南京大学出版社,2005.

[36] 保罗·奥斯卡·克利斯特勒.意大利文艺复兴时期八个哲学家[M].姚鹏,陶建平,译.上海:上海译文出版社,1987.

[37] 克里斯托弗·道森.宗教与西方文化的兴起[M].长川某,译.成都:四川人民出版社,1989.

[38] 洛伦·格雷厄姆.俄罗斯和苏联科学简史[M].叶式諕,黄一勤,译.上海:复旦大学出版社,2000.

[39] 罗伯特·伯恩鲍姆.大学运行模式——大学组织与领导的控制系统[M].别敦荣,译.青岛:中国海洋大学出版社,2003.

[40] 罗伯特·金·默顿.十七世纪的英格兰:科学、技术与社会[M].范岱年,等,译[M].北京:商务印书馆,2000.

[41] 刘力.产学研合作的历史考察及比较研究[M].北京:国际文化出版公司,2005.

[42] 李素敏.美国赠地学院发展研究[M].保定:河北大学出版社,2004.

[43] 李正风.科学知识生产方式及其演变[M].北京:清华大学出版社,2006.

［44］马克斯·韦伯.以科学为业［M］.冯克利,译.北京:华夏出版社,1999.

［45］迈克尔·夏托克.高等教育的结构和管理［M］.王义端,译.上海:华东师范大学出版社,1987.

［46］迈克尔·吉本斯,等.知识生产的新模式——当代社会中科学与研究的动力学.陈洪捷,等,译［M］.北京:北京大学出版社,2012.

［47］朴雪涛.知识制度视野中的大学发展［M］.北京:人民教育出版社,2007

［48］乔治·皮博迪·古奇.十九世纪历史学与历史学家(上册)［M］.耿淡如,译.北京:商务印书馆,1989.

［49］乔治·斯蒂格勒.知识分子与市场［M］.何宝玉,译.北京:首都经济贸易大学出版社,2001

［50］宋文红.欧洲中世纪大学的演进［M］.北京:商务印书馆,2010.

［51］沈红.美国研究型大学形成与发展［M］.武汉:华中科技大学出版社,1999.

［52］石中英.知识转型与教育改革［M］.北京:教育科学出版社,2001.

［53］施晓光.西方高等教育思想进程［M］.哈尔滨:黑龙江人民出版社,2002.

［54］滕大春.美国教育史［M］.北京:人民教育出版社,1994.

［55］托尼·比彻,保罗·特罗勒尔.学术部落及其领地——知识探索与学科文化［M］.唐跃勤,蒲茂华,陈洪捷,译.北京:北京大学出版社,2008.

［56］托马斯·亨利·赫胥黎.科学与教育［M］.单中惠,平波,译.北京:人民教育出版社,1990.

［57］托马斯·库恩.科学革命的结构［M］.金开伦,胡新和,译.北京大学出版社,2003.

［58］王承绪.伦敦大学［M］.长沙:湖南教育出版社,1995.

［59］吴国盛.科学的历程(上、下)［M］.北京:北京大学出版社,2002.

［60］威尔逊.论契合:知识的统合［M］.田洺,译.北京:生活·读书·新知三联书店,2002.

［61］沃纳姆.新编剑桥世界近代史(第3卷)［M］.中国社会科学院世界历史研究所组,译.北京:中国社会科学出版社,1999.

［62］威廉·詹姆斯.实用主义［M］.陈羽纶,孙瑞禾,译.北京:商务印书馆,1997.

［63］王沛民,等.面向高新科技的大学学科改造［M］.杭州:浙江大学出版社,2005.

[64] 万尼瓦尔·布什.科学——没有止境的前沿[M].范岱年,译.北京:商务印书馆,2004.

[65] 徐辉,郑继伟.英国教育史[M].长春:吉林人民出版社,1993.

[66] 希尔德·德·里德-西蒙斯.欧洲大学史(第1卷)[M].张斌贤,等,译.保定:河北大学出版社,2007.

[67] 希尔德·德·里德-西蒙斯.欧洲大学史(第2卷)[M].贺国庆,等,译[M].保定:河北大学出版社,2008.

[68] 希拉·斯劳特,拉里·莱斯利.学术资本主义政治、政策与创业型大学[M].黎丽,译.北京:北京大学出版社,2008.

[69] 宣勇.大学变革的逻辑(上下册)[M].北京:人民出版社,2009.

[70] 宣勇.大学组织结构研究[M].北京:高等教育出版社,2005.

[71] 雅克·韦尔热.中世纪大学[M].王晓辉,译.上海:上海人民出版社,2007.

[72] 阎光才.识读大学——组织文化的视角[M].北京:教育科学出版社,2002.

[73] 约翰·杜威.哲学的改造[M].张颖,译.西安:陕西人民出版社,2004.

[74] 约翰·杜威.经验与自然[M].傅统先,译.南京:江苏教育出版社,2005.

[75] 约翰·范德格拉夫,等.学术权力——七国高等教育管理体制比较[M].王承绪,等,译.杭州:浙江教育出版社,2001.

[76] 约翰·齐曼.真科学[M].曾国屏,等,译.上海:上海科技教育出版社,2002.

[77] 约翰·亨利·纽曼.大学的理想[M].徐辉,顾建新,译.杭州:浙江教育出版社,2001.

[78] 伊曼纽斯·沃勒斯坦.书写历史[M].陈启能,倪为国,译.上海:上海三联书店,2004.

[79] 雅克·勒戈夫.中世纪的知识分子[M].张弘,译.北京:商务印书馆,1996.

[80] 亚伯拉罕·弗莱克斯纳.现代大学论——美英德大学研究[M].徐辉,译.杭州:浙江教育出版社,2002.

[81] 朱新梅.知识与权力高等教育政治学新论[M].北京:教育科学出版社,2007.

[82] 张磊.欧洲中世纪大学[M].北京:商务印书馆,2010.

[83] 赵敦华.基督教哲学 1500 年[M].北京:人民出版社,1994.

[84] 张应强.高等教育现代化的反思与建构[M].哈尔滨:黑龙江教育出版
社,2000.

[85] 张家治,邢润川.历史上的自然科学研究学派[M].北京:科学出版
社,1993.

[86] 郑晓齐,王绽蕊.研究型大学基层学术组织改革与发展[M].北京:清华
大学出版社,2009.

[87] 张炜.学术组织再造:大学跨学科学术组织的成长机制[M].杭州:浙江
大学出版社,2012.

学位论文

[88] 程德林.西欧中世纪后期的知识传播[D].北京:首都师范大学,2002.

[89] 杜智萍.19 世纪以来牛津大学导师制发展研究[D].保定:河北大
学,2008.

[90] 冯典.大学模式变迁研究:知识生产的视角[D].厦门:厦门大学,2009.

[91] 季诚均.大学组织属性和结构研究[D].上海:华东师范大学,2004.

[92] 贾莉莉.基于学科的大学学术组织研究[D].上海:华东师范大
学,2008.

[93] 马廷奇.大学组织的变革与制度创新[D].武汉:华中科技大学,2004.

[94] 庞青山.大学学科结构与学科制度研究[D].上海:华东师范大
学,2004.

[95] 石广盛.欧洲中世纪大学研究[D].上海:复旦大学,2007.

[96] 文少保.美国大学跨学科研究组织变迁与运行治理研究[D].大连:大
连理工大学,2011.

[97] 王寿朋.大学研究组织变迁研究——学科的视角[D].上海:华东师范
大学,2010.

[98] 王志彦.中国大学学术结构与运行模式研究[D].沈阳:辽宁师范大
学,2008.

[99] 张薇.苏格兰大学发展研究[D].保定:河北大学,2002.

[100] 邹晓东.研究型大学学科组织创新研究[D].杭州:浙江大学,2003.

期刊

[101] 鲍嵘.学科制度的源起及走向初探[J].高等教育研究,2002(4).

[102] 陈何芳,陈彬.试论大学基层学术组织的四大特性[J].江苏高教,

2003（2）.

[103] 陈何芳,陈彬.论中国大学基层学术组织的改革与创新[J].学位与研究生教育,2003（5）.

[104] 陈何芳,陈彬.大学基层学术组织的历史演变及其启示[J].高教探索,2002（4）.

[105] 陈洪捷.德国研究生教育的新发展[J].比较教育研究,1993(5).

[106] 陈洪捷.在传统和现代之间:20世纪德国高等教育[J].高等教育研究,2001(1).

[107] 陈洪捷.什么是洪堡的大学理想[J].中国大学教育,2003(6).

[108] 单中惠.试析十九世纪英国科学教育与古典教育的论战[J].清华大学教育研究,2000(2).

[109] 顾建新."学院"考辨及翻译[J].比较教育研究,2004.(11).

[110] 胡钦晓.大学讲座制的历史演变及借鉴[J].现代大学教育,2010(6).

[111] 胡钦晓.社会资本视角下的中世纪大学之源起[J].教育学报,2010(1).

[112] 黄福涛.欧洲高等教育近代化的类型与道路分析[J].高等教育研究,1999(3).

[113] 胡成功.五国大学学术组织结构演进研究[J].东北师范大学学报,2005(5).

[114] 胡成功,刘洁.大学学术组织结构发展趋势简论[J].高教发展与评估,2008(4).

[115] 胡成功.高校基层学术组织存在的问题原因及改革对策[J].高等教育研究,2007(8).

[116] 胡成功.高等学校基层学术组织的现状与问题[J].高等教育研究,2003(6).

[117] 贺国庆.中世纪大学向现代大学的过渡[J].教育研究,2003(11).

[118] 克里斯多弗·查理.张斌贤.近代大学模式:法国、德国与英国[J].杨克瑞译.大学教育科学,2012(4).

[119] 陆华.建立"新大学":法国高等教育改革的逻辑[J].复旦教育论坛,2009(3).

[120] 刘宝存.国外大学学科组织的历史演进[J].天津教科院学报,2006(2).

[121] 刘少雪,等.创新学科布局规范院校设置[J].清华大学教育研究,2005(5).

[122] 毛亚庆,王树涛.论知识范式的转型与大学发展[J].教育研究,2008(7).

[123] 毛亚庆,吴合文.论我国大学竞争的知识逻辑[J].高等教育研究,2007

（12）.

[124] 毛亚庆.高等教育发展的知识解读[J].教育研究,2006(7).

[125] 朴雪涛,马嘉.知识制度视野的大学发展样态[J].沈阳师范大学学报（社会科学版）,2003(6).

[126] 朴雪涛.后现代知识观与现代大学制度的变革[J].复旦教育论坛,2006(6).

[127] 庞青山.法国高等教育特色制度的演进[J].比较教育研究,2011(3).

[128] 秦琳.从师徒制到研究生院——德国博士研究生培养的结构化改革[J].学位与研究生教育,2012(1).

[129] 史静寰.构建解释高等教育变迁的整体框架[J].清华大学教育研究,2006(3).

[130] 沈曦,沈红.大学学术组织结构的创新[J].高等工程教育研究,2004(3).

[131] 唐玉光,潘奇.大学学术组织变革的学科逻辑[J].教育发展研究,2010(19).

[132] 汪凯,刘仲林.交叉性创新研究的典范:雷达研制[J].自然辩证法研究,2006(8).

[133] 吴国盛.科学与人文[J].中国社会科学,2001(4).

[134] 伍醒.创业型大学的科研特征及其改革意义[J].科技进步与对策,2011(7).

[135] 王建华.知识视野中的大学[J].教育发展研究,2003(3).

[136] 王晨.从普遍知识到高深学问——大学观念的知识论逻辑及其变迁[J].清华大学教育研究,2006(10).

[137] 向东春.大学基层学术组织的属性透视[J].高等工程教育研究,2006(3).

[138] 徐文娜.大学基层学术组织的学术权力结构研究[J].东北大学学报（社会科学版）,2009(2).

[139] 宣勇,张金福.学科制:现代大学基层学术组织制度的创新[J].教育研究,2007(2).

[140] 徐辉.英国新大学教学体制和课程设置的革新[J].高等教育研究,1986(3).

[141] 辛彦怀.十九世纪德国大学对科学发展的影响[J].科学技术与辩证法,2004(6).

[142] 叶飞帆.大学基层学术组织的二维模型及其应用[J].中国高教研究,2010(2).

[143] 袁广林.论我国研究型大学基层学术组织的改革——基于知识分化与综合化的思考[J].扬州大学学报(高教研究版),2006(2).

[144] 杨明.论中国高校基层学术组织创新的问题和对策[J].浙江大学学报(人文社会科学版),2010(4).

[145] 阎凤桥.论知识与大学组织的历史性和社会性[J].教育学报,2008(6).

[146] 易红郡,刘东敏.文艺复兴时期欧洲大学的变迁[J].清华大学教育研究,2005(6).

[147] 朱世超,朱俊.大学变革的趋势——从研究型大学到创业型大学[J].科学学研究,2006(8).

[148] 周清明.浅析现代大学制度的基层学术组织重构[J].高等教育研究,2009(4).

[149] 张小杰.从学部制度看早期德国大学模式[J].清华大学教育研究,2006(3)

[150] 张炜,邹晓东,陈劲.基于跨学科的新型大学组织模式构造[J].科学学研究,2002(4).

[151] 赵炬明.精英主义与单位制度——对中国大学组织与管理的案例研究[J].北京大学教育评论,2006(1).

[152] 朱家德.基层学术组织自治——西方大学自治的实践与中国大学的一个现实命题[J].中国高教研究,2010(9).

[153] 郑晓齐,王绽蕊.试析美国研究型大学基层学术组织模式[J].高等教育研究,2007(12).

[154] 郑晓齐,王绽蕊.我国研究型大学基层学术组织的改革与发展研究[J].中国高教研究,2009.(3)

[155] 郑晓齐,王绽蕊.我国研究型大学基层学术组织的逻辑基础[J].教育研究,2008(3).

[156] 北京科技大学从行业需求出发搭建创新平台[N].中国教育报,2006-03-18.

[157] 周济.加快建设世界一流大学的几点思考[N].中国教育报,2004-09-07.

[158] 顾建民.大学职能的历史演变与当代分析[A].胡建雄.学科组织创新[C].杭州:浙江大学出版社,2001.

[159] 杭州大学高等教育研究室.德国的大学[A].杭州大学高等教育研究室.高教研究丛刊[C],1984.

索　引

后　记

　　把大学基层学术组织作为知识建构的基本单位,梳理西方大学基层学术组织发展变迁的全过程,辨析大学基层学术组织变迁与知识演进的逻辑关系,这是个颇有意思的选题。2009 年,在博士二年级期间,我开始关注这一问题,并且确立了博士论文的选题方向。我发现,大学基层学术组织改革虽然受到了研究者的关注,但对大学基层学术组织内涵的概括却缺乏有效共识。这不仅是缘于大学基层学术组织形式灵活、形态多样,更重要的在于现有研究对于大学基层学术组织区别于其他类型组织的本质属性缺乏深刻把握,以至于研究停留在实践层面,缺少有深度的理论反思与历史探源。为此,我希望通过研究来深化两个方面的认识:一是强化大学基层学术组织作为知识建构基本单位的属性认识,通过对大学基层学术组织历史形态的系统梳理,加深对大学基层学术组织内涵的理解;二是运用知识社会学的观点来解释大学基层学术组织变迁的内在原因,通过历史与逻辑相统一的方法来展现知识演进与大学基层学术组织发展之间的曲折关系,加深对当下大学基层学术组织改革成效的反思。

　　对我而言这是具有挑战性的选题。一是时间跨度大,从中世纪大学产生一直到当下,跨度时间近千年;二是空间跨度大,英、法、德、美等高等教育发达的西方国家都有涉及;三是理论跨度大,需要具备教育学、历史学、社会学和哲学等学科领域的知识和有关理论。

　　能够完成全书的写作,离不开众多良师益友的鞭策与鼓励。首先要感谢我的博士导师、浙江大学顾建民教授。记得初识顾老师,缘于一次偶然。我所在的学校委托浙江大学培养高等教育学硕士研究生,我因工作原因对高等教育研究专题很感兴趣,便做了课堂的"旁听生"。一次机会,顾老师来理工上课,而我去听课,他的学识与智慧让我受益匪浅,于是激起了我报考高等教育学博士研究生的想法。难忘顾老师对我的指导与鼓励,特别是那本《高等教育系统——学术组织的跨国研究》,顾老师听我说起此书很难获取,便从杭州为我送来了此书。送书事情虽小,却是对我报考莫大的鼓励。求学期间,顾老师的鼓励与督促一直激励着我前行,给了我直面困难、坚持下去的勇气。我想师恩难报,唯以坚守高等教育学研究领域,自我磨砺、自我加压,产出高质量的成果,不辜负老师对我的期望。

同样也要感谢浙江大学教育学院的周谷平教授、许迈进教授、单中惠教授、吴雪萍教授、徐辉教授、蓝劲松教授,感谢他们的授业之恩,他们对于本书的完成提出了许多有价值的批评与建议,也给予了我充分的鼓励。

2012 年 3 月至 6 月,我飞赴美国 University of Indianapolis 开展短期访问研究。这为我集中撰写书稿提供了宝贵的时间,也为与美国同行交流大学基层学术组织的研究话题提供了面对面的机会。感谢 Dr. Phylis Lanlin,Dr. John Landon,Dr. William Dynes,Dr. Mary Moore,他们在美国学术话语体系下对"Academic Units"的认识,为我撰写书稿提供了别样的视野。

本书体现了我博士论文的主要思想,也集中了我所承担的全国教科规划 2013 年教育部重点课题的主要成果,同时也是宁波市 2015 年度社会科学学术著作出版资助重点资助的最终成果。书稿撰写期间,我所在的浙江大学宁波理工学院领导和同事给予了积极支持,在此一并表示衷心感谢。

我还要感谢家人一直以来对我的支持和付出。父母的养育之恩和期待之情难以回报;妻付出良多,正是她默默而坚定的支持才使我有信心和毅力完成书稿;女儿在我博士入学的那年出生,与我攻读学业共同成长,女儿快乐幸福地成长是我努力的动力源泉。

最后要说的是,大学基层学术组织自形成发展至今,影响组织制度变革的因素众多,关系也十分复杂,知识演进的逻辑只是其中的一个主要维度。例如,如果单从知识演进的视角来分析,我们很难解释为何不同国别的大学形成了各具特征的大学基层学术组织制度。事实上,众多的社会因素和其他外部力量也会对大学基层学术组织变革产生作用,包括文化传统、政治制度、经济水平,甚至包括发生战争,等等,这些因素都在具体的历史事件中对大学基层学术组织的变革产生了直接的影响。因此,单就知识演进的视角来探讨大学基层学术组织变革的问题对于全面研究大学基层学术组织发展变迁的规律是不够的,这也为后续的研究和探讨留下了空间,希望在今后的工作和学习中能够弥补这些缺憾。

　　囿于学识疏浅,书中错谬难以避免,也请学界先进不吝赐教。

伍　醒

2015 年 10 月于浙江大学宁波理工学院

图书在版编目(CIP)数据

知识演进视域下的大学基层学术组织变迁 / 伍醒著.
—杭州:浙江大学出版社,2016.3
ISBN 978-7-308-15546-5

Ⅰ.①知… Ⅱ.①伍… Ⅲ.①高等学校—科学研究组
织机构—研究 Ⅳ.①G644.6

中国版本图书馆 CIP 数据核字(2016)第 010529 号

知识演进视域下的大学基层学术组织变迁

伍 醒 著

责任编辑	吴伟伟 *weiweiwu@zju.edu.cn*
责任校对	杨利军 王荣鑫
封面设计	春天书装
出版发行	浙江人学出版社
	(杭州市天目山路 148 号 邮政编码 310007)
	(网址:http://www.zjupress.com)
排 版	浙江时代出版服务有限公司
印 刷	杭州日报报业集团盛元印务有限公司
开 本	710mm×1000mm 1/16
印 张	13.25
字 数	231 千
版 印 次	2016 年 3 月第 1 版 2016 年 3 月第 1 次印刷
书 号	ISBN 978-7-308-15546-5
定 价	42.00 元